MATEMÁTICA

Projeto Ápis

4º ano

CB138493

Luiz Roberto Dante

Livre-docente em Educação Matemática pela Unesp – Rio Claro

Doutor em Psicologia da Educação: Ensino da Matemática pela PUC – São Paulo

Mestre em Matemática pela USP

Licenciado em Matemática pela Unesp – Rio Claro

Pesquisador em Ensino e Aprendizagem da Matemática pela Unesp – Rio Claro

Ex-professor do Ensino Fundamental e do Ensino Médio na rede pública

Autor de livros para a Educação Básica

editora ática

editora ática

Direção de inovação e conteúdo: Guilherme Luz
Direção editorial: Luiz Tonolli e Renata Mascarenhas
Gestão de projeto editorial: Tatiany Renó
Gestão e coordenação de área: Ronaldo Rocha
Edição: Pamela Hellebrekers Seravalli e André Luiz Ramos de Oliveira (editores), Érica Lamas, Sirlaine Cabrine Fernandes e Marina Muniz Campelo (assist.)
Gerência de produção editorial: Ricardo de Gan Braga
Planejamento e controle de produção: Paula Godo, Roseli Said e Marcos Toledo
Revisão: Hélia de Jesus Gonsaga (ger.), Kátia Scaff Marques (coord.), Rosângela Muricy (coord.), Ana Curci, Ana Paula C. Malfa, Brenda T. de Medeiros Morais, Carlos Eduardo Sigrist, Célia Carvalho, Celina Fugyama, Claudia Virgilio, Gabriela M. de Andrade, Lilian M. Kumai, Luciana B. de Azevedo, Raquel A. Taveira, Rita Costa e Vanessa de Paula Santos
Edição de arte: André Gomes Vitale (coord.), Claudemir Camargo Barbosa (edição de arte), Christine Getschko (abertura de unidades), Bárbara de Souza, Lourenzo Acunzo e Renato Akira Belarmino dos Santos (assist.)
Diagramação: Casa de Tipos
Iconografia e licenciamento de texto: Sílvio Kligin (superv.), Denise Durand Kremer (coord.), Cristina Akisino (coord.), Roberta Freire Lacerda Santos (pesquisa iconográfica), Liliane Rodrigues e Thalita Corina da Silva (licenciamento de textos)
Tratamento de imagem: Cesar Wolf e Fernanda Crevin
Ilustrações: Ah!Ilustração, Andrea Ebert, Antonio Robson, Douglas Galindo, Estúdio Mil, Estúdio 22, Félix Reiners, Ilustra Cartoon, Jótah Ilustrações, Paulo Menazi e Ricardo J. Souza
Cartografia: Allmaps, Eric Fuzii (coord.) e Robson Rosendo da Rocha
Capa: Gláucia Correa Koller (coord.) e Talita Guedes da Silva
Ilustração de capa: Carlo Giovani
Projeto gráfico de miolo: Gláucia Correa Koller (coord.) e Talita Guedes da Silva

---

Avenida das Nações Unidas, 7221, 3º andar, Setor A
Pinheiros – São Paulo – SP – CEP 05425-902
Tel.: 4003-3061
www.atica.com.br / editora@atica.com.br

Dados Internacionais de Catalogação na Publicação (CIP)
(Câmara Brasileira do Livro, SP, Brasil)

Dante, Luiz Roberto
Projeto Ápis : matemática : 4º ano / Luiz Roberto Dante. -- 3. ed. -- São Paulo : Ática, 2017.

ISBN: 978-85-0818-479-8 (aluno)
ISBN: 978-85-0818-484-2 (professor)
1. Matemática (Ensino fundamental) I. Título.

17-05564 CDD-372.7

Índices para catálogo sistemático:

1. Matemática : Ensino fundamental 372.7

2017
ISBN: 978-85-0818-479-8 (AL)
ISBN: 978-85-0818-484-2 (PR)
Código da obra CL 740112
CAE 621845 (AL) / 621846 (PR)
3ª edição
2ª impressão

Impressão e acabamento: Brasilform Editora e Ind. Gráfica

Uma publicação SOMOS EDUCAÇÃO

APRESENTAÇÃO

Como você viu nos três primeiros anos, a Matemática é parte importante da sua vida. Ela está presente na escola, em sua casa e em todo lugar.

Neste ano você vai conhecer mais um pouquinho sobre o mundo dos números, das operações, das sequências, das figuras geométricas, das grandezas e medidas, das tabelas e dos gráficos: o mundo da Matemática.

Aqui, você vai encontrar atividades, jogos, brincadeiras, desafios e problemas para pensar, inventar e resolver.

Com isso, você descobrirá cada vez mais a beleza do mundo da Matemática.

Espero que você goste, pois este livro foi feito para você com muito carinho.

Um abraço bem forte.

O autor

Conheça seu livro

Veja a seguir como seu livro de Matemática está organizado. Depois, com um colega, folheie o livro e descubra tudo que está apresentado nestas páginas.

Abertura de Unidade

Este livro é dividido em 9 Unidades.

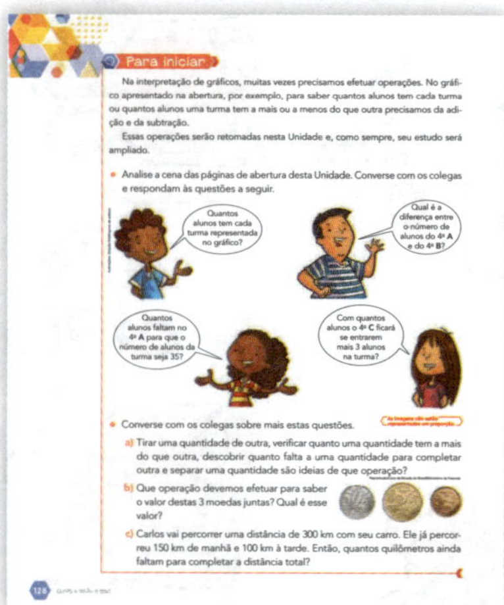

Para iniciar

Atividades que possibilitarão a você um primeiro contato com o que será estudado na Unidade.

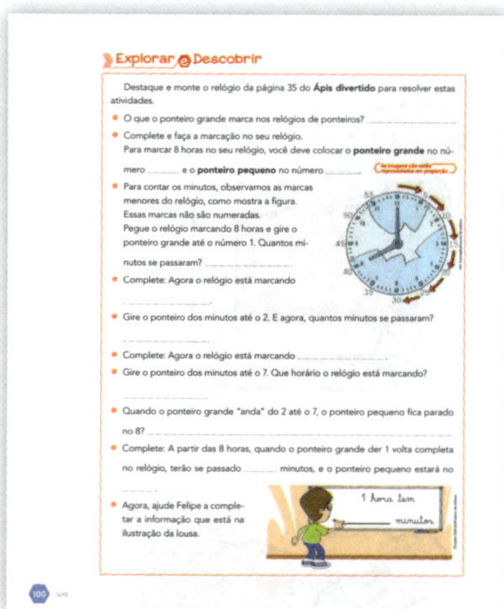

Explorar e descobrir

Atividades concretas e de experimentação que vão incentivá-lo a investigar, refletir, descobrir, sistematizar e concluir as situações propostas.

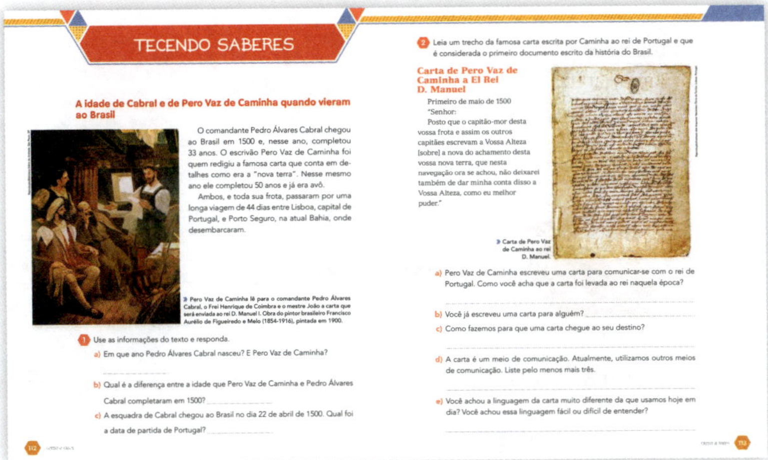

Tecendo saberes

Seção interdisciplinar que vai estimulá-lo a refletir sobre a importância da sua atuação como cidadão participativo e integrado à sociedade.

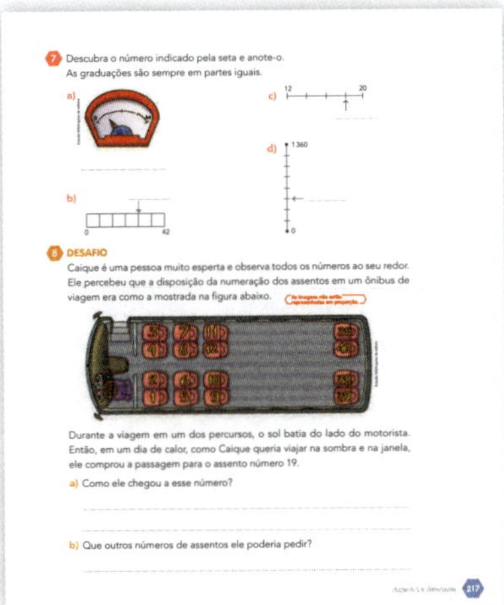

Desafio

Atividades de maior complexidade para testar seu conhecimento e sua criatividade.

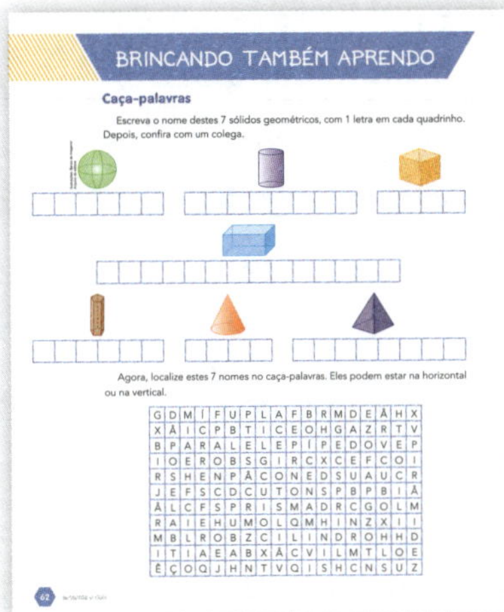

Brincando também aprendo

Estimula o trabalho cooperativo por meio de atividades lúdicas.

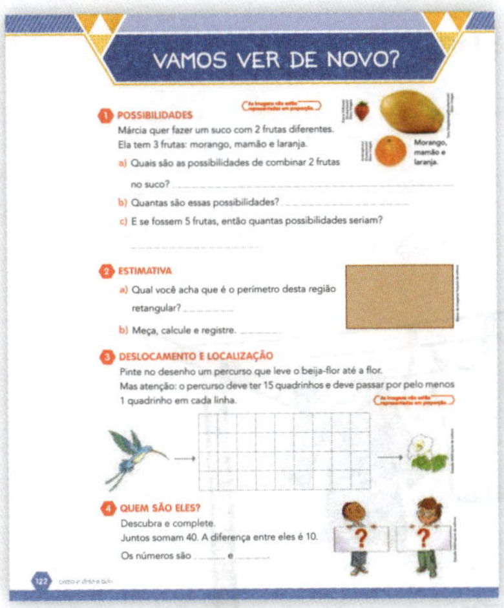

Vamos ver de novo?

Atividades para rever e fixar conceitos estudados na Unidade e em Unidades anteriores.

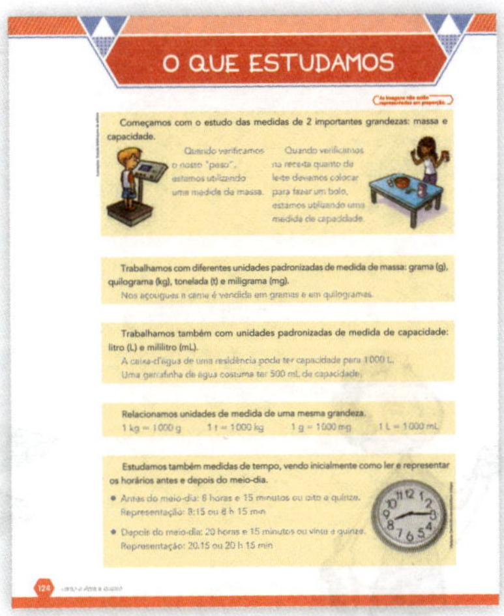

O que estudamos

Resumo dos principais assuntos da Unidade.

SUMÁRIO

Estúdio Mil/Arquivo da editora

Estúdio Mil/Arquivo da editora

Estúdio Mil/Arquivo da editora

Estúdio Mil/Arquivo da editora

O mundo da Matemática

Você já viu: em Matemática estudamos, entre outros assuntos, números, operações, figuras geométricas, grandezas e medidas, tabelas e gráficos.

- Registre aqui algo que você estudou no ano passado. Você pode escrever, desenhar, usar colagens, símbolos, etc.
  Depois, mostre aos colegas o que você fez e veja o que eles fizeram.

- O que você acha que vai aprender neste ano?

  ____

  ____

  ____

Eu e a Matemática

As imagens não estão representadas em proporção.

Meu nome completo é: ________________________________

Ele tem ________ letras.

Meu endereço é: ________________________________

Número: ________ Casa/Apartamento: ________________

Cidade: ________________________________

Estado: ________________________

CEP: ______________

Minha foto 3 × 4.

Estúdio Mil/Arquivo da editora

Meu telefone é: (____)______________

O dia do meu nascimento é: ________ de ______________ de ________.

Minha idade é: ______________

Estúdio Mil/Arquivo da editora

O "peso" com que nasci é: ________ quilogramas.

O "peso" que tenho agora é: ________ quilogramas.

Minha altura é: ______________ Meu número de sapato é: ________

Estúdio Mil/Arquivo da editora

Na minha casa moram ________ pessoas, contando comigo.

Há ________ alunos na minha turma.

Estúdio Mil/Arquivo da editora

Um objeto da minha casa que tem a forma circular: ______________________.

Agora, mostre aos seus colegas o que você escreveu e peça a eles que mostrem o que fizeram.

Unidade 1

Sistemas de numeração

Imagem fora de escala e em cores fantasia.

Maisa Shigematsu/Arquivo da editora

- O que mostra esta imagem?
- Você já tinha visto uma imagem como esta?
- Escolha 2 planetas desta imagem e conte para um colega as diferenças que você observa entre eles.

Para iniciar

Para indicar distâncias entre planetas e distâncias dos planetas ao Sol, em quilômetros, precisamos de números com muitos algarismos.

Para entender, ler e escrever esses números, usamos as regras do sistema de numeração decimal, um dos assuntos desta Unidade.

- Analise a cena das páginas de abertura desta Unidade. Converse com os colegas e respondam às questões a seguir.

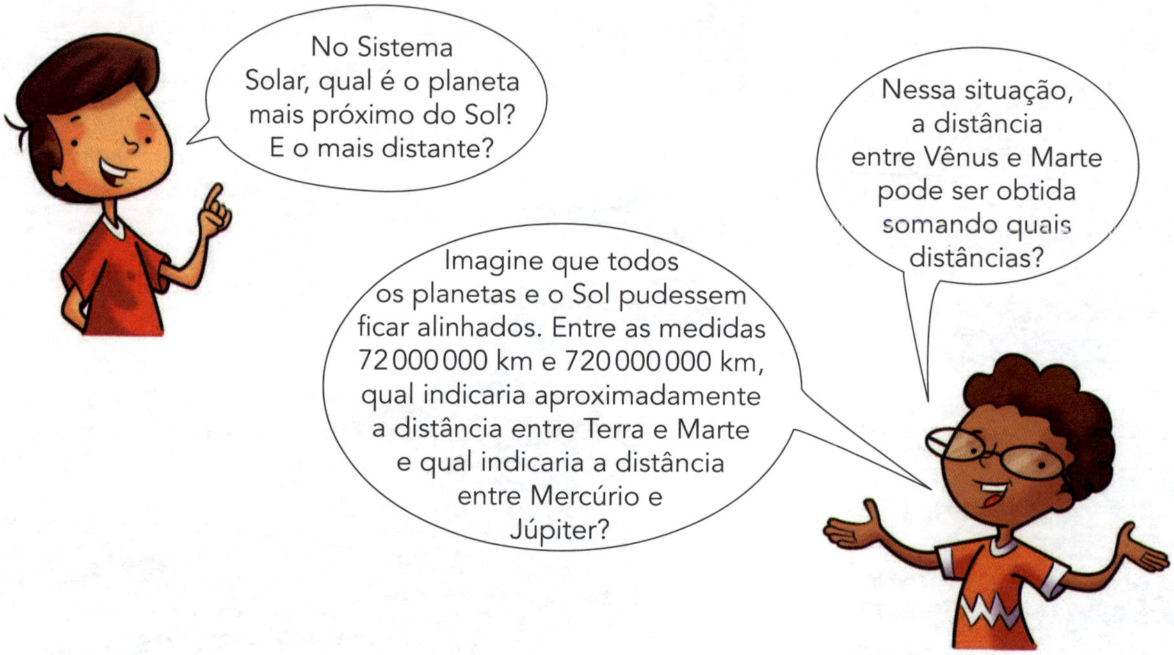

Ilustrações: Estúdio Mil/Arquivo da editora

- Converse com os colegas sobre mais estas questões.

a) Ao longo do tempo, todos os povos representaram os números da mesma forma? O número cinco, por exemplo, sempre foi representado por **5**?

b) Que número natural vem imediatamente depois do 9? E do 99? E do 999? E do 99 999?

c) Você sabe ler os números dados no item **b**, todos formados com o algarismo 9?

d) Você sabe escrever com algarismos o número citado nesta notícia?

> Foram vacinadas 1 milhão de pessoas na campanha de vacinação.

Um pouco da história dos números

A ideia de número surgiu quando o ser humano sentiu necessidade de contar e comparar quantidades.

Observe nas imagens abaixo alguns dos primeiros registros para o número 6 (seis) feitos pelo ser humano.

As imagens não estão representadas em proporção.

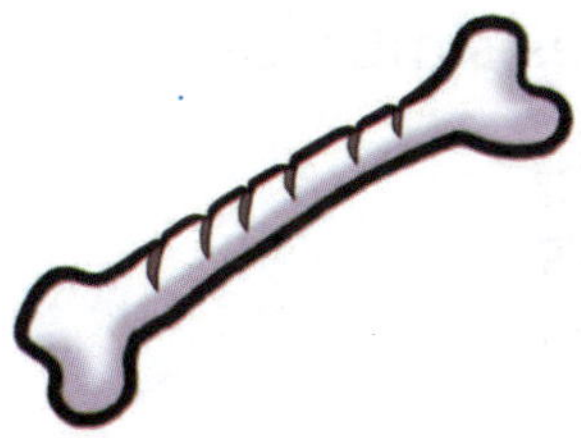

Marcas em ossos.

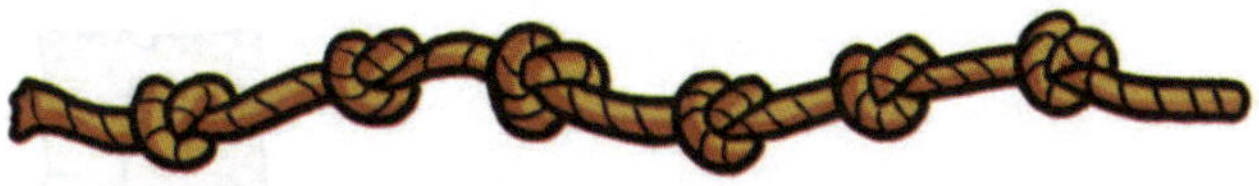

Nós em cordas.

Ilustrações: Estúdio Mil/Arquivo da editora

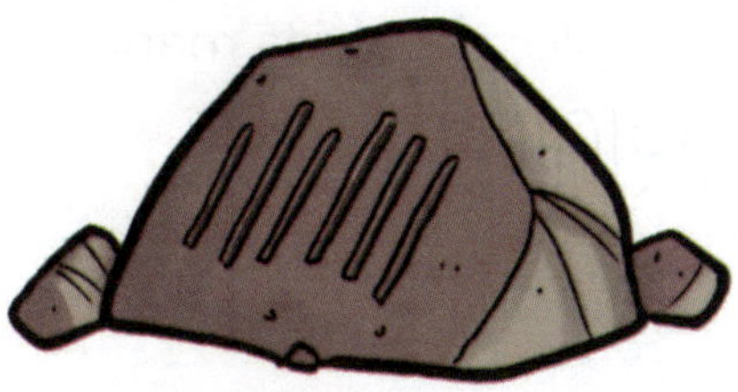

Lascas em rochas.

Pedrinhas.

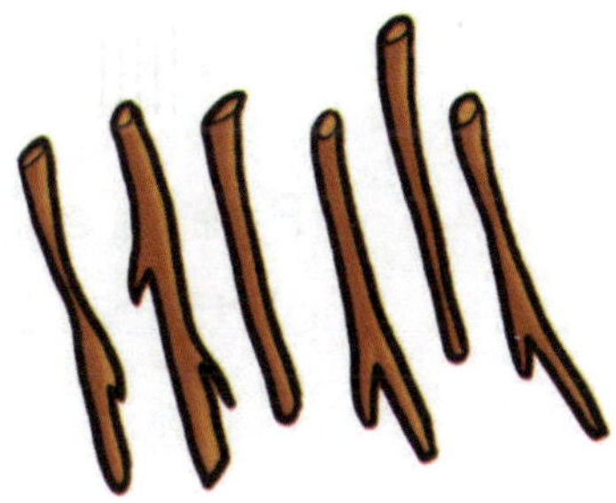

Gravetos.

Com o passar do tempo, algumas civilizações criaram sistemas de numeração, com símbolos e regras para representar os números.

Veja o número 6 (seis) representado nos sistemas de numeração egípcio, maia e romano.

Egípcio.

Maia.

Romano.

Ilustrações: Estúdio Mil/Arquivo da editora

Sistema de numeração egípcio

Os egípcios usavam 1 risco para representar o número 1, usavam 2 riscos para representar o 2, e assim por diante, até o número 9.

Ilustrações: Estúdio Mil/Arquivo da editora

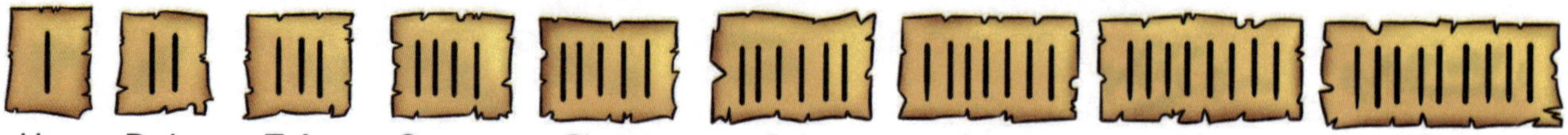

Um. Dois. Três. Quatro. Cinco. Seis. Sete. Oito. Nove.

Para representar o 10 e o 100, eles usavam estes símbolos.

Dez. Cem.

Veja alguns números escritos na nossa numeração e na numeração dos egípcios.

5 →  23 →  104 →  232 → 

Para os egípcios, a posição dos símbolos na representação do número não tinha importância. Eles podiam escrever o número 135, por exemplo, de várias maneiras.

Saiba mais

Mapa do continente africano

Allmaps/Arquivo da editora

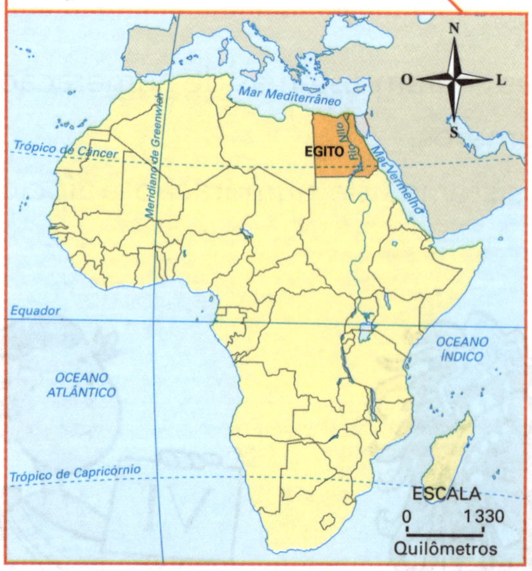

Adaptado de: IBGE. **Atlas geográfico escolar**. 6. ed. Rio de Janeiro, 2012.

Egito
Capital: Cairo.
Idioma oficial: árabe.
Moeda: libra egípcia.
Clima: árido subtropical.

No verão egípcio, no litoral do mar Vermelho, a temperatura chega a 43 °C.

LH Images/Alamy/Latinstock

Praia de Sharm el-Sheikh, no mar Vermelho, Egito. Foto de 2011.

1 Escreva o número de vasos usando o nosso sistema de numeração e o sistema de numeração dos egípcios. ______________

omers/Shutterstock

Vasos.

2 **PESQUISA**

a) O Egito é um país localizado em que continente? ______________

b) Como é o nome do importante rio que atravessa o Egito? ______________

c) O Egito está localizado na região de um deserto muito famoso. Qual é o nome dele? ______________

3 Escreva com símbolos egípcios.

a) 3 → ______________

b) 31 → ______________

c) 137 → ______________

d) 207 → ______________

e) 723 → ______________

f) 330 → ______________

4 Brinque de tradutor de números no sistema de numeração dos egípcios e escreva o número correspondente no nosso sistema de numeração.

a) ||||| → ______________

b) 𓎆||| → ______________

c) 𓍢𓍢𓎆| → ______________

d) 𓍢𓍢𓍢𓍢𓍢𓎆||||||| → ______________

e) 𓍢𓍢𓍢|||||| → ______________

f) 𓍢𓎆𓎆 → ______________

5 Complete usando os símbolos egípcios.

𓎆𓎆𓎆|||||| mais 𓎆||||| é igual a ______________.

Sugestão de...

Livro

Egito antigo e Mesopotâmia para crianças. Marian Broida. Rio de Janeiro: Zahar, 2002.

Sistema de numeração maia

Estúdio Mil/Arquivo da editora

A civilização maia foi extinta no século 16, mas o povo maia, não: atualmente mais de 7 milhões de maias vivem em estados do México e também em alguns países na América Central (Belize, Guatemala, Honduras e El Salvador).

Esse antigo povo, conhecido por sua arquitetura, arte, matemática e agronomia, também criou seu próprio sistema de numeração. Usando pontos e traços, eles escreviam os números de 1 a 19 de maneira muito simples. Observe.

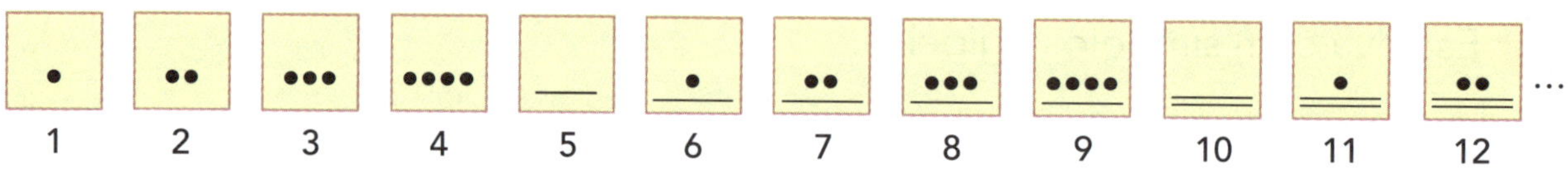

1 Escreva, os números a seguir no sistema de numeração maia.

a) 4 ⟶ ________________

b) 8 ⟶ ________________

c) 15 ⟶ ________________

d) 17 ⟶ ________________

2 Agora, escreva estes números no nosso sistema de numeração.

a)  ⟶ ________

b)  ⟶ ________

c)  ⟶ ________

d)  ⟶ ________

3 **FAÇA DO SEU JEITO!**

Complete usando os símbolos maias. Depois, veja como os colegas fizeram.

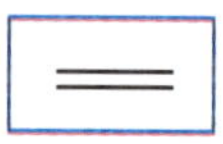 menos  é igual a ________.

Sistema de numeração romano

Estúdio Mil/Arquivo da editora

Os romanos usavam letras maiúsculas para representar os números. Veja.

I	V	X	L	C	D	M
1	5	10	50	100	500	1 000

Os símbolos romanos são usados até hoje, mas em poucas situações. Por exemplo, em alguns relógios e na indicação dos séculos e dos capítulos de livros.

Bastian Kienitz/Shutterstock

Relógio da Abadia de Westminster, em Londres, Inglaterra. Foto de 2014.

Com as regras a seguir, podemos escrever os números de 1 a 39 no sistema romano, usando os símbolos I, V e X.

- Os símbolos I e X podem ser repetidos até 3 vezes.

I	II	III	X	XX	XXX
1	2	3	10	20	30

- I à esquerda do V e à esquerda do X indica subtração.

  IV → 4 (5 − 1) IX → 9 (10 − 1)

- I, II e III à direita do V indicam adição.

  VI → 6 (5 + 1) VII → 7 (5 + 2) VIII → 8 (5 + 3)

- Nos demais números, usa-se a decomposição.

  14 → 10 + 4 → XIV (X = 10, IV = 4) 37 → 30 + 7 → XXXVII (XXX = 30, VII = 7)

1 Complete o quadro com números de 1 a 39 no sistema de numeração romano.

I	II											
								XXII				
			XXX									

2 Escreva os números abaixo no nosso sistema de numeração. Depois, confira com os colegas.

a) XV → ________ **c)** XXII → ________ **e)** XXXVIII → ________

b) XXXIV → ________ **d)** XIX → ________ **f)** XXXIX → ________

3 Descubra uma regularidade e continue. Depois, veja como os colegas fizeram.

a)

V	X	XV				

b)

XXII	XX	XVIII						

4 Reescreva os números com símbolos romanos.

a) Capítulo nove. ________________

b) Século dezenove. ________________

c) Dom João Sexto. ________________

d) Praça Quinze. ________________

Retrato de Dom João VI. 1816. Jean-Baptiste Debret. Óleo sobre tela, 64 cm × 55 cm. Acervo do Museu Histórico Nacional, Rio de Janeiro.

Jean-Baptiste Debret/Museu Histórico Nacional, Rio de Janeiro, RJ.

5 Escreva os números indicados nos itens usando o sistema de numeração romano.

a) O dia e o mês de seu aniversário. ________________

b) A data de hoje (dia e mês). ________________

c) O número desta página do livro. ________________

d) O século em que estamos. ________________

6 **ATIVIDADE ORAL**

a) Qual é o nome atual do país que fica na região onde o sistema de numeração romano foi criado?
Dica: sua forma lembra uma bota.

b) Em que continente esse país fica?
Converse com os colegas e depois confiram em um atlas.

Banco de imagens/Arquivo da editora

Adaptado de: IBGE. **Atlas geográfico escolar**. 6. ed. Rio de Janeiro, 2012.

Sistema de numeração decimal

No início desta Unidade você conheceu alguns sistemas de numeração utilizados ao longo da História.

Agora vamos estudar o **sistema de numeração decimal** usado atualmente no mundo todo. Ele recebe esse nome porque trabalha com grupos de 10.

Foi inventado pelos hindus, na Índia, aperfeiçoado e divulgado para o resto do mundo pelos árabes. Por isso, também pode ser chamado **sistema indo-arábico de numeração decimal**.

Inicialmente, você vai rever os números naturais até 999, onde e como eles são usados, para depois conhecer outros números. Lembre-se: os números naturais são os da sequência 0, 1, 2, 3, 4, 5, 6, 7, ...

Onde e como os números são usados

Veja quantas informações relacionadas ao meio ambiente são transmitidas com o uso de números.

As imagens não estão representadas em proporção.

Economia de energia elétrica

Um chuveiro elétrico gasta 100 kWh (quilowatts-hora) com a chave no inverno e, com a chave no verão, ele gasta 70 kWh.

Ilustrações: Estúdio Mil/Arquivo da editora

Reciclagem de papel

A reciclagem de 1 tonelada (1 000 kg) de papel poupa o corte de 22 árvores.

Desperdício de água

Uma torneira gotejando desperdiça aproximadamente 46 litros de água por dia.

1 Observe algumas situações nas quais os números são usados. Depois, responda às questões.

As imagens não estão representadas em proporção.

a) NAS CONTAGENS

Estúdio Mil/Arquivo da editora

- Quem está vencendo? ____________
- Qual é a diferença de pontos? ____________
- Quantos pontos faltam para o time visitante fazer 100 pontos? E o time local? ____________

b) NOS CÓDIGOS

Estúdio Mil/Arquivo da editora

- Qual é o número da casa? ____________
- Qual é o Código de Endereçamento Postal (CEP)? ____________

c) NAS ORDENAÇÕES

Estúdio Mil/Arquivo da editora

- Qual foi a Feira do Livro anterior a essa? ____________
- Qual será a próxima Feira do Livro? ____________

d) NAS MEDIDAS

Distância entre Natal e João Pessoa

Allmaps/Arquivo da editora

Adaptado de: IBGE. **Atlas geográfico escolar**. 6. ed. Rio de Janeiro, 2012.

Jairo escreveu que a distância de Natal (RN) a João Pessoa (PB) era 200 quilômetros. A distância real é 184 quilômetros. Quantos quilômetros Jairo indicou a mais? ____________

2 Indique como cada número está sendo usado. Escreva **contagem**, **medida**, **ordem** (ou **posição**) ou **código**.

As imagens não estão representadas em proporção.

a)

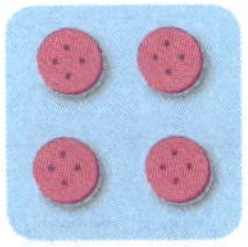

Ah! Ilustração/Arquivo da editora

4 botões. ____________________

b) Maio é o 5º mês do ano.

____

c)

victoriaKh/Shutterstock

1 litro de leite. ____________________

d)

Cesar Diniz/Pulsar Imagens

Ônibus. ____________________

e) A escada tem 3 degraus.

____

Libor Fousek/Shutterstock

Escada.

f)

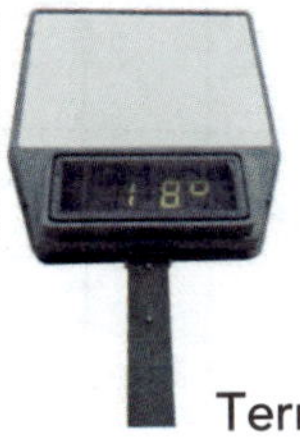

avarand/Shutterstock

Termômetro. ____________________

3 **NÚMEROS E MENSAGENS CODIFICADAS**

Analise o código, decifre as expressões em cada quadro e registre-as. Essas expressões indicam 3 coisas das quais devemos cuidar muito bem!

1	A	3	C	5	E	7	L	9	N	11	R	13	T
2	B	4	D	6	I	8	M	10	O	12	S	14	Ú

12 – 1 – 14 – 4 – 5

____

8 – 5 – 6 – 10   1 – 8 – 2 – 6 – 5 – 9 – 13 – 5

____

8 – 1 – 13 – 5 – 11 – 6 – 1 – 7   5 – 12 – 3 – 10 – 7 – 1 – 11

____

4 **DESAFIO**

Há 3 alunos disputando uma corrida. Beto está na frente de Paulo. Lucas não é o primeiro e Paulo não é o terceiro. Qual é a ordem em que eles estão?

____

5 NÚMEROS E GRÁFICOS

A turma de André vai participar de uma gincana e resolveu escolher a cor da camiseta que todos vão usar para identificar o grupo. Para isso, a turma organizou uma **pesquisa de opinião** com a seguinte pergunta.

> Qual cor de camiseta você prefere: roxo, laranja, verde ou azul?

As respostas obtidas foram registradas em um **gráfico de barras**.

Estúdio Mil/Arquivo da editora

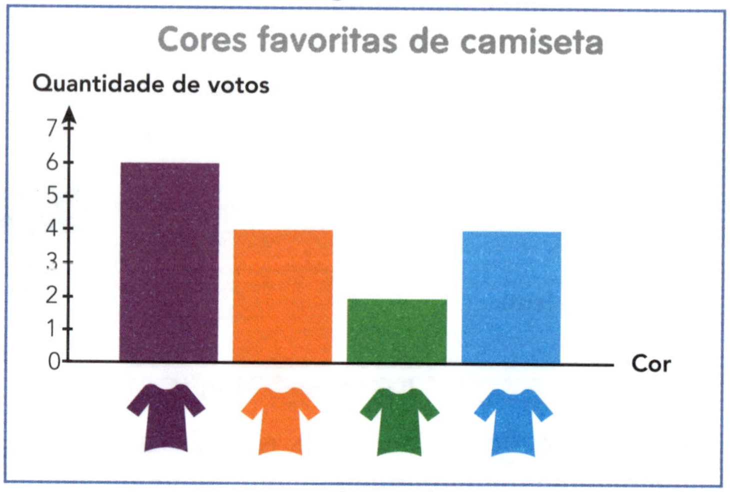

Banco de imagens/Arquivo da editora

Gráfico elaborado para fins didáticos.

A partir do gráfico foram obtidas diversas informações: verde foi a cor menos votada; a cor laranja teve 4 votos; e assim por diante.

a) Responda a estas questões relativas à pesquisa.

- Quantas pessoas votaram? ____________________
- Quantos votos teve a cor azul? ____________________
- Qual cor teve a metade dos votos da cor laranja? ____________________
- Qual foi a cor escolhida para a camiseta? Por quê? ____________________

b) ATIVIDADE EM GRUPO

- Formulem, registrem nos cadernos e respondam a mais algumas questões referentes a esta pesquisa.
- Façam esta mesma pesquisa em sua turma e construam o gráfico correspondente no caderno.
- Escrevam no caderno um texto-síntese sobre a pesquisa que vocês fizeram com sua turma. Nesse texto, descrevam como vocês fizeram a pesquisa, quantas pessoas responderam à pergunta e quais foram os resultados obtidos.

Centenas, dezenas e unidades

1 Complete com o valor de cada peça do material dourado.

1 unidade.

1 dezena ou ____ unidades.

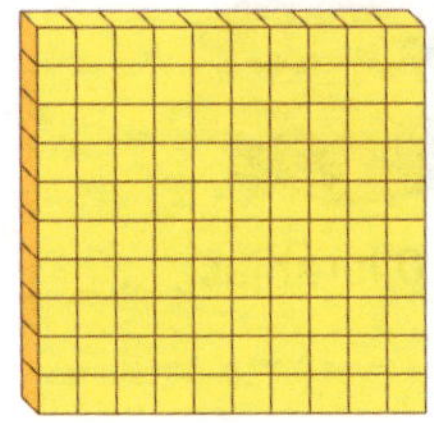

Ilustrações: Banco de imagens/Arquivo da editora

1 ________ ou ____ dezenas ou ____ unidades.

2 Veja como foram agrupadas as miniaturas.

Douglas Galindo/Arquivo da editora

a) Quantos grupos foram formados? ____________

b) Quantas miniaturas há em cada grupo? ____________

c) Sobraram miniaturas? Quantas? ____________

d) Quantas miniaturas há ao todo? ____________

e) Complete.

D	U
____	____

3 Complete.

a) O Brasil tem ________ estados e o Distrito Federal, onde fica Brasília, a capital do Brasil.

b) Decomponha o número do item **a**:

________ = ________ + ________

c) Escreva esse número por extenso. ____________

d) Nesse número o algarismo das dezenas é ________ e o das unidades é ________.

e) Complete com o número representado com o material dourado.

D	U
____	____

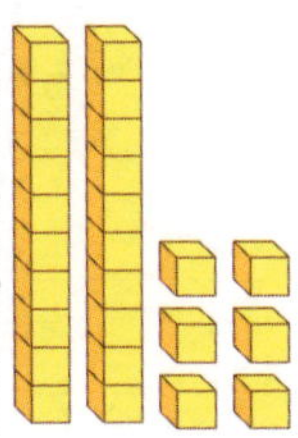

Banco de imagens/Arquivo da editora

Allmaps/Arquivo da editora

Adaptado de: IBGE. **Atlas geográfico escolar**. 6. ed. Rio de Janeiro, 2012.

ra3rn/Shutterstock

Pacote com 10 laranjas.

4 No mercado central das cidades é comum as laranjas serem vendidas em caixas com 100, em pacotes com 10 e em unidades avulsas.

a) Escreva o número de laranjas indicado em cada item.

- 1 caixa, 6 pacotes e 9 laranjas avulsas. ______
- 3 caixas e 2 laranjas avulsas. ______
- 1 caixa e 20 pacotes. ______

b) Agora, escreva esses 3 números em ordem crescente. ______

5 Escreva os números representados pelo material dourado.

a) 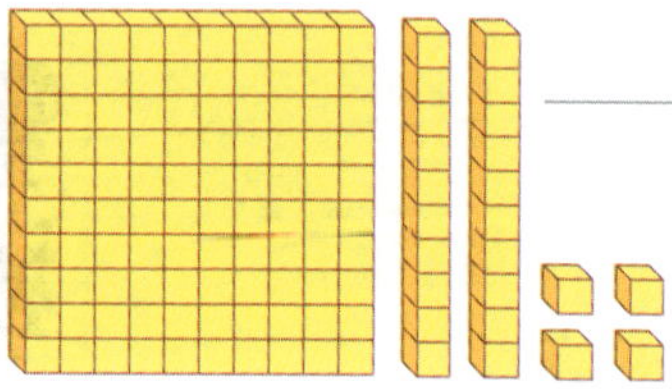 ______

Ilustrações: Banco de imagens/Arquivo da editora

b) 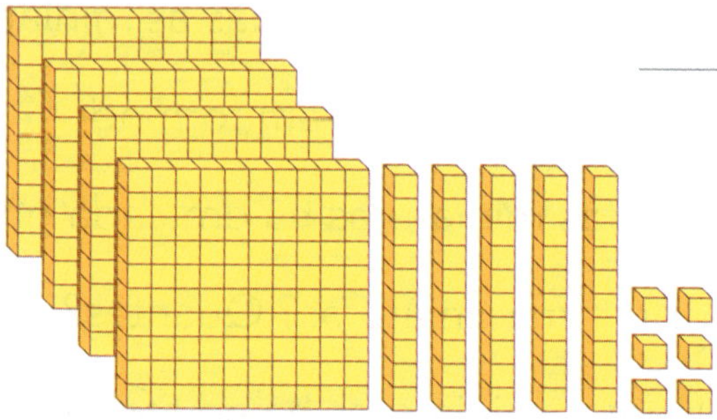 ______

6 Escreva a quantia indicada em cada item.

As imagens não estão representadas em proporção.

Reprodução/Casa da Moeda do Brasil/Ministério da Fazenda

a)  ______

b)  ______

c)  ______

7 **ATIVIDADE ORAL, EM GRUPO** Converse com os colegas e, usando o dinheiro das páginas 3 a 13 do **Ápis divertido**, façam um levantamento de 4 maneiras diferentes de fazer um pagamento de R$ 200,00 usando apenas notas de R$ 100,00 e de R$ 10,00 e moedas de R$ 1,00.

Em pelo menos uma das maneiras devem ser usadas notas dos 2 tipos e moedas. Registre aqui.

______

______

______

8 Observe a representação da centena, da dezena e da unidade com desenhos de fichas.

Ilustrações: Banco de imagens/Arquivo da editora

Centena. (100) Dezena. (10) Unidade. (1)

Agora, faça desenhos de fichas para representar os números dos itens **a** e **b** e escreva o número representado no item **c**.

a) 26

b) 206

c)

Ilustrações: Banco de imagens/Arquivo da editora

______

9 NÚMEROS E MEDIDAS

A onça-pintada é um mamífero carnívoro e é um símbolo da fauna brasileira.

Ela também é encontrada em outros países da América do Sul e na América Central.

No Brasil já foi encontrada uma onça-pintada que media 185 centímetros de comprimento e pesava 158 quilogramas. Complete os dados sobre essas medidas.

Ewan Chesser/Shutterstock

Onça-pintada *(Panthera onca)*.

Comprimento (em centímetros)

Número: ______

Decomposição do número: ______

Leitura: ______

"Peso" (em quilogramas)

Número: ______

Decomposição do número: ______

Leitura: ______

Onça-pintada,
Quem foi que te pintou?
A velha borralheira
que aqui passou!

Cantiga popular.

10 Escreva os números que faltam em cada reta numerada.

a) 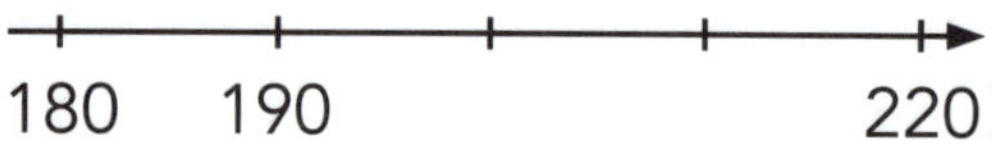

b) 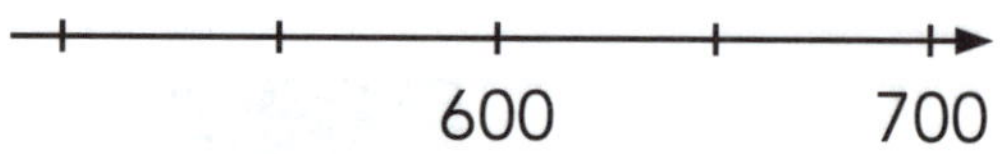

Fogão.

11 José comprou um fogão usando 5 notas de R$ 100,00, 2 notas de R$ 10,00 e 3 moedas de R$ 1,00. Ele não recebeu troco.

a) Quanto custou o fogão? ______________

b) Decomponha esse número. ______________

c) Complete: ______ = ______ centenas + ______ dezenas + ______ unidades

d) Escreva como se lê esse número. ______________

12 Escreva os números correspondentes.

a) Cento e setenta e um. ⟶ ______

b) 7 centenas, 3 dezenas e 9 unidades. ⟶ ______

c) 400 + 30 + 7 ⟶ ______

d)  ⟶ ______

e) 20 dezenas. ⟶ ______

f) 900 + 5 ⟶ ______

13 **POSSIBILIDADES**

Caio, que gosta de brincar com números, propôs este desafio para Bete.

"Você é capaz de escrever, em ordem crescente, todos os números que podemos representar com os algarismos 3, 6 e 8?

Mas atenção! Eles devem atender a estas 2 condições ao mesmo tempo.

- Eles podem ter 1, 2 ou 3 algarismos.
- Eles não podem ter algarismos repetidos."

Ajude Bete e escreva os números que Caio pediu.

____

____

Sugestão de...

Livro

O presente de aniversário do marajá. James Rumford. São Paulo: Brinque-Book, 2004.

Os números e suas ordens

Os símbolos que usamos em nosso sistema de numeração decimal são chamados **algarismos** ou **dígitos**. Em um número, cada algarismo ocupa uma **posição**, que determina sua **ordem**. As ordens dos números são consideradas da direita para a esquerda e cada ordem recebe um nome especial. Por exemplo, ordem das unidades, ordem das dezenas, etc.

Saiba mais

Em 2016, o edifício mais alto do Brasil era o Edifício Millennium Palace. Localizado na cidade de Balneário Camboriú, em Santa Catarina, tem 177 metros de altura.

Também em 2016, o edifício mais alto do mundo era o Burj Khalifa, em Dubai, com 828 metros de altura.

Ricardo Ribas/Fotoarena

Edifício Millennium Palace, em Balneário Camboriú, Santa Catarina. Foto de 2016.

O número 165 é formado por 3 algarismos. Portanto, nele há 3 ordens. Observe.

165

- 5 → 1ª ordem, ou ordem das **unidades** — 5 unidades
- 6 → 2ª ordem, ou ordem das **dezenas** — 6 dezenas = 60 unidades
- 1 → 3ª ordem, ou ordem das **centenas** — 1 centena = 10 dezenas = 100 unidades

Veja no quadro de ordens.

3ª ordem: das centenas	2ª ordem: das dezenas	1ª ordem: das unidades
Centena	Dezena	Unidade
1	6	5

1 Escreva a ordem e o valor que cada algarismo representa nos números indicados.

a) 8 2 8

→ 1ª ordem: ______________________

→ 2ª ordem: ______________________

→ 3ª ordem: ______________________

b) 2 1 7

→ ______________________

→ ______________________

→ ______________________

c) 3 0 4

→ ______________________

→ ______________________

→ ______________________

2 Responda.

a) Qual é o maior número natural de 3 ordens? __________

b) Qual é o menor número natural de 3 ordens? __________

c) Qual é o menor número natural de 3 ordens, com algarismos distintos? _____

d) Qual é o maior número natural de 3 ordens, com algarismos distintos? _____

3 Marina representou um número usando o material dourado.
Complete o quadro com os algarismos do número representado. Depois, complete as frases.

Banco de imagens/Arquivo da editora

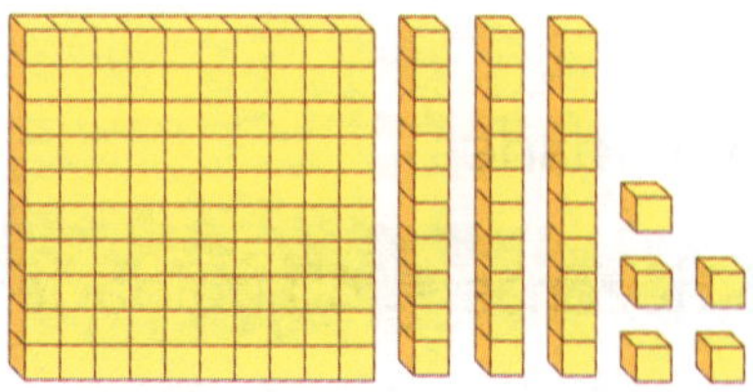

3ª ordem: das centenas	2ª ordem: das dezenas	1ª ordem: das unidades
Centena	Dezena	Unidade

a) O número representado foi __________. Ele tem __________ ordens.

b) O algarismo da 3ª ordem desse número é ________ e seu valor é ________.

c) A escrita desse número por extenso é ______________________________.

d) O sucessor desse número é __________ e seu antecessor é __________.

4 NÚMERO NATURAL PAR E NÚMERO NATURAL ÍMPAR

a) **ATIVIDADE ORAL EM GRUPO** Você se lembra de como reconhecer se um número natural é par ou ímpar? Converse com os colegas sobre isso e, depois, complete.

- Um número é par quando o algarismo das unidades é ______.
- Um número é ímpar quando o algarismo das unidades é ______.

b) Agora, escreva se cada número é par ou ímpar.

471 ______ 972 ______

388 ______ 153 ______

705 ______ 500 ______

16 ______ 849 ______

5 COMPARAÇÃO DE NÚMEROS NATURAIS

Coloque o sinal > (é maior do que), < (é menor do que) ou = (é igual a) entre os números naturais.

a) 280 ______ 208 c) 124 ______ 98 e) 428 ______ 425

b) 335 ______ 533 d) 696 ______ 696 f) 378 ______ 873

6

A altura dos jogadores do time Cestinhas de Ouro é: 196 cm, 208 cm, 189 cm, 193 cm e 202 cm.

a) Escreva as alturas desses jogadores em ordem crescente.

______

Estúdio Mil/Arquivo da editora

b) Quais desses 5 números são números naturais ímpares? ______

7

Responda.

a) Qual é o maior número par de 3 algarismos diferentes? ______

b) E qual é o menor número ímpar de 3 algarismos diferentes? ______

Depois do 999 vem o 1000 (mil)

Ilustrações: Estúdio Mil/Arquivo da editora

1 Complete, sempre adicionando 1.

a) 9 + 1 → ☐ 99 + 1 → ☐ 999 + 1 → ☐

b) 997, 998, 999, 1 000, 1 001, ☐, ☐, ☐, ☐.

2 Vamos indicar o número 1 000 (mil) de várias formas. Complete.

999 + ______	900 + ______	990 + ______
10 × ______	1 000	2 × ______
700 + ______	4 × ______	850 + ______

3 Veja alguns exemplos de como podemos expressar grandes quantidades.

- **Milhares de pessoas** foram à exposição.
- Já falei **mil** vezes!
- Você é nota **mil**!

Escreva outra frase com **mil** ou **milhares**.

Veja o que os colegas escreveram e copie a frase que você achar mais interessante.

> Terra adorada,
> Entre outras mil,
> És tu, Brasil,
> Ó Pátria amada!
>
> Hino Nacional Brasileiro.

____

____

Explorar e Descobrir

O NÚMERO 1000 NAS MEDIDAS DE COMPRIMENTO

- Pegue uma fita métrica e observe-a. Depois, complete.

  1 metro = ________ centímetros e 1 centímetro = ________ milímetros

  Então: 1 metro = ________ × ________ milímetros = ________ milímetros

  Em símbolos: 1 m = ________________ mm

- Para ter ideia do significado de 1 quilômetro, pense em 10 quarteirões de uma rua, de 100 metros cada um.

  Agora, complete.

  1 quilômetro = 10 × ________ metros = ________ metros

  Em símbolos: ________________

4 PESQUISA
O NÚMERO 1000 NAS MEDIDAS DE MASSA

a) Pesquise os valores das unidades de medida de massa. Depois, complete as igualdades.

- 1 quilograma = 1 000 ________________
- 1 grama = 1 000 ________________
- 1 tonelada = 1 000 ________________

b) Reescreva as 3 igualdades acima usando os símbolos kg (quilograma), g (grama), mg (miligrama) e t (tonelada).

________________ ________________ ________________

5 O NÚMERO 1000 NAS MEDIDAS DE CAPACIDADE

O litro (L) e o mililitro (mL) são as unidades mais usadas nas medidas de capacidade.

Complete a segunda igualdade.

1 L = 1 000 mL	meio litro = ________ mililitros

6 Veja o número 1 000 representado com material dourado. É um cubo grande.

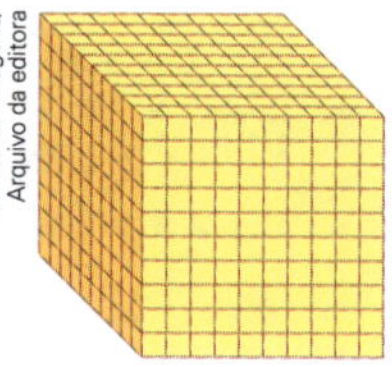

Banco de imagens/Arquivo da editora

1 000
Mil ou 1 milhar.

a) Complete.

São ________ unidades.

São ________ dezenas (________ × 10 = 1 000).

São ________ centenas (________ × 100 = 1 000).

b) Agora, observe os 2 exemplos e faça os demais.

- 2 × 1 000 = 1 000 + 1 000 = 2 000 (Lê-se: Dois mil.)
- 3 × 1 000 = 3 000 (Três mil.)
- 4 × 1 000 = ________________________________
- 7 × 1 000 = ________________________________
- 5 × 1 000 = ________________________________
- 9 × 1 000 = ________________________________
- 6 × 1 000 = ________________________________
- 8 × 1 000 = ________________________________

7 Veja o número 1 352 representado com o material dourado.

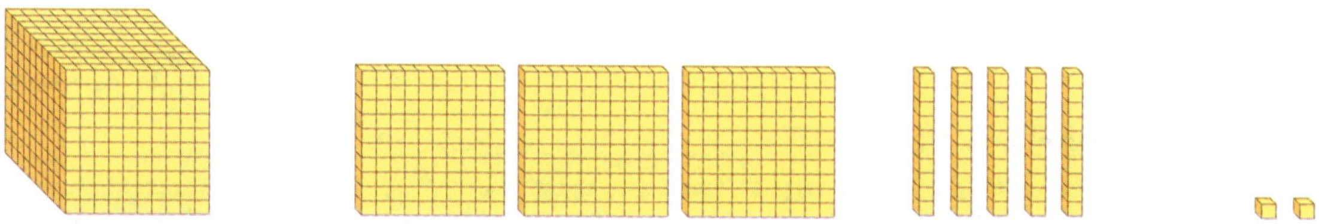

Ilustrações: Banco de imagens/Arquivo da editora

1 milhar (1 000), 3 centenas (300), 5 dezenas (50) e 2 unidades (2).

1 000 + 300 + 50 + 2 = 1 352 Leitura: Mil, trezentos e cinquenta e dois.

Faça o mesmo com o número representado abaixo.

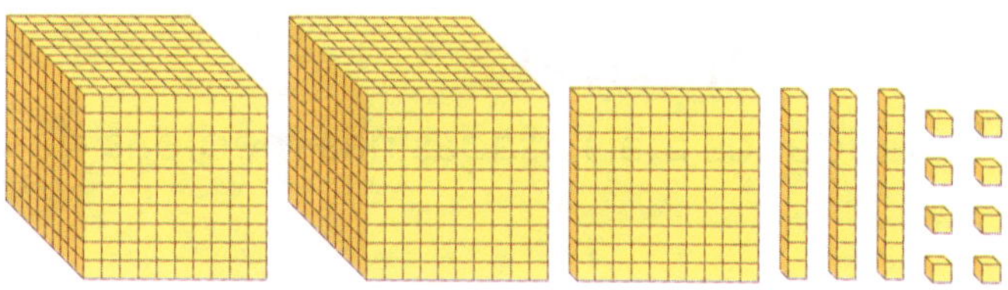

____

____

8 **ATIVIDADE ORAL EM GRUPO** Determine os 2 números de cada item e coloque >, < ou = entre eles. Depois, leia as comparações junto com os colegas.

a) 3000 + 200 | 1000 + 1500

b) 3 × 2000 | 5980 + 20

c) 8000 ÷ 2 | 3000 + 1001

d) 9002 − 3 | 8995 + 6

9 Pense na sequência dos números naturais e complete.

a)	596	597	598			
b)	1979	1980	1981			
c)	1037	1038	1039			
d)	6808	6809	6810			
e)			9668	9667	9666	

10 Veja o quadro com anos de importantes fatos da história do Brasil escritos por extenso. Escreva os números com algarismos.

Banco de imagens/Arquivo da editora

Bandeira do Brasil.

Chegada dos portugueses ao Brasil	Mil e quinhentos.	
Proclamação da Independência do Brasil	Mil, oitocentos e vinte e dois.	
Proclamação da República do Brasil	Mil, oitocentos e oitenta e nove.	
Eleita a 1ª mulher presidente do Brasil	Dois mil e dez.	

Saiba mais

O Jardim Botânico do Rio de Janeiro é o maior da América Latina e abriga aproximadamente 6 500 espécies vegetais.

Fernando Bueno/Pulsar Imagens

Vista parcial do Jardim Botânico, Rio de Janeiro, RJ. Foto de 2016.

11 Escreva como se lê o número que aparece na informação do **Saiba mais**.

____

12 Agora, escreva como se leem mais estes números.

a) 7 249 ______________________________

b) 9 001 ______________________________

13 Escreva os números usando algarismos.

a) Oito mil, cento e trinta e seis. ________

b) Nove mil e setenta. ________

c) Nove mil e setecentos. ________

d) Nove mil e sete. ________

14 **ATIVIDADE ORAL EM DUPLA**

Descubra o padrão de cada sequência e descreva-o para um colega. Depois, complete-a.

a) 1 027, 1 028, 1 029, ________, ________, ________, ________

b) 1 010, 1 020, 1 030, ________, ________, ________, ________

c) 1 500, 1 600, 1 700, ________, ________, ________, ________

d) 1 245, 2 245, 3 245, ________, ________, ________, ________

15 Complete os dados referentes à sua idade.

a) Eu nasci no ano de ____________. Estamos no ano de ____________.

b) Neste ano, completei ou vou completar ____________ anos.

c) Vou completar 20 anos em ____________.

d) Em 2025 vou completar ____________ anos.

Novas ordens

A ordem das unidades de milhar (4ª ordem)

Allmaps/Arquivo da editora

Adaptado de: IBGE. **Atlas geográfico escolar**. 6. ed. Rio de Janeiro, 2012.

O rio mais longo do Brasil, situado totalmente no território nacional, é o São Francisco. Ele nasce em Minas Gerais e deságua no oceano Atlântico. Seu percurso é de 2 863 quilômetros.

Esse número é da ordem das **unidades de milhar**. Observe-o no quadro de ordens como o lemos e o valor de cada algarismo dele.

4ª ordem	3ª ordem	2ª ordem	1ª ordem
Unidade de milhar	Centena	Dezena	Unidade
2	8	6	3

2 863

Dois mil, oitocentos e sessenta e três.

2 8 6 3

- 1ª ordem: 3 unidades
- 2ª ordem: 6 dezenas = 60 unidades
- 3ª ordem: 8 centenas = 80 dezenas = 800 unidades
- 4ª ordem: 2 unidades de milhar = 20 centenas = 200 dezenas = 2 000 unidades

Saiba mais

O rio São Francisco tem grande importância para a região Nordeste do país, pois permanece com um fluxo regular de água ao longo de todo o ano, mesmo em períodos de seca na região.

Além disso, as águas desse rio abastecem diversas usinas hidrelétricas ao longo de seu percurso.

1 Escreva a decomposição do número 2 863.

Egon Zitter/Shutterstock/Glow Images

Irrigação em plantação de morangos.

2 A água tem muitos usos. Além de servir para a produção de energia elétrica, outro de seus usos é na produção de alimentos. Por exemplo: na irrigação de plantações, para dar de beber a animais, na indústria, etc.

Veja quantos litros de água são usados para produzir alguns alimentos e realize as atividades propostas.

a) Para produzir 1 quilograma de açúcar refinado, são usados 1 782 litros de água.

Decomponha o número 1 782.

b) São usados 2 497 litros de água na produção de 1 quilograma de arroz sem casca.

Dê a ordem e o valor de cada algarismo em 2 497, de acordo com sua posição, e escreva como se lê esse número.

3 **PESQUISA**

Descubra e escreva o ano em que o homem pisou na Lua pela primeira vez.

4 **FAÇA DO SEU JEITO!**

Há quantos anos o homem pisou na Lua pela primeira vez? Calcule, responda e, depois, veja como os colegas fizeram.

NASA/Arquivo da editora

Foto tirada por Neil Armstrong mostra seu reflexo e o do módulo lunar no visor do capacete de Edwin Aldrin.

5 Use os algarismos 1, 2, 4 e 5, mas só uma vez cada um, e responda.

a) Qual é o maior número possível. ______

b) Qual é o menor número possível? ______

c) E qual é o maior número par? ______

d) Em qual desses números o 2 aparece na ordem das centenas? ______

Estúdio Mil/Arquivo da editora

6 **NÚMEROS E MEDIDAS**

Complete.

a) 3 m + 85 mm = ______ mm

b) 3 m + 85 cm = ______ cm

c) 7 t + 80 kg = ______ kg

d) 4 L + 200 mL = ______ mL

7 Responda considerando a sequência dos números naturais.

a) Qual é o sucessor do número 4 999? E o antecessor? ______

b) Qual é o sucessor de 6 010? E o antecessor? ______

c) Qual é o sucessor do sucessor de 3 675? ______

8 Complete.

Os portugueses chegaram ao Brasil no ano de 1500. No ano 2000 foram comemorados ______ anos do encontro entre portugueses e indígenas e no ano 2025 serão comemorados ______ anos.

Oscar Pereira da Silva/Museu Paulista da USP, São Paulo, SP

Desembarque de Pedro Álvares Cabral em Porto Seguro, em 1500. 1922. Oscar Pereira da Silva. Óleo sobre tela, 190 cm × 330 cm. Museu Paulista da USP, São Paulo, SP.

A ordem das dezenas de milhar (5ª ordem)

Em toda a carreira como jogador de basquete profissional, o brasileiro Oscar Schmidt fez 49 737 pontos. Dá para imaginar essa quantidade de pontos?

Esse número é da ordem das dezenas de milhar. Observe-o no quadro de ordens e como o lemos.

Ormuzd Alves/Folhapress

Jogador Oscar Schmidt durante partida nos Jogos Olímpicos de Atlanta, nos Estados Unidos, em 1996.

5ª ordem	4ª ordem	3ª ordem	2ª ordem	1ª ordem
Dezena de milhar	Unidade de milhar	Centena	Dezena	Unidade
4	9	7	3	7

49 737

Quarenta e nove mil, setecentos e trinta e sete.

1 Considere o número 49 737.

a) Complete.

4 9 7 3 7

1ª ordem: 7 unidades

2ª ordem: 3 dezenas = 30 unidades

3ª ordem: 7 ______ = 700 ______

4ª ordem: 9 unidades de milhar = ______ unidades

______ ordem: ______ = ______ unidades

b) Decomponha esse número. ______

2 Observe a marcação da quilometragem rodada por alguns carros.

I 

II 

III 

Ilustrações: Estúdio Mil/Arquivo da editora

a) Qual carro rodou mais? E qual rodou menos? ______

b) Escreva por extenso o número da quilometragem do carro **III**.

______

c) Qual é o algarismo da 5ª ordem na quilometragem do carro **II**? E qual é seu valor posicional? ______

A ordem das centenas de milhar (6ª ordem)

A distância entre a Terra e a Lua era aproximadamente 393 499 km em 2015.

Composição de imagens de satélite da Terra e da Lua.

Esse número é da ordem das centenas de milhar. Observe-o no quadro de ordens.

6ª ordem	5ª ordem	4ª ordem	3ª ordem	2ª ordem	1ª ordem
Centena de milhar	Dezena de milhar	Unidade de milhar	Centena	Dezena	Unidade
3	9	3	4	9	9

As imagens não estão representadas em proporção.

1 Considere o número 393 499 e responda.

a) Qual é sua decomposição? Qual é sua leitura? ____________________

____

b) Qual é seu algarismo de 6ª ordem e quanto ele representa?

____

c) Qual é a ordem do algarismo 4 e qual é seu valor posicional?

____

2 **ATIVIDADE ORAL EM GRUPO** A cidade de Petrolina, no estado de Pernambuco, é a segunda maior produtora de uva do Brasil. Ela exporta essa e outras frutas para o mundo inteiro.

Segundo a última estimativa da população brasileira (do IBGE, em 2013), Petrolina tinha 319 893 habitantes. Brinque de perguntas e respostas com os colegas sobre o número 319 893.

Plantação de uvas em Petrolina, Pernambuco.

Saiba mais

Números palíndromos ou **capicuas** são números cuja leitura da esquerda para a direita é igual à da direita para a esquerda.

Por exemplo, 343 e 12521 são números palíndromos.

343 → ←   12521 → ←

3 Pinte os quadrinhos que têm números palíndromos.

4554	139931	322233	20102	755

4 Escreva o número de cada item e indique se ele é ou não é palíndromo.

a) Sete mil e sete. → ____________________

b) Doze mil e doze. → ____________________

c) Duzentos e seis mil, seiscentos e dois. → ____________________

d) Duzentos e trinta mil, duzentos e trinta e dois. → ____________________

e) 40 000 + 2 000 + 300 + 20 + 4 → ____________________

f) 5 centenas de milhar + 5 centenas + 5 unidades → ____________________

g) 7 × 10 000 + 6 × 100 + 7 → ____________________

5 **DESAFIO**

O século XX compreende os anos de 1901 a 2000 e o século XXI vai de 2001 a 2100. Então, quais são os "anos palíndromos" dos séculos XX e XXI?

____

6 Complete.

a) O sucessor de 199999 é ____________.

b) O antecessor de 47 350 é ____________.

c) O maior número natural de 6 algarismos é ____________ e seu sucessor é ____________, que lemos ____________________.

Depois do 999 999 vem o 1 000 000 (um milhão)

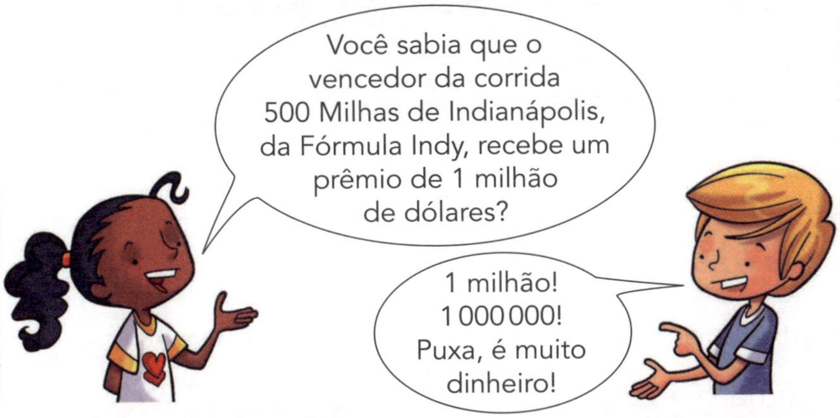

Ilustrações: Estúdio Mil/Arquivo da editora

Robert Laberge/Getty Images/Agência France-Presse

O piloto brasileiro Tony Kanaan, campeão das 500 Milhas de Indianápolis, em 26 de maio de 2013.

Pense bem na solução pra chegar a
um milhão.
Quantos parafusos cabem dentro
do avião?
Quantas horas pelos ares voa o
gavião?
Quantos passos dá a formiga na
volta do quarteirão?
Acho que passa de mil!
Acho que passa de um milhão!

As imagens não estão representadas em proporção.

1 Complete.

Nos itens **a** e **b**, sempre somando 1, e no item **c**, sempre somando 100 000.

a) 9 + 1 = ______ 999 + 1 = ______ 99 999 + 1 = ______

99 + 1 = ______ 9 999 + 1 = ______ 999 999 + 1 = ______

b) 999 997, 999 998, 999 999, 1 000 000, 1 000 001, ______, ______, ______.

c) 500 000, 600 000, 700 000, ______, ______, ______, ______.

2 Represente com algarismos cada número, como no exemplo.

Dois milhões, trezentos e vinte mil e doze. ⟶ 2 320 012

a) Sete milhões e duzentos mil. ⟶ ______

b) Quinze milhões, sete mil e duzentos. ⟶ ______

Saiba mais

1 quilômetro quadrado indica o tamanho equivalente à superfície de uma região quadrada que tem 1 quilômetro de lado.

3 A superfície do Brasil tem cerca de 8 515 767 quilômetros quadrados. Observe esse número no quadro de ordens.

7ª ordem	6ª ordem	5ª ordem	4ª ordem	3ª ordem	2ª ordem	1ª ordem
Unidade de milhão	Centena de milhar	Dezena de milhar	Unidade de milar	Centena	Dezena	Unidade
8	5	1	5	7	6	7

8 515 767

Oito milhões, quinhentos e quinze mil, setecentos e sessenta e sete.

Escreva como se lê cada número abaixo.

a) A superfície dos Estados Unidos tem aproximadamente 9 831 510 quilômetros quadrados.

____

____

b) A superfície da Argentina tem aproximadamente 2 791 810 quilômetros quadrados.

____

____

Estados Unidos, Brasil e Argentina

Allmaps/Arquivo da editora

Adaptado de: IBGE. **Atlas geográfico escolar**. 6. ed. Rio de Janeiro, 2012.

4 Segundo o IBGE, em 2016 o estado de Goiás tinha uma população estimada em 6 695 855 habitantes. Considere esse número de habitantes e complete.

a) Sua decomposição é: _______________

_______________________________________.

b) Sua leitura é:

____.

João Prudente/Pulsar Imagens

Vista da cidade de Goiânia, capital de Goiás. Foto de 2015.

c) O algarismo da 7ª ordem é 6 e representa _______________.

d) A ordem do algarismo 9 é a 5ª ordem. Ele tem valor posicional _________.

5 A **Mona Lisa**, pintura feita entre 1503 e 1506 pelo italiano Leonardo da Vinci, é um dos quadros mais famosos do mundo. Em 1963 ele foi avaliado em **cem milhões** de dólares.

Represente com algarismos o número destacado e escreva quantas ordens ele tem.

_______________ _______________

Leonardo da Vinci/Museu do Louvre, Paris, França.

Mona Lisa (ou **La Gioconda**). 1503-1506. Leonardo da Vinci. 77 cm × 53 cm. Tinta a óleo. Museu do Louvre, Paris, França.

6 **ATIVIDADE ORAL EM GRUPO** A 7ª ordem em um número natural é a ordem das unidades de milhão. Como você acha que são chamadas a 8ª e a 9ª ordens? Converse com os colegas.

7 Cada número indicado a seguir está relacionado a uma palavra. Determine esses números. Depois, escreva-os em ordem crescente e, com as palavras correspondentes nessa ordem, descubra qual é a frase formada.

a) 10 000 + 2 000 _______________ ⟶ COMUNIDADE

b) 1 centena de milhar + 2 dezenas de milhar _______________ ⟶ DEVEM

c) 1 unidade de milhar + 2 centenas _______________ ⟶ ESCOLA

d) Um milhão e duzentos mil. _______________ ⟶ INTEGRADAS

e) 10 000 + 200 _______________ ⟶ E

f) Um milhão e duzentos. _______________ ⟶ ESTAR

Na ordem crescente: _______________

Frase: _______________

8 É comum aparecer em textos de jornais e revistas a representação 1,5 milhão para 1 500 000 ou 3,6 mil para 3 600.

Indique os números em mais estes casos.

a) 1,5 mil: _______________ **b)** 7,4 milhões: _______________

9 NÚMEROS E FORMAS DE PAGAMENTO

a) O pai de Flávia comprou o *tablet* ao lado na loja Preço Baixo. Pagou com R$ 200,00 em dinheiro e o restante com um cheque.
A compra foi feita em Curitiba no dia 22/6/18. Escreva tudo o que é preciso para preencher o cheque.

Tablet.

Roman Samokhin/Shutterstock

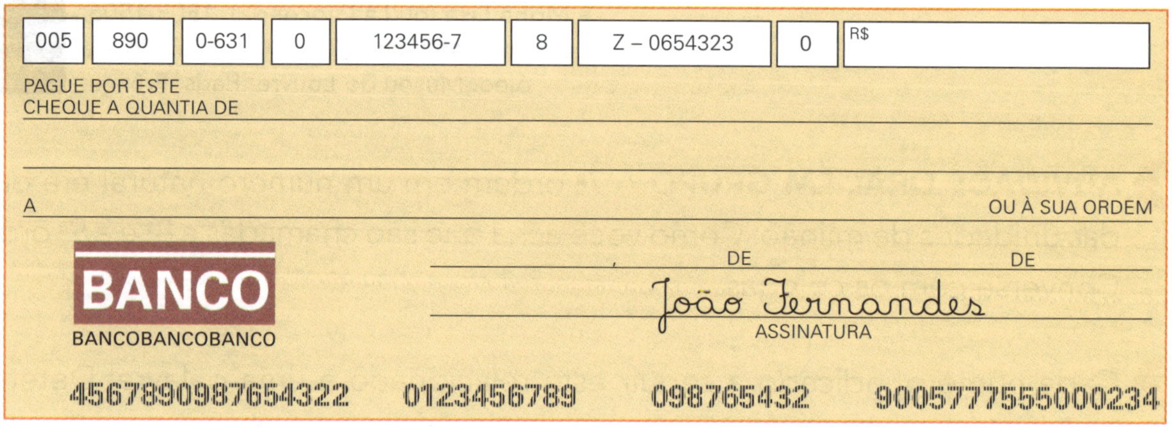

Ah! Ilustração/Arquivo da editora

b) **ATIVIDADE ORAL** Além do pagamento com dinheiro e com cheque, é comum também o pagamento com cartão.

Como funciona o cartão de débito? E o cartão de crédito?

tuthelens/Shutterstock

Pagamento sendo feito com cartão de crédito.

c) Roberto vai comprar uma televisão e pagar com cartão. Ele pode escolher entre 2 formas de pagamento: R$ 850,00 pelo cartão de débito ou 3 parcelas de R$ 300,00 pelo cartão de crédito.
Quanto Roberto vai pagar a mais se ele optar pelo cartão de crédito?

____

10 Faça como no preenchimento de cheques.

a) Escreva a quantia de R$ 1 350 200,00 por extenso.

____

b) Escreva a quantia de dois milhões e cem mil reais apenas com algarismos.

____

Arredondamentos

Em muitas situações o valor aproximado de um número já é suficiente para dar uma informação. Veja, por exemplo, a distância aproximada entre a Terra e a Lua, dada na página 41.

Em situações como essas fazemos um **arredondamento** do número. Veja outros exemplos.

- Denise mora na cidade de Rio Claro, que fica a 175 quilômetros da cidade de São Paulo. Ela costuma dizer que mora aproximadamente a 200 quilômetros de São Paulo.
  O número 200 é um **arredondamento** de 175 para a **centena exata mais próxima**.

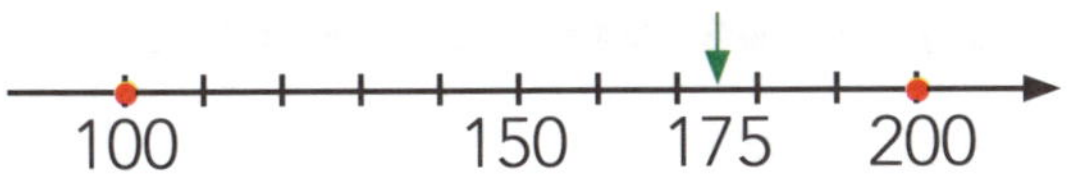

175 → 200
175 está mais próximo de 200 do que de 100.

Adaptado de: IBGE. **Atlas geográfico escolar**. 6. ed. Rio de Janeiro, 2012.

- Em um jogo de basquete, 3 160 pessoas pagaram ingresso e 3 986 pessoas estavam presentes. Podemos dizer que cerca de 3 000 pessoas são pagantes e 4 000 pessoas estavam presentes. São arredondamentos de 3 160 e 3 986 para a **unidade de milhar exata mais próxima**.

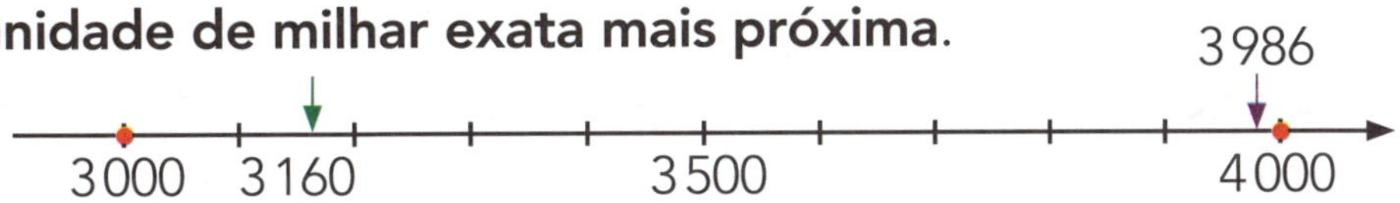

3 160 → 3 000

3 986 → 4 000

Ilustrações: Estúdio mil/Arquivo da editora

1 Arredonde os números para a ordem exata mais próxima da indicada.

a) <u>5</u> 141 → ____________________

b) 6 <u>8</u>78 → ____________________

c) 2 0<u>5</u>3 → ____________________

d) <u>3</u> 969 → ____________________

e) 1<u>3</u> 895 → ____________________

f) 51 <u>1</u>04 → ____________________

g) <u>2</u>34 025 → ____________________

h) 1 57<u>6</u> 988 → ____________________

Saiba mais

O monte Everest é o mais alto do mundo, com 8 848 metros de altura. Ele fica no Nepal, país da Ásia.

A montanha mais alta do Brasil é o pico da Neblina, com aproximadamente 2 993 metros. Ela está localizada no Amazonas, na fronteira do Brasil com a Venezuela.

Anton Jankovoy/Getty Images

Monte Everest, no Nepal. Foto de 2015.

Marcos Amend/Pulsar Imagens

Pico da Neblina, no Amazonas. Foto de 2017.

2 Arredonde os números do **Saiba mais** para a unidade de milhar exata mais próxima e calcule quantos metros, aproximadamente, o monte Everest é mais alto do que o pico da Neblina.

____

____

3 Lucas procurava números nas informações do jornal e fazia arredondamentos para a unidade de milhar exata mais próxima.

a) Escreva os arredondamentos que ele fez em cada informação.

- Está à venda um carro que já rodou 81 746 quilômetros. ______________
- Em uma partida de futebol compareceram 8 926 torcedores. ______________
- O preço do apartamento é R$ 125 235,00. ______________

b) Faça como Lucas. Procure uma informação com números em um jornal, escreva-a e faça os arredondamentos.

____

____

Dudu Macedo/Fotoarena

Partida entre América (MG) e Cruzeiro (MG) pelo Campeonato Mineiro de 2017. Foto de 2017.

VAMOS VER DE NOVO?

1 Veja quanto Paulo e Rute têm.
Calcule e responda.
Se Paulo triplicar sua quantia e Rute dobrar sua quantia, então qual deles ficará com mais? ________

Paulo.

Rute.

Reprodução/Casa da Moeda do Brasil/Ministério da Fazenda

2 Desenhe o contorno desta região plana.

Banco de imagens/Arquivo da editora

3 Resolva o problema a seguir de 2 maneiras diferentes.
João tinha R$ 90,00, comprou este livro e depois comprou a camiseta.

Com quanto ele ainda ficou? ____________

Olga Popova/Shutterstock

Livro.

Khvost/Shutterstock

Camiseta.

As imagens não estão representadas em proporção.

4 **POSSIBILIDADES**

Flávia tem 3 vasos iguais e 4 mesas. Ela quer colocar 1 vaso em cada mesa, deixando 1 mesa vazia.
Uma das possibilidades é colocar os vasos nas mesas **A**, **B** e **C**. Veja.

Estúdio Mil/Arquivo da editora

a) Escreva a possibilidade do exemplo dado e as outras possibilidades.

____

b) Quantas são as possibilidades? ____________

5 Em busca do milhão!

Complete as igualdades e, depois, assinale com um **X** aquelas que você completou com o número **1 000 000 (um milhão)**.

a) 1 000 t = ____________ kg

b) 1 000 km = ____________ m

c) 1 000 cm = ____________ mm

d) 1 000 L = ____________ mL

e) 1 000 h = ____________ min

f) 1 kg = ____________ mg

6 **CLASSIFICAÇÕES**

Rafael, Marina e Paulo formaram grupos com as fichas numeradas que aparecem abaixo, de acordo com critérios escolhidos por eles.

507	5	85	54	106	153	358	80

a) Rafael separou as fichas em 2 grupos.
Veja como ele fez e responda: Que critério ele usou para formar os grupos?

____

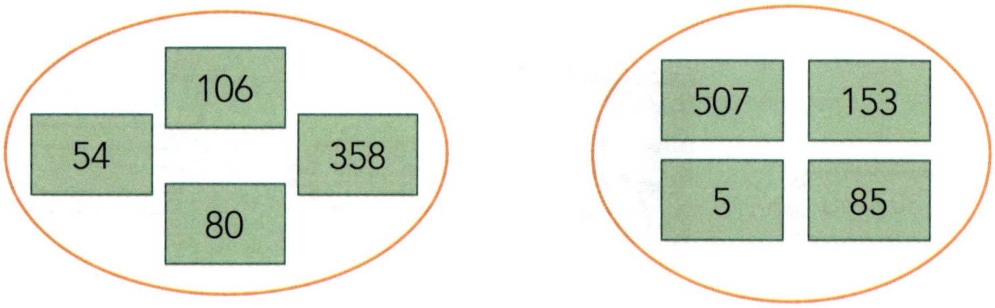

b) Marina formou 3 grupos, de acordo com o seguinte critério: um grupo com as fichas dos números menores do que 80, outro com as fichas dos números de 80 a 120 e outro com as fichas dos números maiores do que 120.
Desenhe os 3 grupos formados por Marina.

c) Paulo formou 2 grupos, de acordo com o seguinte critério: um grupo com as fichas que têm números em que o algarismo na ordem das dezenas é 5 e outro grupo com as fichas que têm números em que o algarismo da ordem das dezenas não é 5. Desenhe os 2 grupos formados por Paulo.

O QUE ESTUDAMOS

Vimos que existiram vários sistemas de numeração ao longo do tempo e tivemos contato com alguns deles.

Sistema de numeração egípcio	Sistema de numeração maia	Sistema de numeração romano
12 → ∩II	6 → $\overset{\bullet}{\text{—}}$	XIX → 19

Estudamos o sistema de numeração decimal: as ordens de um número natural e o valor posicional de cada algarismo.

2 347 258 é um número natural de 7 ordens.

- 1ª ordem (das unidades): 8 unidades.
- 5ª ordem (das dezenas de milhar): 40 000 unidades.

Analisamos onde e como podemos usar os números.

- **Nas contagens:** Na caixa há 12 ovos.
- **Nas ordenações ou posições:** Março é o 3º mês do ano.
- **Nos códigos:** O DDD da cidade do Rio de Janeiro é 21.
- **Nas medidas:** 4 cm equivale a 40 mm.

Relembramos as ideias de sucessor e antecessor de um número natural.

- 8 354 é o sucessor de 8 353.
- 4 999 é o antecessor de 5 000.

Retomamos também as ideias de número par e de número ímpar.

- 73 543 é um número ímpar.
- 1 874 é um número par.

Fizemos arredondamentos de números naturais.

13 895 para 14 000 é um arredondamento para a unidade de milhar exata mais próxima.

- Você havia se esquecido de algo que estudou no ano passado? Gostou de relembrar?
- Você tem colocado a data em todas as atividades que realiza no caderno? Isso ajuda a organizar seus registros.

Unidade 2

Geometria

Maisa Shigematsu/Arquivo da editora

- Onde se passa esta cena?
- Do que as crianças estão brincando?
- De quais dessas brincadeiras você já participou?

Para iniciar

Observe, na cena de abertura, um dos bambolês, o alvo de um jogo de dardos e uma das bolas. São 3 objetos que dão ideia de figuras arredondadas, mas com algumas diferenças entre elas: uma lembra um sólido geométrico, outra lembra uma região plana e a outra lembra um contorno.

Nesta Unidade vamos retomar o estudo de figuras geométricas que você já conhece, apresentar outras e resolver diversas atividades com elas.

- Analise a cena das páginas de abertura desta Unidade. Converse com os colegas e respondam às questões a seguir.

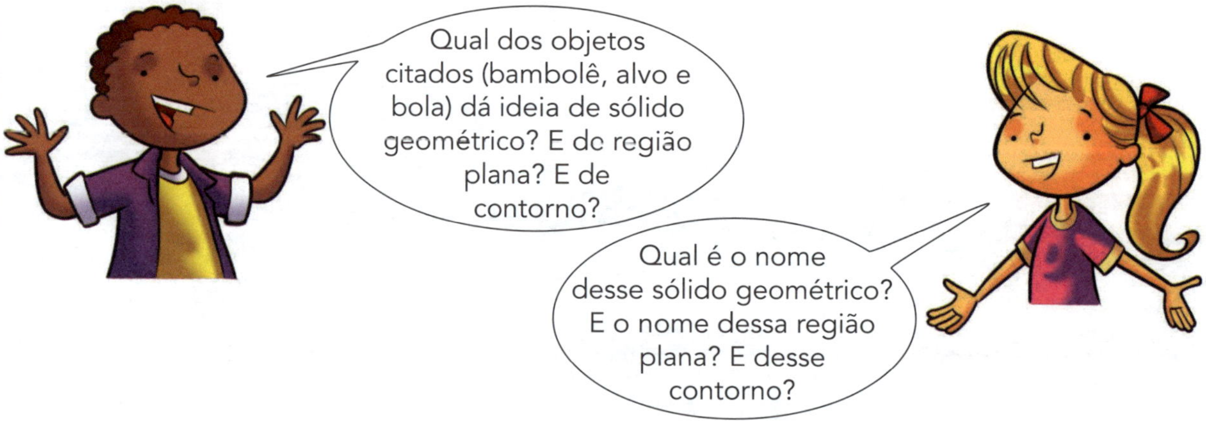

Ilustrações: Estúdio Mil/Arquivo da editora

- Converse com os colegas sobre mais estas questões.

  a) Além da esfera, de que outro sólido geométrico você sabe o nome? Que objeto tem a forma parecida com a dele?

  b) As regiões planas desenhadas ao lado têm a mesma forma e o mesmo tamanho.
  Juntando essas regiões é possível formar uma região retangular?

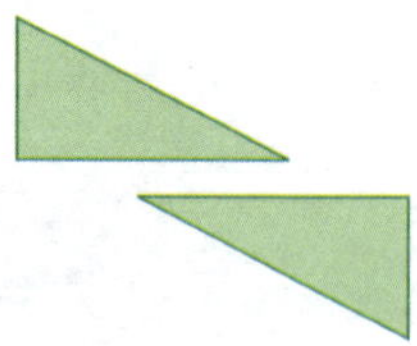

Banco de imagens/Arquivo da editora

  c) Quando empurramos uma bola no chão de uma sala, ela rola? E quando empurramos uma caixa de sapatos?

Estúdio Mil/Arquivo da editora

  d) Das letras desenhadas abaixo, qual apresenta simetria?

P F A

Banco de imagens/Arquivo da editora

Sólidos geométricos

1 Você viu que muitos dos objetos que nos cercam, pela forma que têm, dão ideia de sólidos geométricos. Escreva o nome destes sólidos geométricos.

As imagens não estão representadas em proporção.

Titelio/Shutterstock/Glow Images

Barril. ____________

Spe/Shutterstock/Glow Images

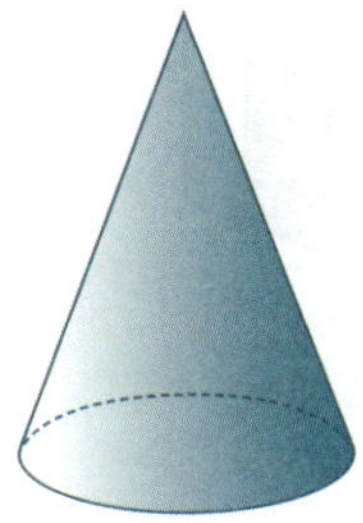

Chapéu de festa. ____________

Link Art/Shutterstock/Glow Images

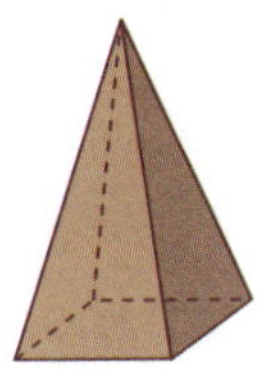

Enfeite de mesa. ____________

Planner/Shutterstock/Glow Images

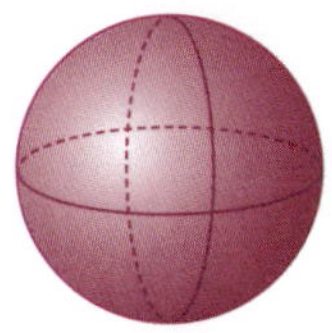

Bola de tênis. ____________

Yuri Shirokov/Shutterstock/Glow Images

Dado. ____________

Nattika/Shutterstock/Glow Images

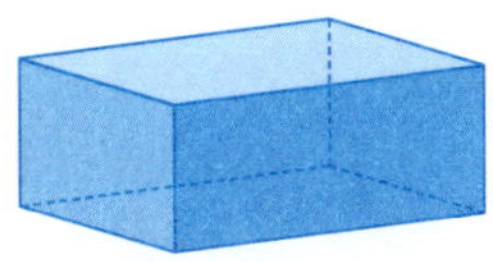

Esponja. ____________

Wheatley/Shutterstock/Glow Images

Caixa de presente. ____________

Ilustrações: Banco de imagens/Arquivo da editora

2 **ATIVIDADE ORAL EM GRUPO** Conversem e procurem identificar nestas figuras partes que lembrem os sólidos geométricos citados na atividade anterior.

Ilustrações: Estúdio Mil/Arquivo da editora

Explorar e Descobrir

As imagens não estão representadas em proporção.

- Destaque os sólidos geométricos das páginas 17 a 31 do **Ápis divertido** e, com a ajuda de um adulto, monte-os. Guarde-os em uma caixa, pois você vai usá-los em várias atividades.
- **ATIVIDADE EM GRUPO** Pegue o cubo que você montou. Reúna-se com os colegas e, juntos, construam as figuras abaixo.

a) Nesta figura foi formado um paralelepípedo.

b) Nesta figura foi formado um paralelepípedo e depois foram retirados 2 cubinhos.

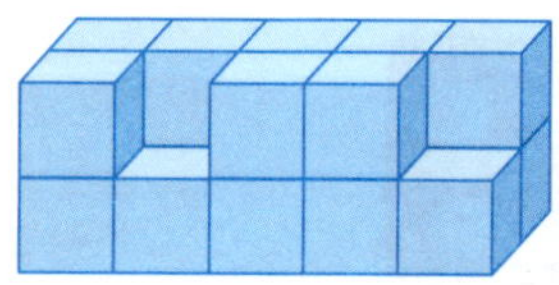

Ilustrações: Banco de imagens/Arquivo da editora

- Agora, respondam, cada um em seu livro: Quantos cubinhos há em cada figura?

3 **ATIVIDADE ORAL EM GRUPO** Forme um grupo com mais 3 colegas. Juntos, usem os sólidos geométricos montados e um objeto com formato de esfera. Manuseiem os sólidos geométricos e o objeto e procurem descobrir semelhanças e diferenças entre eles. Por exemplo: diferenças entre o cubo e a esfera; semelhanças entre o cone e o cilindro; etc.

Classificação dos sólidos geométricos

Entre os sólidos geométricos, alguns podem ser classificados em **poliedros** e outros, em **corpos redondos**.

POLI EDRO
muitas faces

1 POLIEDROS

A palavra **poliedro** significa 'muitas faces'.

Chamamos de poliedros os sólidos geométricos que têm **todas as faces planas**. O paralelepípedo (ou bloco retangular) é um exemplo de poliedro.

Observe os sólidos geométricos que você montou, separe os poliedros e responda.

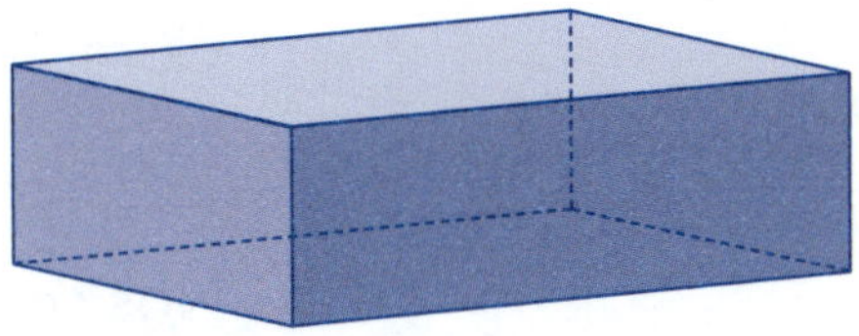
Banco de imagens/Arquivo da editora

Paralelepípedo ou bloco retangular.

a) Quais são os outros poliedros, além do paralelepípedo?

____

b) Os poliedros rolam? Por quê?

____

2 CORPOS REDONDOS

A esfera é um exemplo de **corpo redondo**.

Os corpos redondos têm **partes não planas**, curvas, arredondadas.

Pegue os corpos redondos que você montou e responda.

a) Quais são os outros corpos redondos, além da esfera?

____

b) Qual é a diferença entre um poliedro e um corpo redondo?

____

____

3 CLASSIFICAÇÃO

Quando nomeamos um sólido geométrico em poliedro ou corpo redondo, estamos fazendo uma classificação. Escreva as características de cada grupo.

Sólidos geométricos
- Poliedros ______________________________
- Corpos redondos ______________________________

4 ELEMENTOS DE UM SÓLIDO GEOMÉTRICO

a) Nos poliedros podemos identificar faces, arestas e vértices. Veja, por exemplo, no bloco retangular.
As **faces** são todas planas, "chatas".
O encontro de 2 faces é uma **aresta**.
O encontro de 3 arestas é um **vértice**.

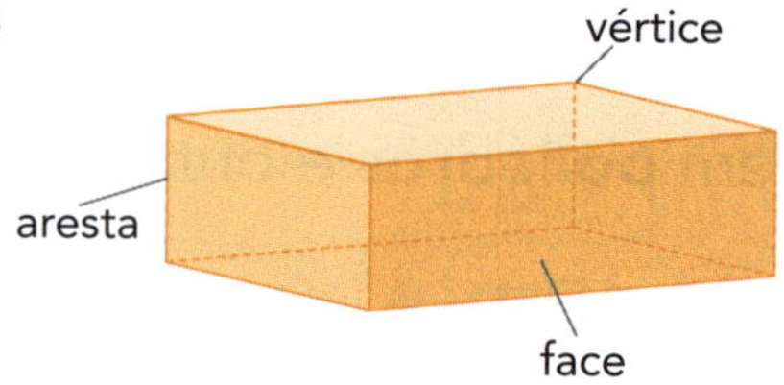

Banco de imagens/Arquivo da editora

Complete: Um bloco retangular tem _______ faces, _______ arestas e _______ vértices.

b) Nos corpos redondos podemos identificar "partes curvas", "arredondadas". Veja.

A esfera é "arredondada". Ela não tem faces planas.

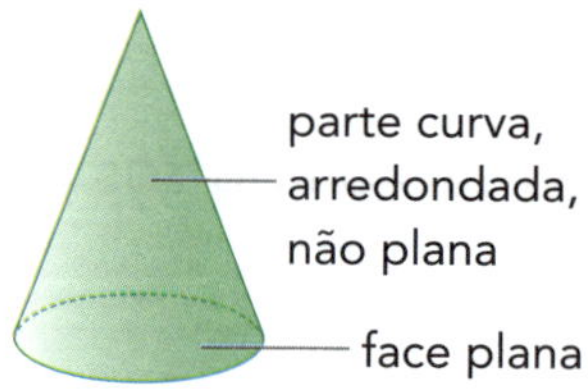

O cone é formado por 1 parte curva e 1 face plana.

Ilustrações: Banco de imagens/ Arquivo da editora

Quantas faces planas tem o cilindro? Que forma elas têm?

____

5 AS 3 DIMENSÕES EM UM SÓLIDO GEOMÉTRICO

ATIVIDADE EM GRUPO Em alguns sólidos geométricos podemos observar facilmente suas 3 dimensões: **comprimento**, **largura** e **altura**.
Veja essas 3 dimensões no paralelepípedo e no cubo.

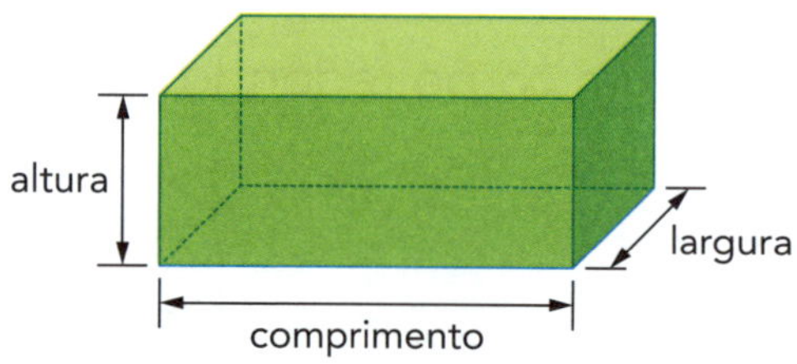

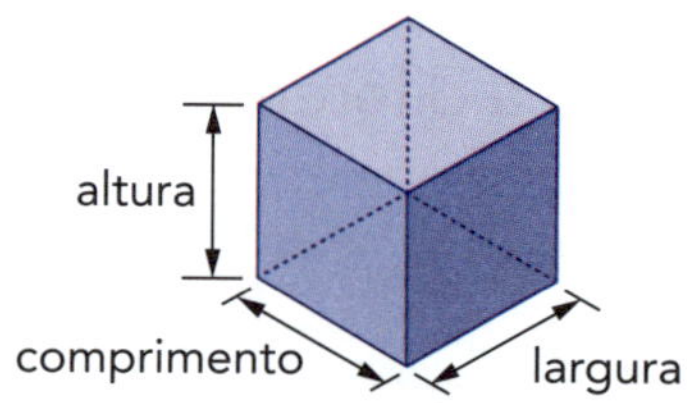

Ilustrações: Banco de imagens/ Arquivo da editora

Faça estimativas e registre na tabela. Depois, com os colegas, determine as medidas, registre e compare com suas estimativas.

Medida das dimensões da sala de aula

Dimensão	Estimativa	Medida
Comprimento	_______ m e _______ cm	_______ m e _______ cm
Largura	_______ m e _______ cm	_______ m e _______ cm
Altura	_______ m e _______ cm	_______ m e _______ cm

Tabela elaborada para fins didáticos.

6 Ivo e seus colegas montaram alguns paralelepípedos como este ao lado.
Depois, montaram com eles os paralelepípedos abaixo.

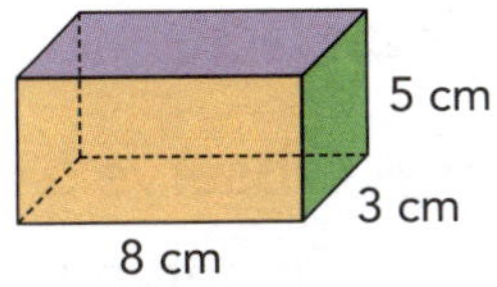

A

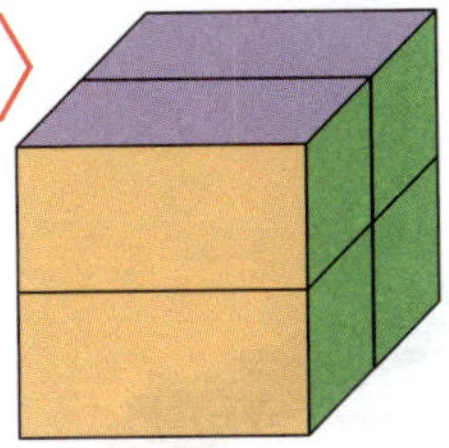

B

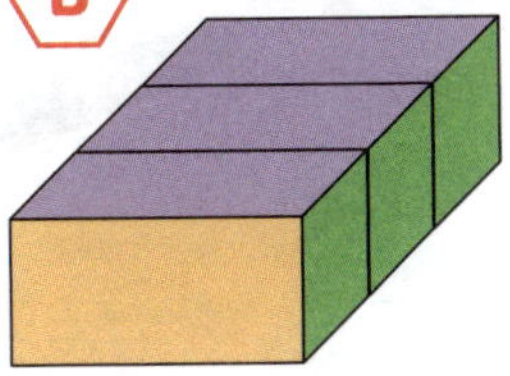

C

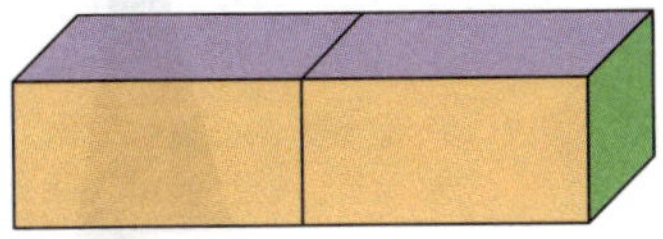

Ilustrações: Banco de imagens/Arquivo da editora

Escreva a medida das 3 dimensões de cada paralelepípedo montado.

A: ______________, ______________ e ______________.

B: ______________, ______________ e ______________.

C: ______________, ______________ e ______________.

7 **PROBLEMA**

ATIVIDADE EM GRUPO Leiam, pensem e resolvam.

Luísa vai dar um presente para sua mãe e quer decorar o pacote com fita. A caixa que Luísa vai usar tem a forma de um paralelepípedo como o da figura ao lado.

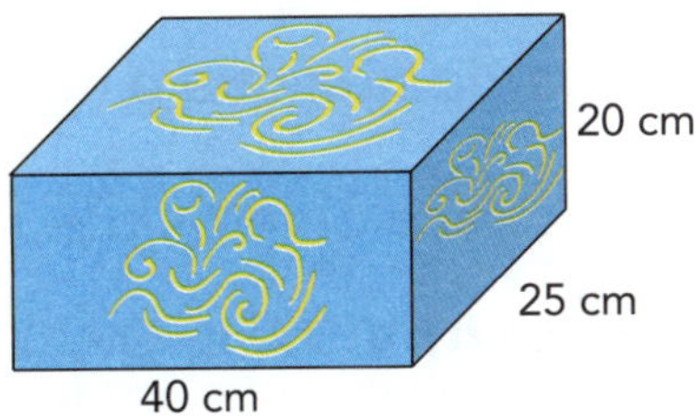

Ela imaginou as possibilidades mostradas abaixo.

I

II

III

Ilustrações: Ah! Ilustração/Arquivo da editora

Em qual dos pacotes Luísa gastaria menos fita? E em qual ela gastaria mais fita?

____

Prismas

Observe o calendário e o lápis sextavado das fotos, que têm a forma de prismas. Observe também o desenho de 3 prismas.

As imagens não estão representadas em proporção.

A

Anaken2012/Shutterstock/Glow Images

Calendário.

B

Eduardo Santaliestra/Arquivo da editora

Lápis sextavado.

I

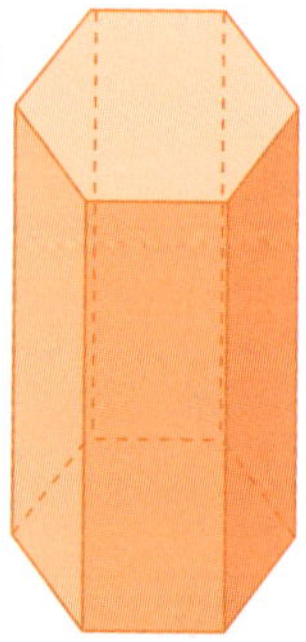

II

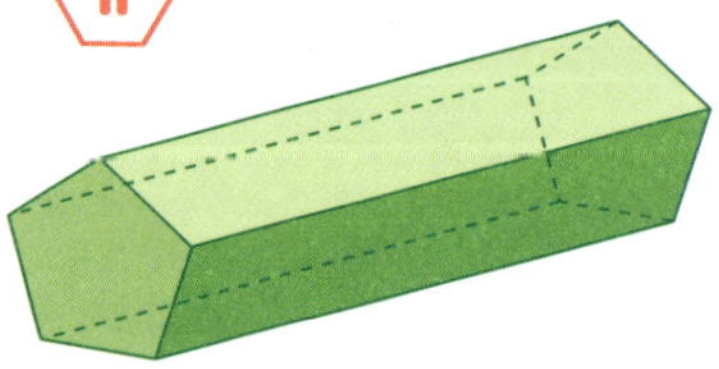

III

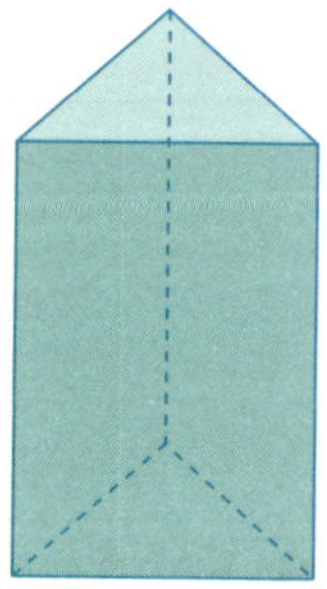

Ilustrações: Banco de imagens/Arquivo da editora

a) Identifique e registre os 2 prismas correspondentes aos objetos das fotos. ______________

b) **ATIVIDADE ORAL EM GRUPO** Converse com os colegas sobre quais são as características comuns a todos os prismas acima.
Consulte o verbete **prisma** no **Glossário** para conferir suas conclusões.

Estúdio Mil/Arquivo da editora

c) **ATIVIDADE ORAL EM GRUPO** O prisma **I** é chamado **prisma de base hexagonal**. O prisma **II** é chamado **prisma de base pentagonal**.
Converse com os colegas sobre o porquê desses nomes.

d) Responda: Qual é o nome do prisma **III**? ______________

Charles M. Schulz. **Peanuts completo – diárias e dominicais**: 1950 a 1952. Porto Alegre: L&PM, 2009. p. 180.

Pirâmides

1 **ATIVIDADE ORAL EM GRUPO** Observe as 3 pirâmides abaixo. Uma das faces das pirâmides é chamada **base** e as demais faces são chamadas **faces laterais**.

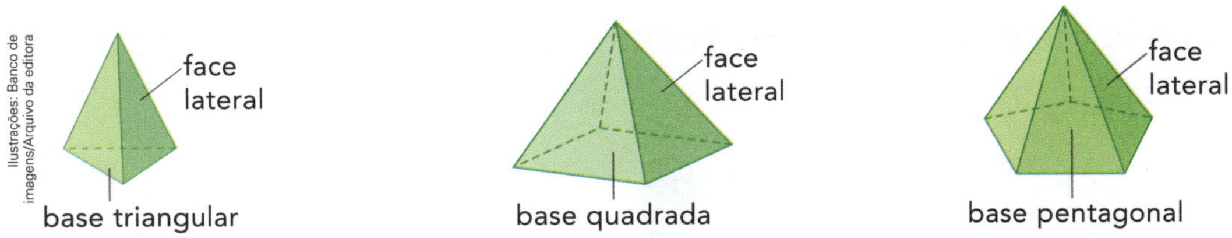

Converse com os colegas sobre a forma das faces nestas pirâmides. A base tem sempre a mesma forma? Que forma têm as faces laterais?

2 Pegue a pirâmide que você montou, semelhante à figura abaixo e responda.

a) Quantos vértices, faces e arestas ela tem?

____

b) Que nome pode ser dado a essa pirâmide?

____

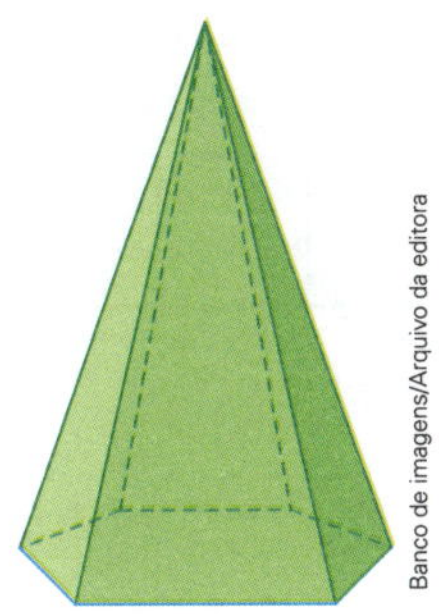

3 **REGULARIDADE**

ATIVIDADE EM DUPLA Comparem o número de vértices e o número de faces em cada pirâmide que aparece nesta página e vocês vão descobrir uma regularidade comum a todas as pirâmides.

Confiram com as demais duplas e registrem essa regularidade.

____

____

Saiba mais

O Museu do Louvre, que fica em Paris, na França, é um dos mais famosos do mundo.

Em sua entrada há uma construção com a forma de uma pirâmide de base quadrada.

Pirâmide do Museu do Louvre, em Paris, França. Foto de 2014.

BRINCANDO TAMBÉM APRENDO

Caça-palavras

Escreva o nome destes 7 sólidos geométricos, com 1 letra em cada quadrinho. Depois, confira com um colega.

Ilustrações: Banco de imagens/ Arquivo da editora

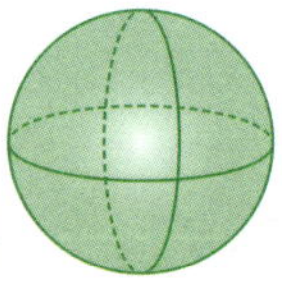

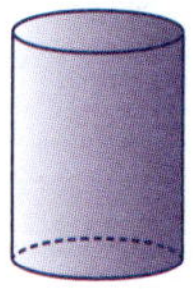

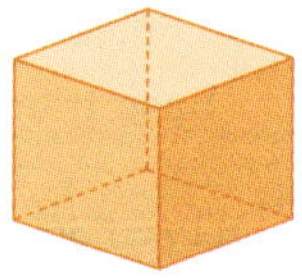

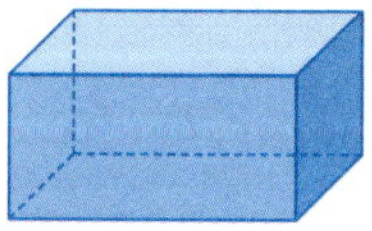

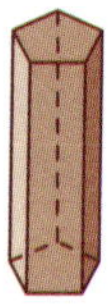

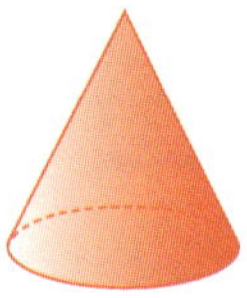

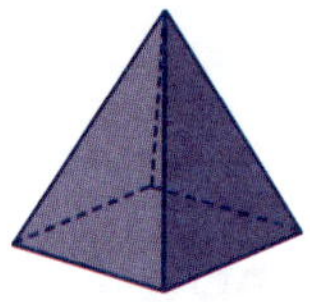

Agora, localize estes 7 nomes no caça-palavras. Eles podem estar na horizontal ou na vertical.

G	D	M	Í	F	U	P	L	A	F	B	R	M	D	E	Â	H	X
X	Â	I	C	P	B	T	I	C	E	O	H	G	A	Z	R	T	V
B	P	A	R	A	L	E	L	E	P	Í	P	E	D	O	V	E	P
I	O	E	R	O	B	S	G	I	R	C	X	C	E	F	C	O	I
R	S	H	E	N	P	Â	C	O	N	E	D	S	U	A	U	C	R
J	E	F	S	C	D	C	U	T	O	N	S	P	B	P	B	I	Â
Â	L	C	F	S	P	R	I	S	M	A	D	R	C	G	O	L	M
R	A	I	E	H	U	M	O	L	Q	M	H	I	N	Z	X	I	I
M	B	L	R	O	B	Z	C	I	L	I	N	D	R	O	H	H	D
I	T	I	A	E	A	B	X	Â	C	V	I	L	M	T	L	O	E
Ê	Ç	O	Q	J	H	N	T	V	Q	I	S	H	C	N	S	U	Z

Regiões planas

1 Quando desmontamos ou planificamos a "casca" de alguns sólidos geométricos surgem **regiões planas**.

a) Observe e complete.

Ilustrações: Banco de imagens/Arquivo da editora

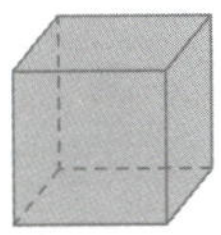
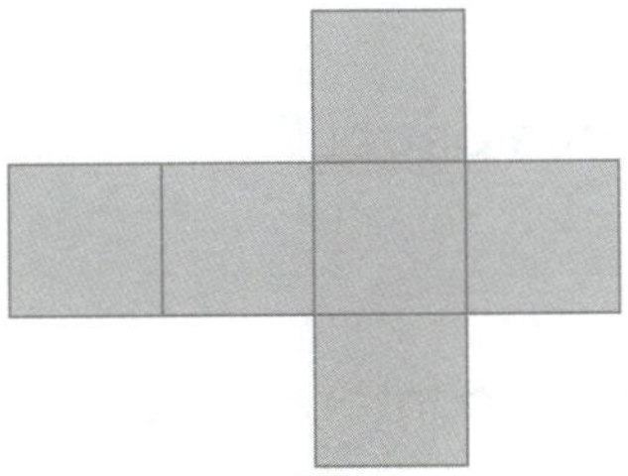

______________ Região ______________.

______________ Região ______________.

Região ______________

ou ______________.

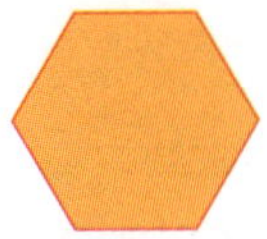

______________ Região ______________.

Região ______________.

b) Observe o desenho de mais um sólido geométrico, sua planificação e a região plana correspondente a uma das faces. Depois, responda.

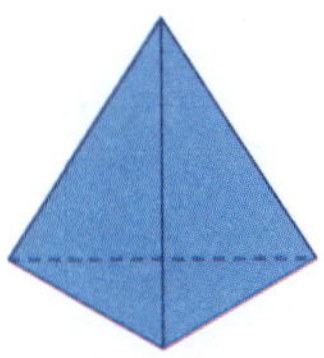
Sólido geométrico.

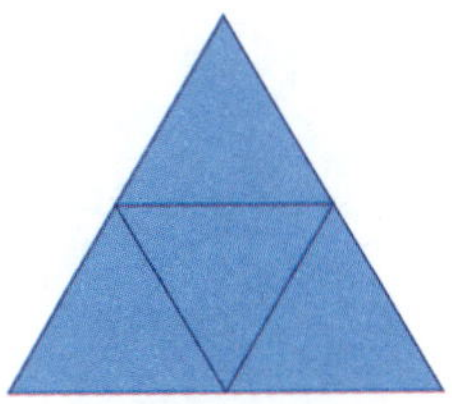
Planificação.

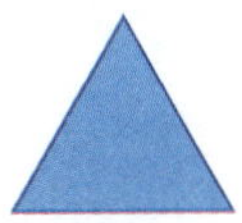
Região plana.

- Como se chama esse sólido geométrico? Quantas faces ele tem?

____

- Que nome pode ser dado à região plana correspondente a cada face?

____

Explorar e Descobrir

Você vai usar os sólidos geométricos que montou.

Em cada atividade, pegue o sólido geométrico que atende às condições dadas.

- Pegue um sólido geométrico no qual apareça uma **região quadrada** e que não seja um cubo.

  a) Qual sólido geométrico você pegou?

  ____

  b) Encoste-o no espaço abaixo, contorne-o e pinte uma região quadrada verde.

- Pegue um sólido geométrico no qual apareça uma **região circular** e que não seja um cilindro.

  a) Qual sólido geométrico você pegou?

  ____

  b) Encoste-o no espaço abaixo, contorne-o e pinte uma região circular amarela.

- Pegue um sólido geométrico no qual apareça uma **região triangular** e que não seja uma pirâmide.

  a) Qual sólido geométrico você pegou?

  ____

  b) Encoste-o no espaço abaixo, contorne-o e pinte uma região triangular vermelha.

2 REGIÕES PLANAS NO DIA A DIA

ATIVIDADE ORAL Veja alguns objetos do dia a dia que lembram regiões planas.

As imagens não estão representadas em proporção.

Denispro/Shutterstock/Glow Images

Quadro com fotografia.

Claudio Divizia/Shutterstock/Glow Images

Placa de trânsito.

Reprodução/Casa da Moeda do Brasil/Ministério da Fazenda

Cédula de 5 reais.

Quais objetos das fotos abaixo lembram regiões planas?

catwalker/Shutterstock

Selo dos Correios.

Kitch Bain/Shutterstock/Glow Images

Balão ou bexiga.

MrVitkin/Shutterstock/Glow Images

Bandeira.

3 **ATIVIDADE EM GRUPO** Localize com os colegas objetos da sala de aula que dão a ideia de regiões planas. Escreva o nome de pelo menos 2 deles.

____

4 Em uma folha de papel sulfite, desenhe e pinte pelo menos 2 figuras formadas só por regiões planas, como nos exemplos abaixo. Use em cada figura pelo menos 1 região quadrada, 1 retangular e 1 triangular.

Ilustrações: Banco de imagens/Arquivo da editora

5 GEOMETRIA E ARTE

ATIVIDADE ORAL EM GRUPO Veja como os artistas conseguem usar formas de figuras geométricas planas de maneira criativa, interessante e bonita para se expressar.

Salvator Minerbo/Arquivo da editora

Sem título. 1994-1997. Salvator Minerbo. Tinta acrílica, 150 cm × 135 cm. Acervo do artista.

Paul Klee/Arquivo Renano de Imagens, Colônia.

Rua principal e ruas laterais. 1929. Paul Klee. Óleo sobre tela, 83 cm × 67 cm. Museu Ludwig, Alemanha.

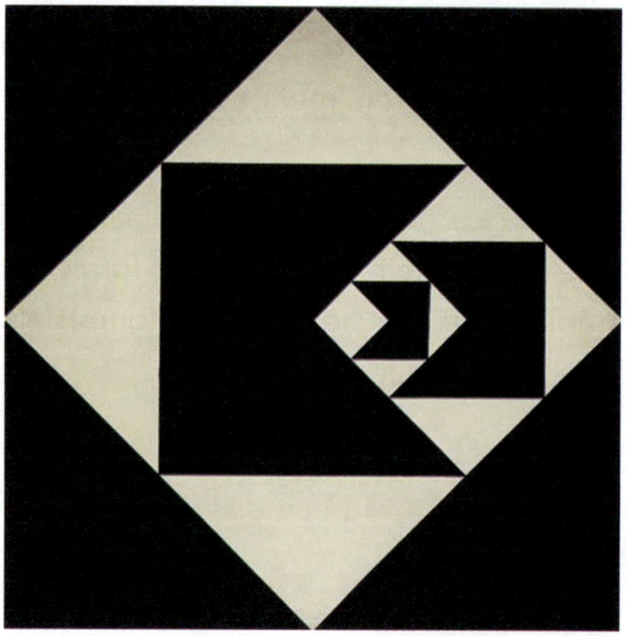

Geraldo de Barros/Arquivo da editora/Foto: Romulo Fialdini

Função diagonal. 1952. Geraldo de Barros. Laca industrial sobre madeira, 60 cm × 60 cm. Coleção particular.

As imagens não estão representadas em proporção.

Sugestão de...

Livro

Paul Klee. Mike Venezia. São Paulo: Moderna, 1996.

Qual é a relação entre essas pinturas e o assunto que estamos estudando? Converse com os colegas sobre isso.

6 Na natureza, podemos encontrar vários **padrões geométricos**. Observe.

As imagens não estão representadas em proporção.

StudioSmart/Shutterstock/Glow Images

Favos com abelhas.

Stockphoto Mania/Shutterstock

Tartaruga marinha.

Feiillustration/Shutterstock/Glow Images

Abacaxi.

Agora, descubra padrões geométricos no painel e nas faixas decorativas abaixo e pinte o que falta, de acordo com o padrão de cada uma.

Ilustrações: Banco de imagens/Arquivo da editora

7 REGIÕES PLANAS E SEQUÊNCIAS

Observe as sequências abaixo, feitas com regiões planas.

Descubra o segredo de cada uma e pinte a última figura, mantendo o padrão.

Ilustrações: Banco de imagens/Arquivo da editora

a) 

b) 

Simetria

Figura simétrica e eixo de simetria

1 Observe abaixo as fotos de objetos e pessoas. É possível dobrar estas fotos em 2 partes de modo que essas partes coincidam. Por isso dizemos que cada foto apresenta **simetria** ou que é uma **figura simétrica**. Para separar as 2 partes que coincidem em cada foto, podemos traçar uma linha chamada **eixo de simetria**. Observe os eixos de simetria destas fotos.

Pinggr/Shutterstock/Glow Images

Templo chinês.

Adi/Shutterstock/Glow Images

Avião.

Ryan McVay/Riser/Getty Images

Criança na areia.

As imagens não estão representadas em proporção.

Agora, assinale as figuras simétricas.

a)

George Dolgikh/Shutterstock/Glow Images

Vaso. ☐

b)

Stephen Aaron Rees/Shutterstock/Glow Images

☐ Colher.

c)

Melinda Fawver/Shutterstock/Glow Images

☐ Pato.

2 Desenhe uma figura não simétrica e outra simétrica. Na simétrica, trace o eixo de simetria.

3 PESQUISA

Procure em jornais, revistas ou na internet uma figura simétrica e uma não simétrica.

Recorte-as e cole-as em uma folha de papel sulfite. Em seguida, trace o eixo de simetria na figura simétrica, como nos exemplos ao lado.

Mostre para os colegas o que você fez e veja o que eles fizeram. Aproveitem e montem um bonito mural!

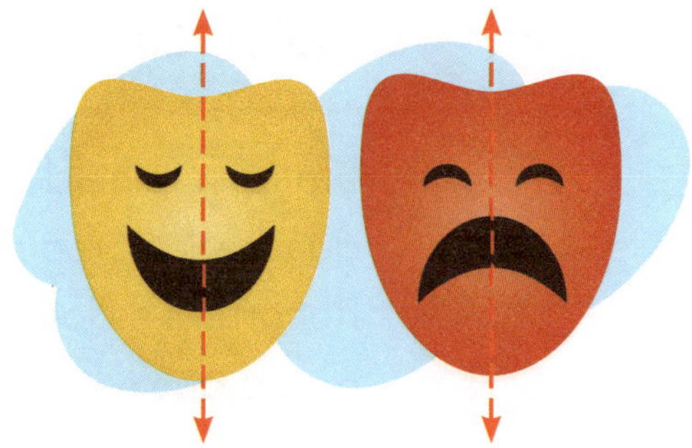

Douglas Galindo/Arquivo da editora

Explorar e Descobrir

As imagens não estão representadas em proporção.

Vamos criar figuras simétricas em relação a um eixo?

- Divida uma folha de papel sulfite em 4 partes retangulares iguais.
- Pegue uma das partes da folha.

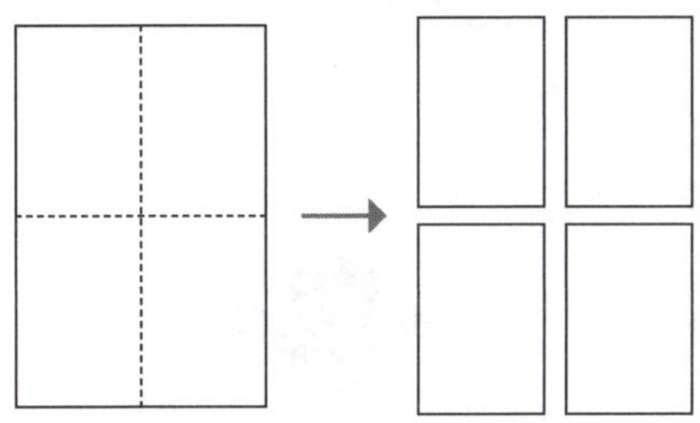

Ilustrações: Banco de imagens/Arquivo da editora

Dobre essa parte ao meio.

Recorte uma figura assim.

A figura recortada apresenta simetria em relação a um eixo (a dobra da folha). Desdobre-a, pinte-a, cole-a no caderno e trace o eixo de simetria.

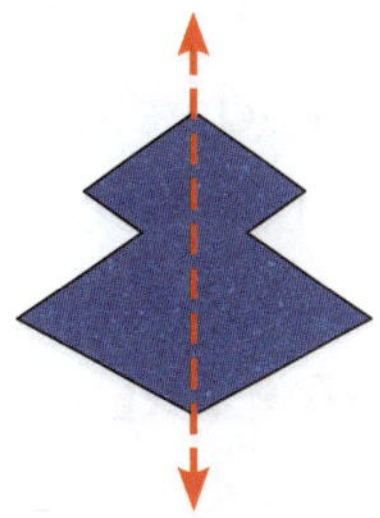

- Use as outras partes da folha para criar mais 3 figuras simétricas em relação a um eixo. Você escolhe o que recortar.

4 Quais das letras abaixo apresentam simetria? Trace seus eixos de simetria.

A D F H R M J V

5 **ATIVIDADE ORAL** O que a letra **H** tem de especial em relação às demais letras da atividade anterior? Com que outras letras do alfabeto acontece o mesmo?

Explorar e Descobrir

- Em uma folha de papel sulfite, desenhe e pinte uma região quadrada como a figura ao lado.
Recorte-a e dobre-a de todas as maneiras possíveis, de modo que suas metades coincidam.
- Quantos são os eixos de simetria dessa região quadrada?

____

- Trace os eixos de simetria na região quadrada acima.

Banco de imagens/Arquivo da editora

6 **ATIVIDADE EM GRUPOS DE 3 ALUNOS** Olhando desenhos de uma pessoa de frente, dependendo da sua posição, podemos ou não constatar uma simetria em relação a um eixo. Veja os exemplos.

Ilustrações: Estúdio Mil/ Arquivo da editora

Desenho simétrico.

Desenho simétrico.

Desenho não simétrico.

A atividade é esta: um aluno faz a pose, outro aluno desenha a pose no caderno e diz se há simetria ou não em relação a um eixo, e o terceiro aluno confere. No final, cada aluno desenha mais 2 poses no caderno, uma com simetria em relação a um eixo e outra não.

7 SIMETRIA E PREVISÕES

a) Inicialmente faça uma previsão para cada figura: o que vai se formar quando for completada a figura simétrica em relação ao eixo traçado?

____

b) Agora, desenhe e pinte a parte que falta nas figuras e confira.

Ilustrações: Banco de imagens/Arquivo da editora

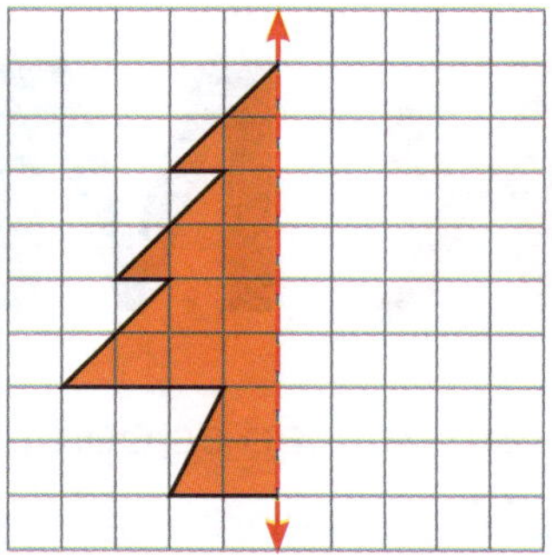

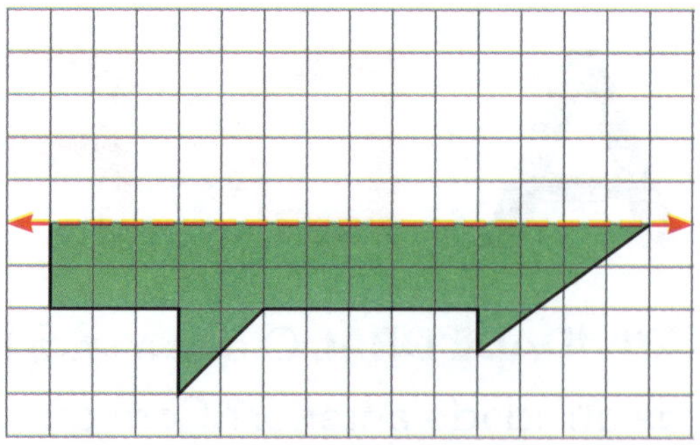

Simétrica de uma figura

Você já viu figuras que apresentam simetria com 1 ou mais eixos de simetria.

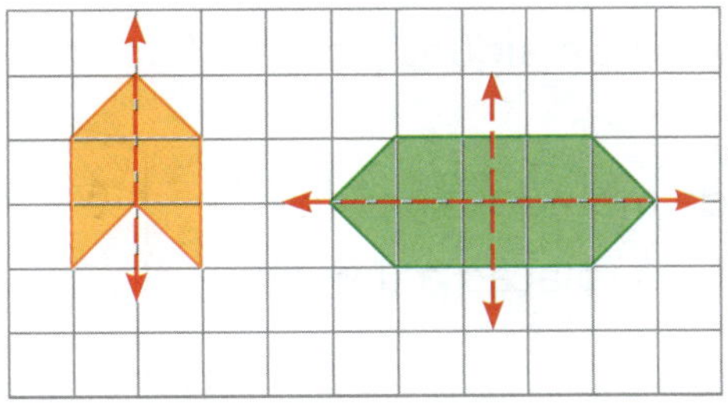

Banco de imagens/Arquivo da editora

Agora você vai ver a simétrica de uma figura plana em relação a um eixo.

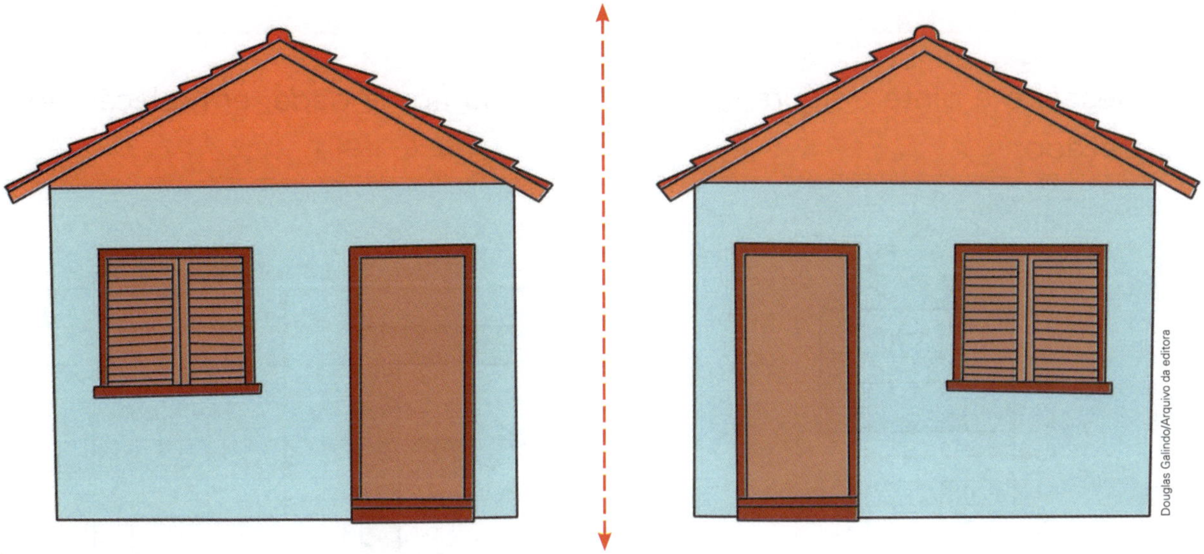

Douglas Galindo/Arquivo da editora

1 PREVISÕES

ATIVIDADE EM DUPLA

a) Inicialmente, façam previsões sobre a seguinte questão: Em quais pares de figuras abaixo há simetria em relação à linha tracejada?

____

b) Agora, façam a verificação colocando um espelho em pé sobre a linha e assinalem, cada um em seu livro, as figuras em que há simetria.

☐ ☐ ☐ ☐

Explorar e Descobrir

- Dobre uma folha de papel sulfite ao meio.
  Em uma das metades, marque alguns pontos. Faça o decalque desses pontos na outra metade.
  Ligue os pontos em cada metade. Você vai obter figuras simétricas em relação a um eixo (a dobra da folha).

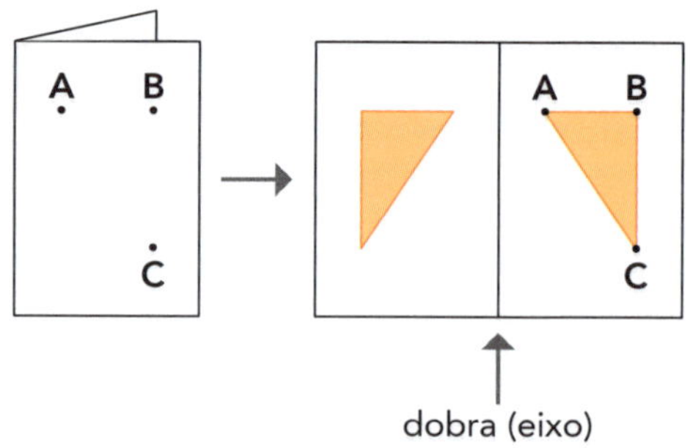

- Faça mais de uma vez, variando a figura.
  Confira tudo com um colega.

Ilustrações: Banco de imagens/Arquivo da editora

2 Desenhe e pinte a figura simétrica de cada figura dada, em relação ao eixo traçado.

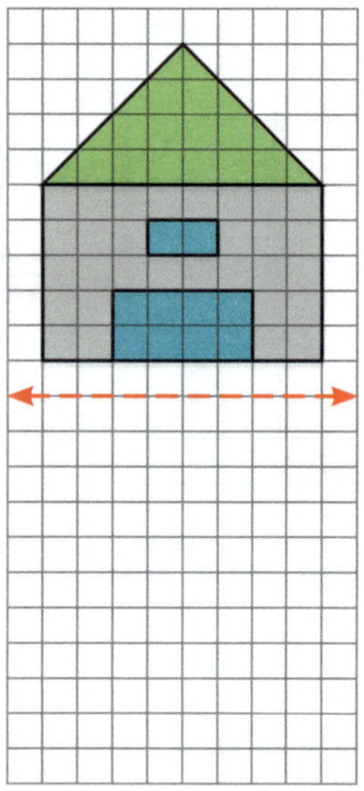

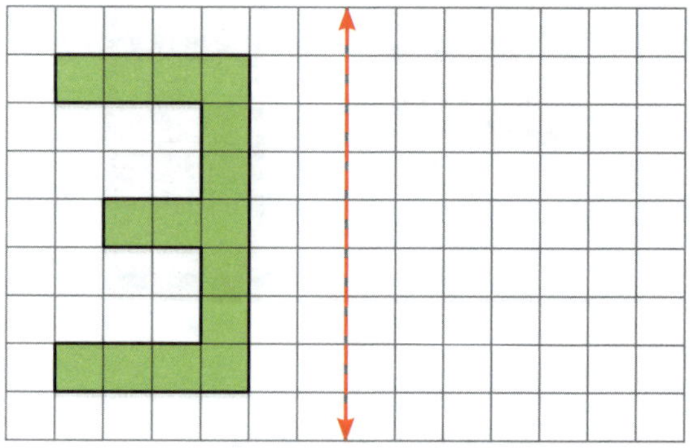

Ilustrações: Banco de imagens/Arquivo da editora

3 **ATIVIDADE ORAL** Por que na parte frontal das ambulâncias a palavra AMBULÂNCIA vem escrita com as letras invertidas?

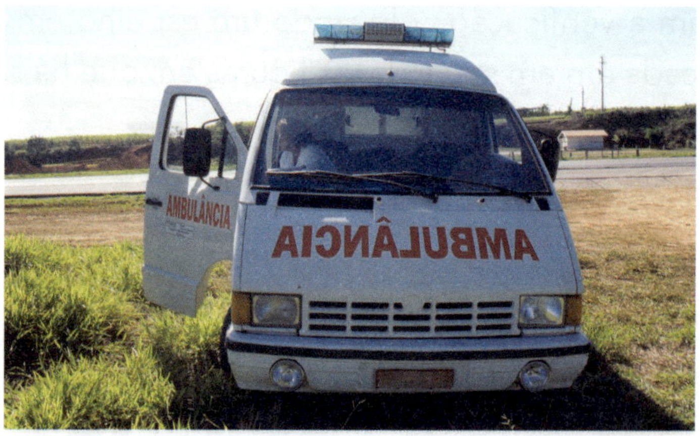

Fabio Colombini/Acervo do fotógrafo

Ambulância vista de frente.

Contornos de regiões planas

1 Observe as figuras desenhadas.

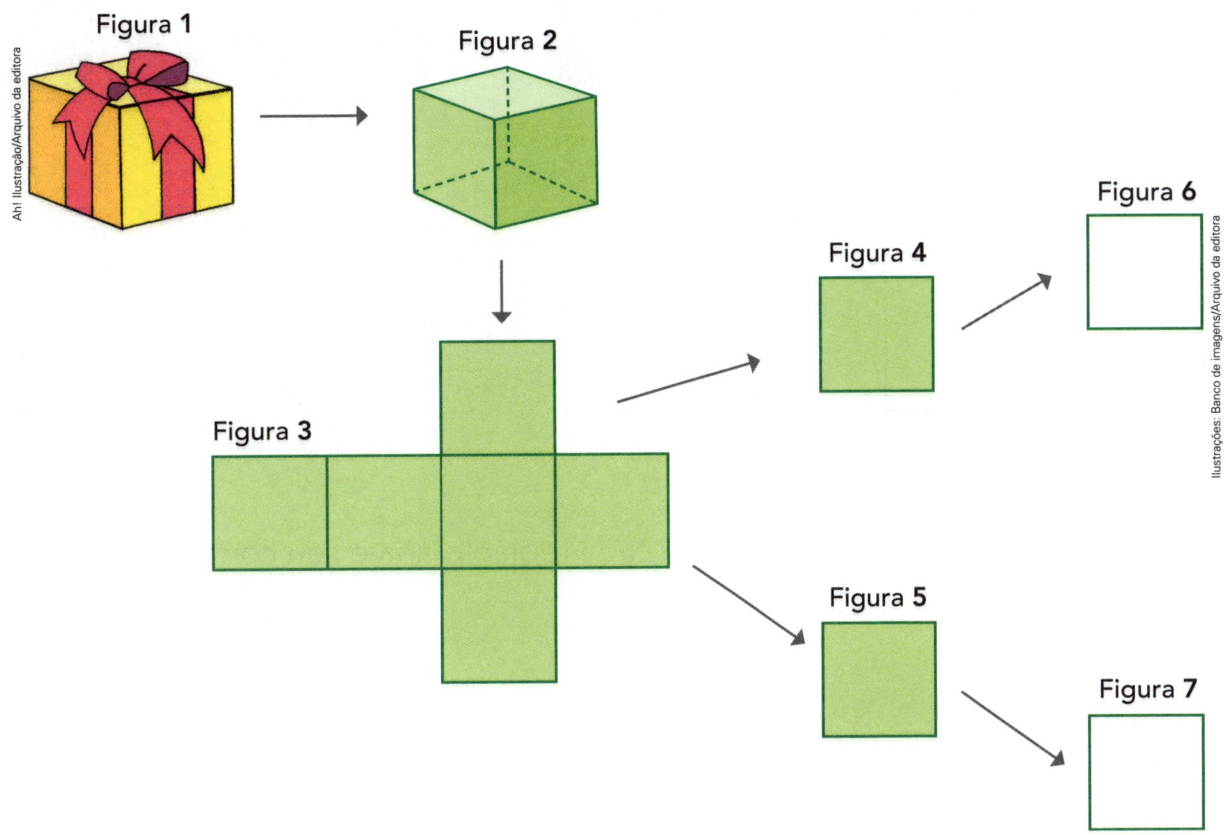

a) Você já sabe! Complete.

- A caixa de presente (figura **1**) lembra um ______________ (figura **2**).
- Na figura **3**, a "casca" desse sólido foi desmontada, ou ______________.
- Nas figuras **4** e **5**, temos algumas de suas faces, que são ______________.
- Nas figuras **6** e **7**, temos os ______________ dessas regiões planas.

b) Assim, quando contornamos regiões planas, obtemos linhas fechadas, que recebem o nome de **contornos**. Veja outro exemplo e complete.

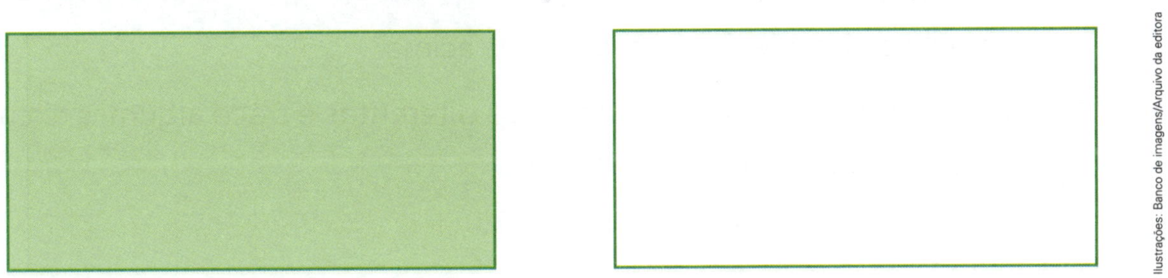

Região plana ______________. Seu contorno: ______________.

2 Marisa desenhou algumas regiões planas e Rafael desenhou os contornos.

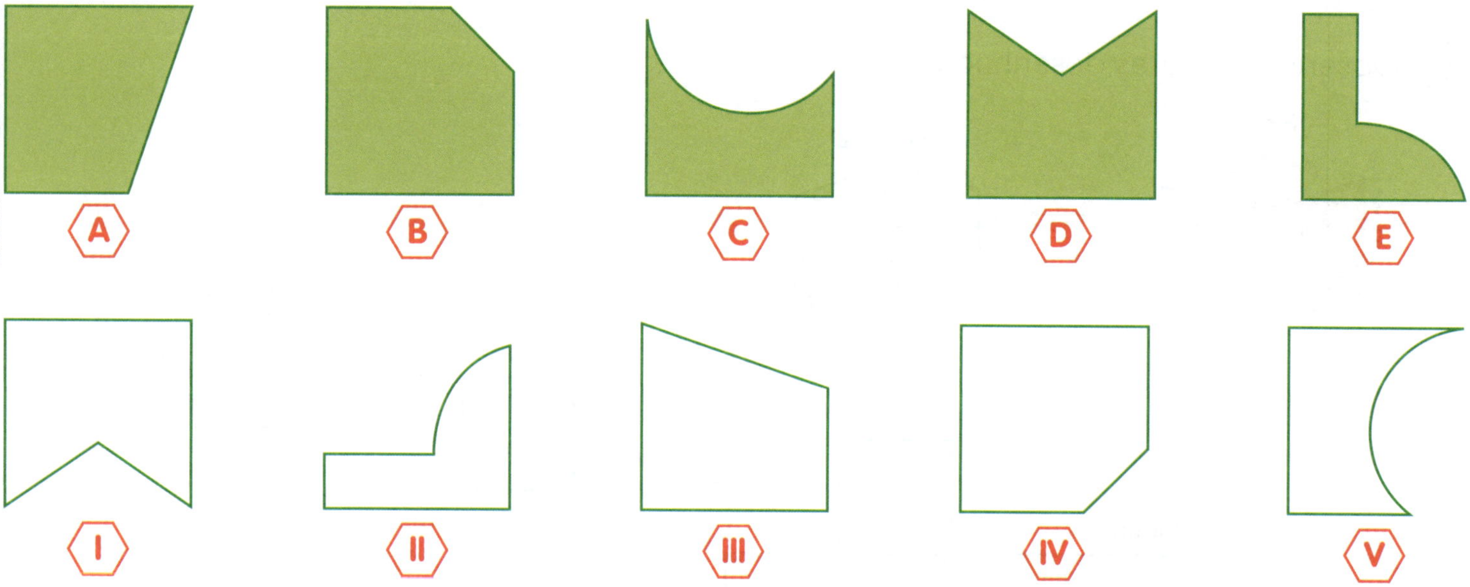

Ilustrações: Banco de imagens/Arquivo da editora

Faça a correspondência entre cada região plana e seu contorno.

A – ________ **C** – ________ **E** – ________

B – ________ **D** – ________

3 Observe os contornos desenhados. Entre eles há um contorno que é chamado **circunferência**.

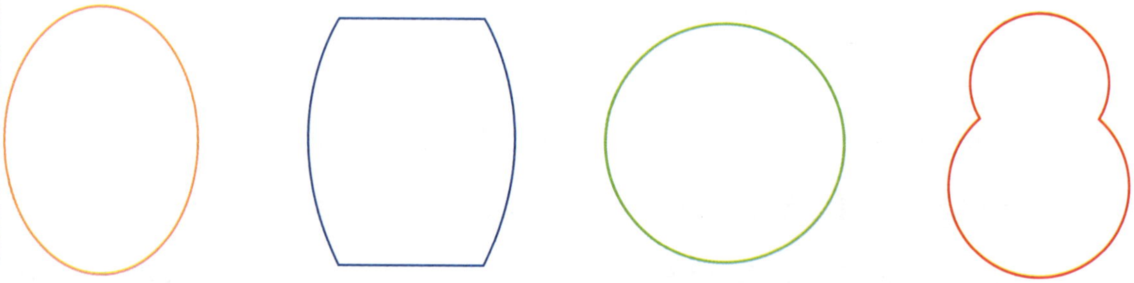
Ilustrações: Banco de imagens/Arquivo da editora

a) Complete: A circunferência é o contorno de uma região ________________ (ou de um ________________).

b) Assinale a circunferência nas figuras acima.

c) Agora, pegue moedas de tamanhos diferentes e trace algumas circunferências no espaço abaixo.

Segmentos de reta

1 Observe alguns desenhos de caminho para a abelha chegar à flor. Cada caminho tem uma cor.

As imagens não estão representadas em proporção.

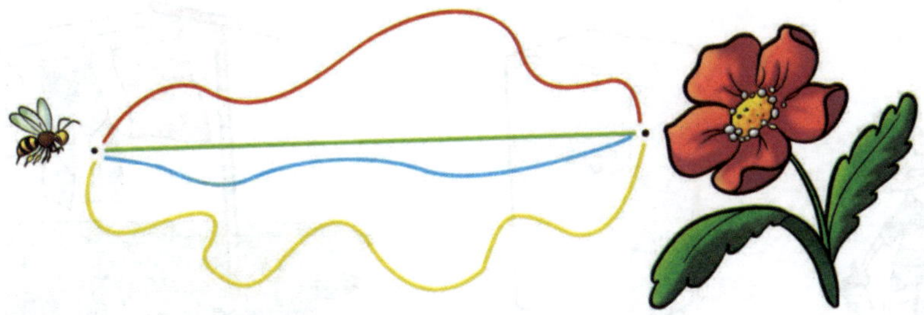

Ilustrações: Estúdio Mil/Arquivo da editora

a) Qual desses caminhos é o mais curto para a abelha ir até a flor?

____

b) Existe algum outro caminho que não foi desenhado e que seja ainda mais curto do que esse? ____________________

2 Marque 2 pontos **A** e **B** no quadro. Use a régua e trace o caminho mais curto ligando os pontos **A** e **B**, como na sequência abaixo.

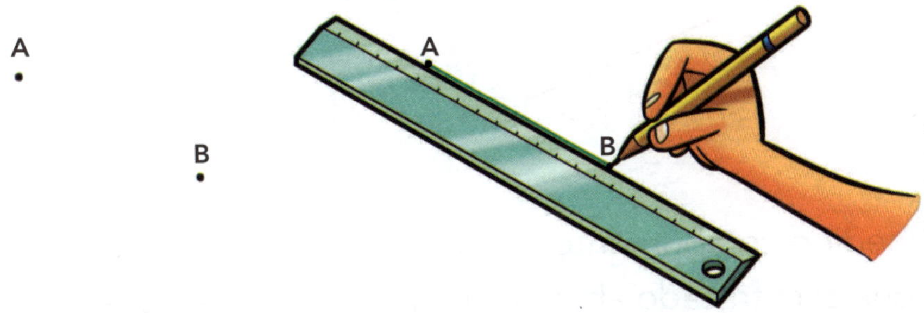

Estúdio Mil/Arquivo da editora

Chamamos de **segmento de reta** a figura que indica o caminho mais curto que liga 2 pontos. No exemplo acima, os pontos **A** e **B** são as **extremidades** do segmento de reta. Representamos esse segmento de reta assim: $\overline{AB}$ ou $\overline{BA}$.

3 Observe os pontos **P**, **Q**, **M**, **N**, **R** e **S**. Use a régua e trace os segmentos de reta: $\overline{PQ}$, $\overline{MN}$ e $\overline{RS}$.

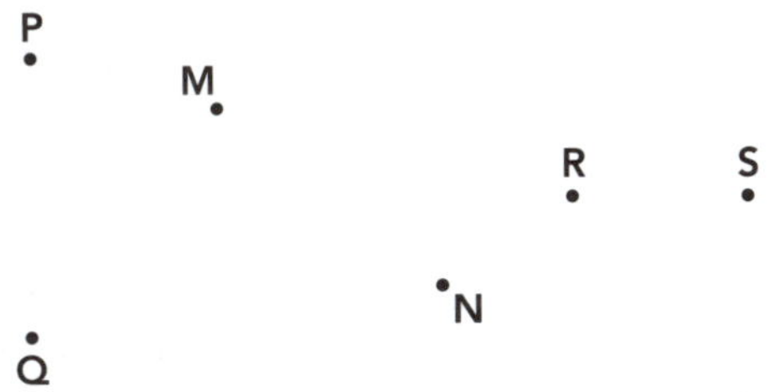

Banco de imagens/Arquivo da editora

4 **ATIVIDADE EM DUPLA** Muitos objetos do dia a dia ou algumas de suas partes lembram, pela sua forma, um segmento de reta.
Veja nos objetos abaixo o que está assinalado em vermelho.

As imagens não estão representadas em proporção.

Ilustrações: Estúdio Mil/Arquivo da editora

Com um colega, observe a sala de aula. Identifiquem algumas de suas partes ou alguns objetos que dão ideia de segmento de reta. Anotem aqui.

____

5 Observe as figuras e assinale com um **X** as que são segmentos de reta.

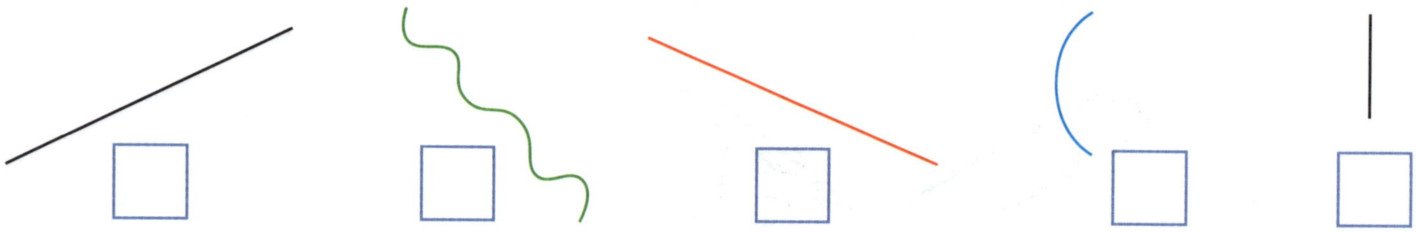

Ilustrações: Banco de imagens/Arquivo da editora

6 Podemos sempre medir o comprimento de um segmento de reta. Observe o segmento de reta que está traçado abaixo e indique o que se pede.

Banco de imagens/Arquivo da editora

a) Como esse segmento de reta é representado. ______________

b) A medida dele em centímetros. ______________

7 Use a régua e trace 2 segmentos de reta: $\overline{XY}$ de 5 cm e $\overline{CD}$ de 7 cm.

Polígonos

Observe o contorno das regiões planas abaixo.
Cada um deles é chamado **polígono**. Vejamos por quê.

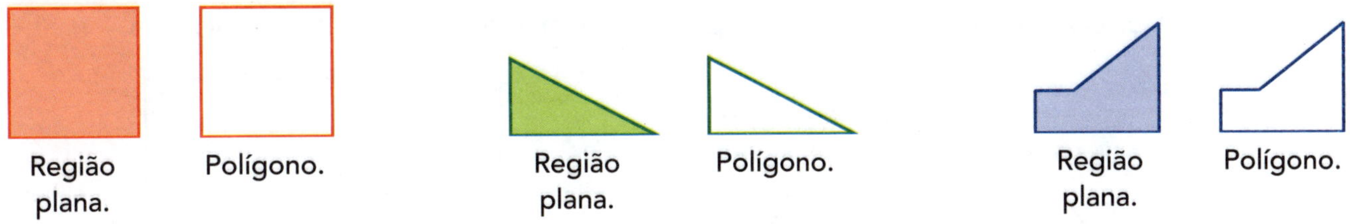

Ilustrações: Banco de imagens/Arquivo da editora

Polígono é todo contorno formado apenas por segmentos de reta.

1 Observe os contornos abaixo.

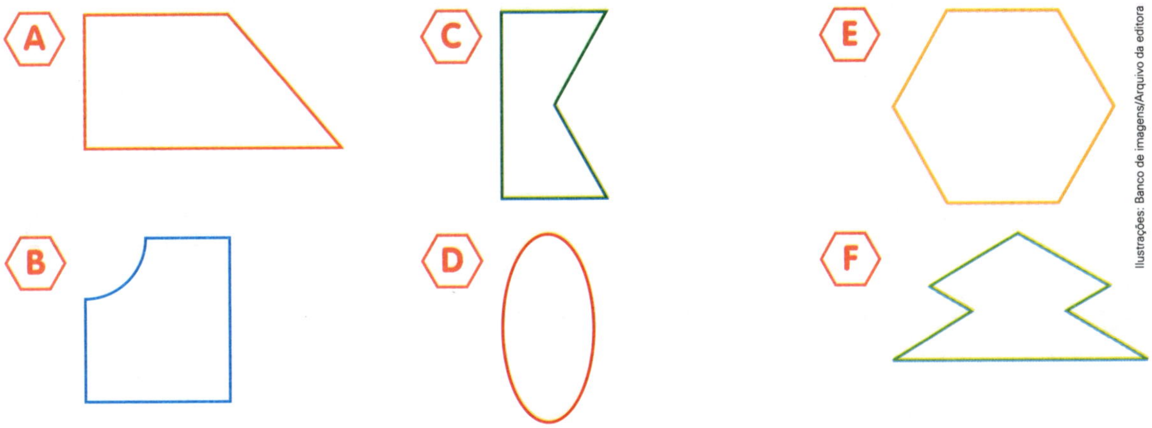

Ilustrações: Banco de imagens/Arquivo da editora

a) Quais desses contornos são polígonos? ___________________________

b) Em quais contornos não temos um polígono? Por quê?

____

2 Desenhe um polígono formado por 4 segmentos de reta, dois deles com 5 cm e os outros dois com 2 cm.

Lados e vértices de um polígono

Você já viu que um polígono é formado por segmentos de reta. Veja agora o nome de alguns elementos de um polígono.

- Cada segmento de reta é chamado **lado** do polígono.
- O encontro de 2 lados é um ponto chamado **vértice** do polígono.

I

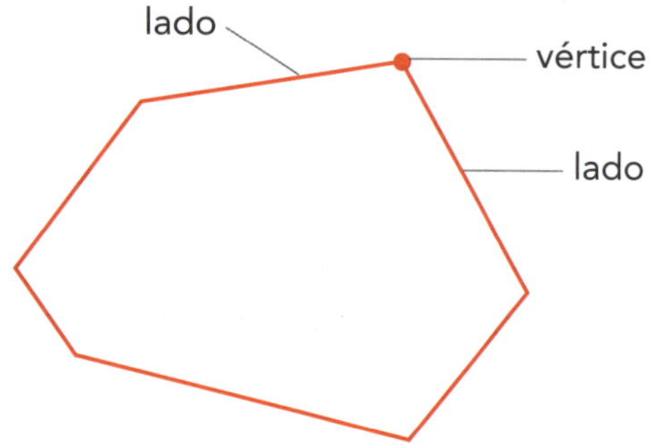

Ilustrações: Banco de imagens/Arquivo da editora

II

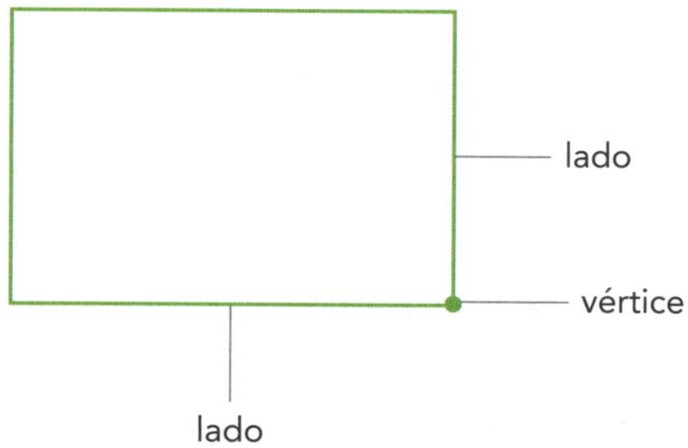

1 Observe os 2 polígonos acima e o polígono abaixo e complete.

a) Um polígono de 3 lados tem ________ vértices.

b) Um polígono de 4 lados tem ________ vértices.

c) Um polígono de 6 lados tem ________ vértices.

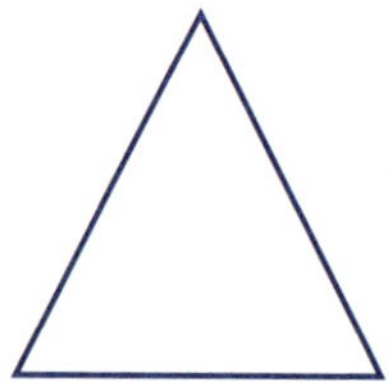

Banco de imagens/Arquivo da editora

2 **ATIVIDADE ORAL EM GRUPO (TODA A TURMA)** O que podemos afirmar sobre o número de lados e o número de vértices em cada polígono? Converse com os colegas sobre isso.

3 Localize algo que lembra um polígono nos desenhos da tirinha a seguir e veja se o número de lados e o número de vértices confirmam a conclusão a que vocês chegaram na atividade 2.

___

Jim Davis. Garfield. Revista **Recreio**, Abril, n. 58, 19 abr. 2001. p. 42.

Classificação dos polígonos quanto ao número de lados

Cada polígono recebe um nome de acordo com o número de lados. Você já conhece alguns desses nomes!

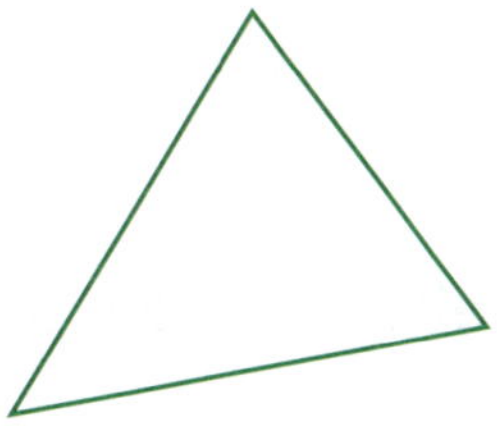
3 lados.
Triângulo.

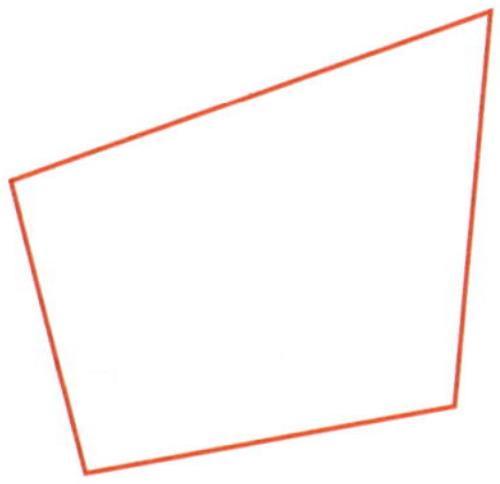
4 lados.
Quadrilátero.

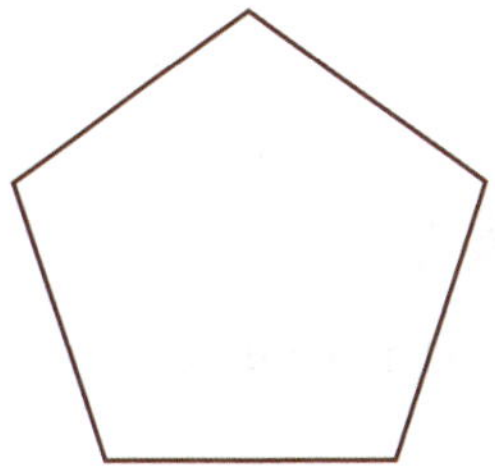
5 lados.
Pentágono.

6 lados.
Hexágono.

Ilustrações: Banco de imagens/Arquivo da editora

1 Observe os polígonos e escreva o nome deles de acordo com o número de lados.

a) 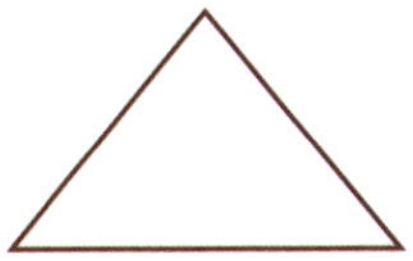

d) 

g) 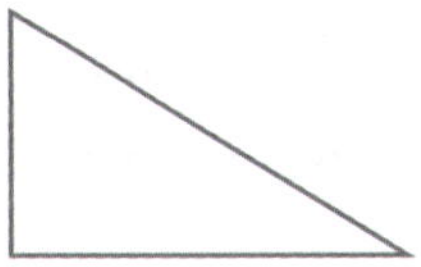

b) 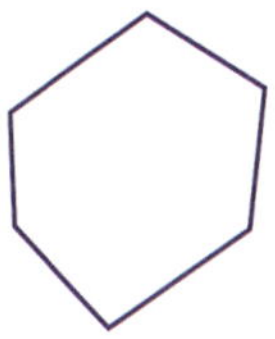

e) 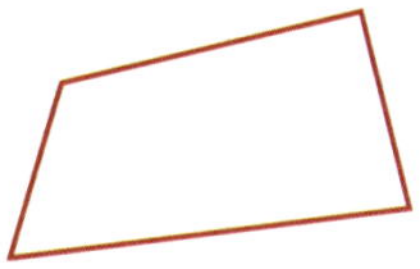

h) 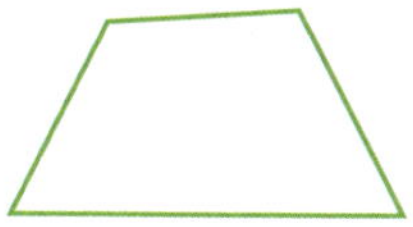

c) 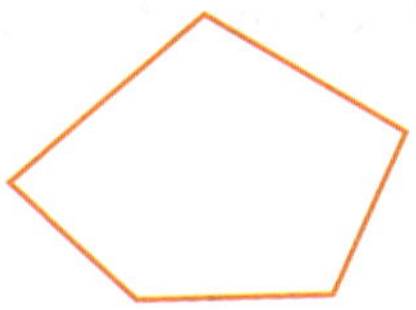

f) 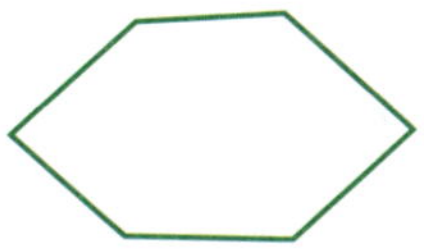

i) 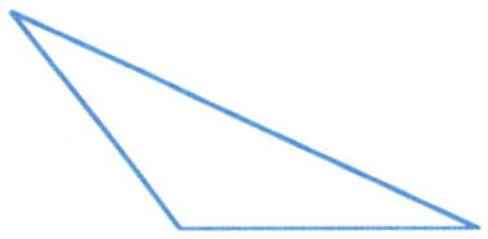

Ilustrações: Banco de imagens/Arquivo da editora

2 O contorno desta placa de trânsito lembra um polígono chamado **octógono**.

João Avila/Arquivo da editora

Placa de trânsito.

a) **ATIVIDADE ORAL EM GRUPO** Converse com os colegas sobre o porquê desse nome.

b) Agora, assinale com um **X** todos os octógonos abaixo e desenhe mais um.

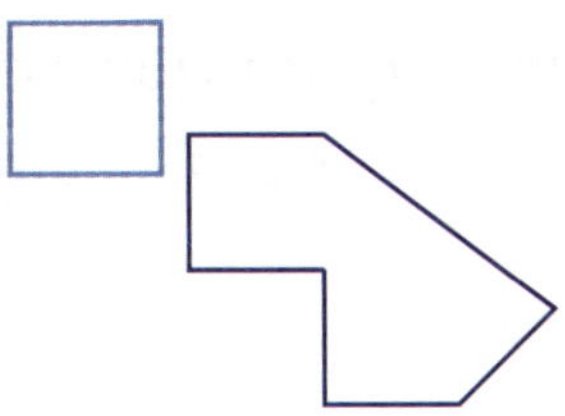

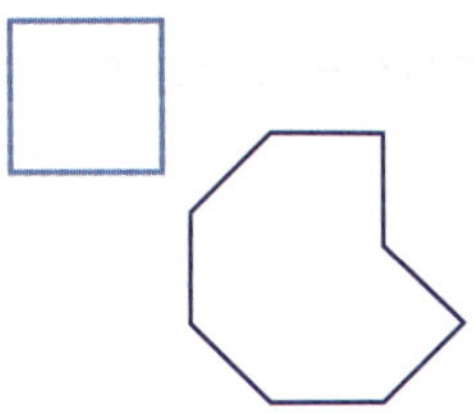

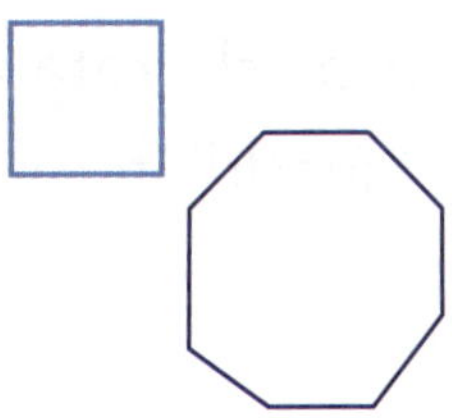

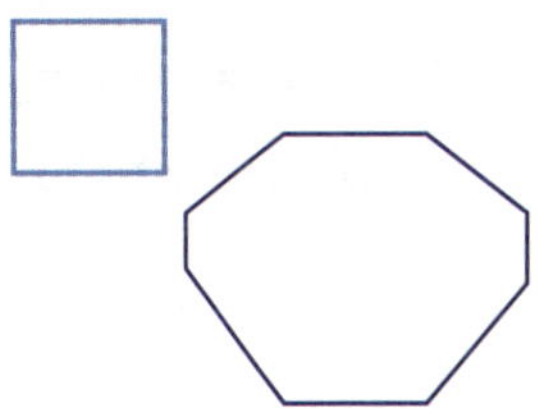

Ilustrações: Banco de imagens/Arquivo da editora

3 Use a régua e desenhe os polígonos solicitados.

a) Um hexágono.

b) Um pentágono.

4 LOCALIZAÇÃO

Para localizar um ponto, parta sempre de 0, ande para a direita e depois para cima.

Veja o ponto **A** (coluna 3 e linha 2) e o ponto **F** (coluna 10 e linha 7).

a) Localize e marque mais estes pontos: **B** (coluna 1 e linha 4), **C** (coluna 2 e linha 8), **D** (coluna 4 e linha 9) e **E** (coluna 7 e linha 9).

b) Com a régua trace os segmentos de reta.

- $\overline{AB}$
- $\overline{BC}$
- $\overline{CD}$
- $\overline{DE}$
- $\overline{EF}$
- $\overline{FA}$

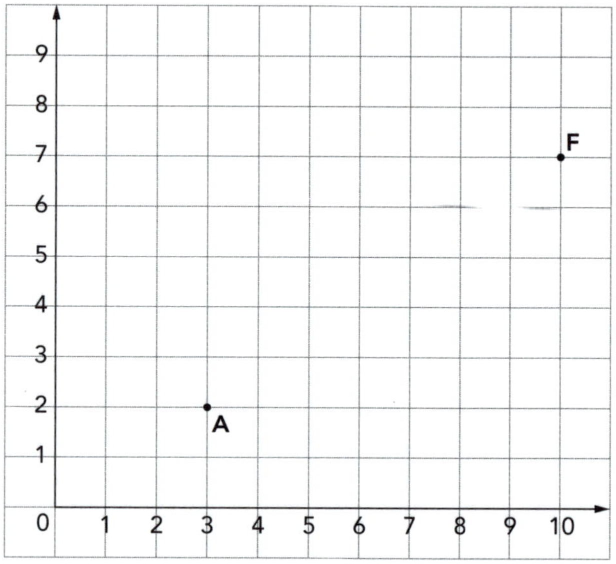

Banco de imagens/Arquivo da editora

c) Responda: Quantos lados e quantos vértices tem o polígono obtido? E qual é o nome desse polígono? ______

5 DESAFIO

a) Observe com atenção a figura ao lado e responda.

- Há quantos triângulos nela? ______
- E quantos quadriláteros? ______
- E quantos pentágonos? ______

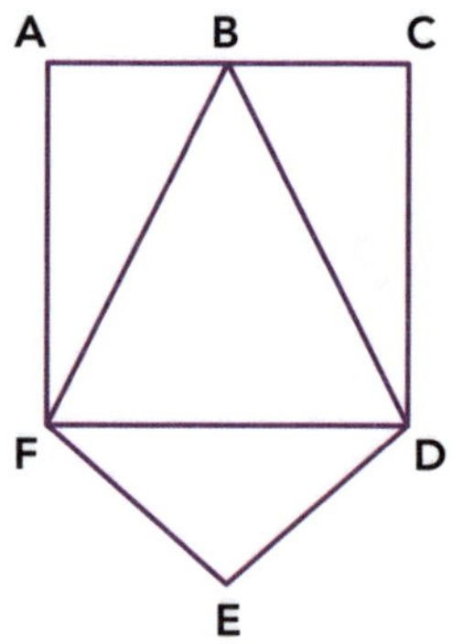

Banco de imagens/Arquivo da editora

b) Trace 4 segmentos de reta e forme com eles uma figura que contenha 2 triângulos e 1 quadrilátero.

Geometria com palitos

1 Construa e depois desenhe 2 triângulos diferentes usando 9 palitos em cada um.

2 **ATIVIDADE EM DUPLA** Continue construindo com palitos e desenhando.

a) Um quadrado com 4 palitos.

b) Com 4 palitos, um quadrilátero que não seja quadrado.

c) Três retângulos diferentes com 14 palitos em cada um.

3 Com palitos, construa a figura ao lado.
Ela tem 5 quadrados (confira!).
Partindo sempre desta figura, faça o que se pede.
A cada construção, desenhe-a e confira com um colega.

a) Retire 2 palitos para ficar com 3 quadrados.

b) Retire 4 palitos para ficar com 2 quadrados.

c) Retire 2 palitos para ficar com 2 quadrados.

4 **EXPOSIÇÃO: PALITOS E POLÍGONOS**

ATIVIDADE EM GRUPO Forme uma equipe com 3 colegas e construam, juntos, polígonos com palitos. Colem os polígonos em uma folha de papel colorido e coloquem seus nomes. Montem uma exposição na sala de aula reunindo os trabalhos de todas as equipes.

Regiões planas poligonais

1 Leia com atenção.

> **Região poligonal** é toda região plana cujo contorno é um polígono.

Agora, indique as regiões planas abaixo que são regiões poligonais. Depois, confira com os colegas. ______________________________

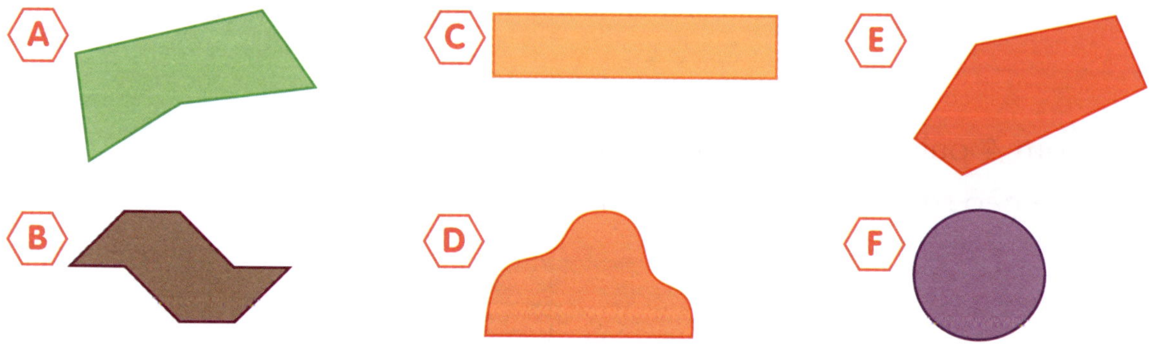

Ilustrações: Banco de imagens/Arquivo da editora

2 DESAFIO

a) Copie as 4 regiões poligonais abaixo na malha quadriculada da página 33 do **Ápis divertido**. Em seguida, pinte e recorte as regiões.

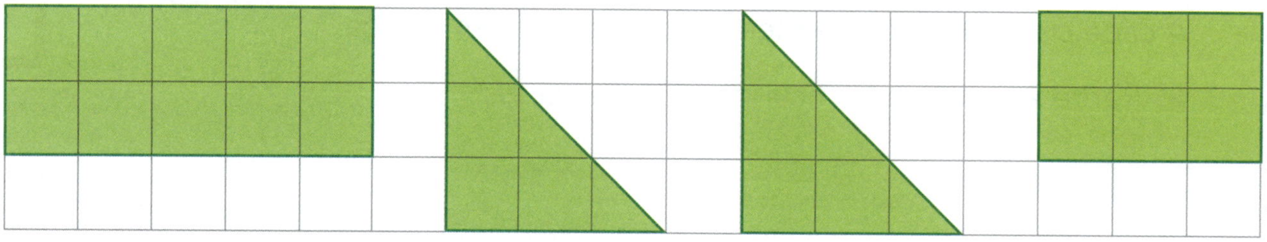

Banco de imagens/Arquivo da editora

b) Agora o desafio: cole as 4 regiões no espaço ao lado de modo que formem uma região quadrada.

c) Para finalizar, descreva a montagem que você fez, completando a frase abaixo com a forma das regiões poligonais.

Com 2 regiões ______________ e 2 regiões ______________ foi feita a composição de uma região ______________.

Mais atividades e problemas

1 Beto gosta muito de desenhar. Ele resolveu desenhar a planta de sua sala de aula vista de cima, com a mesa da professora e as carteiras dos alunos. Veja como ficou.

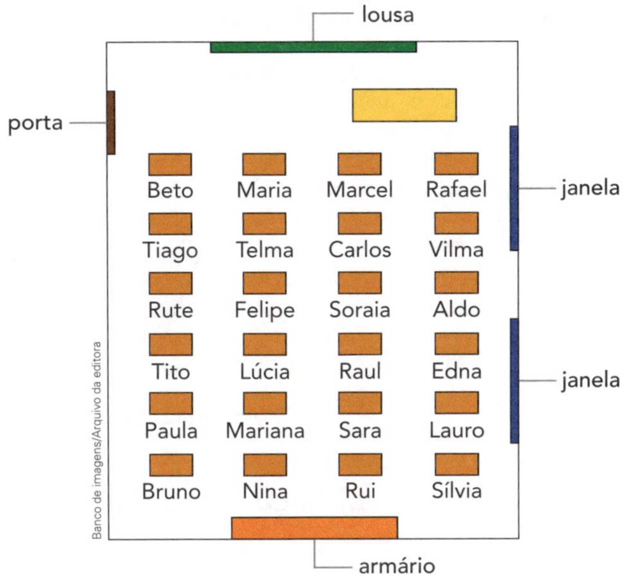

Banco de imagens/Arquivo da editora

a) Use uma régua e trace uma linha vermelha ligando o "meio" da lousa ao "meio" do armário.

b) Complete com o nome que falta em cada item para que as carteiras dos 2 alunos estejam em posições simétricas em relação à linha vermelha que você traçou.

- Telma e ______________.
- Aldo e ______________.
- Rui e ______________.
- Tiago e ______________.
- Lauro e ______________.
- Lúcia e ______________.

c) Localize e escreva os nomes.

- 2 meninas em posições simétricas. ______________________________
- 2 meninos em posições simétricas. ______________________________

2 Desenhe no quadriculado da direita o contorno da região plana da esquerda. Depois, trace um eixo de simetria na região plana.

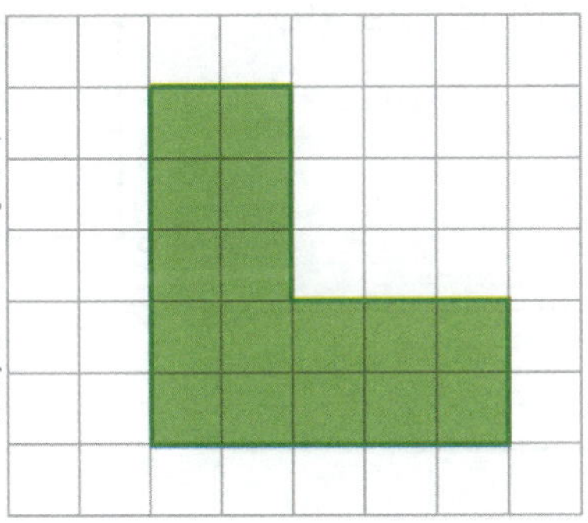

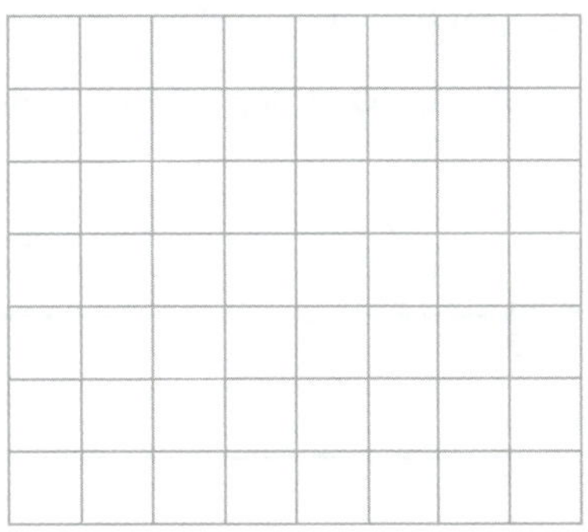

Ilustrações: Banco de imagens/Arquivo da editora

3 Marina "abriu" e "esticou" o polígono abaixo pelo vértice **P**, no sentido anti-horário, e obteve o segmento de reta mostrado na figura.
Lembre-se: sentido anti-horário é o sentido contrário ao do movimento dos ponteiros do relógio.

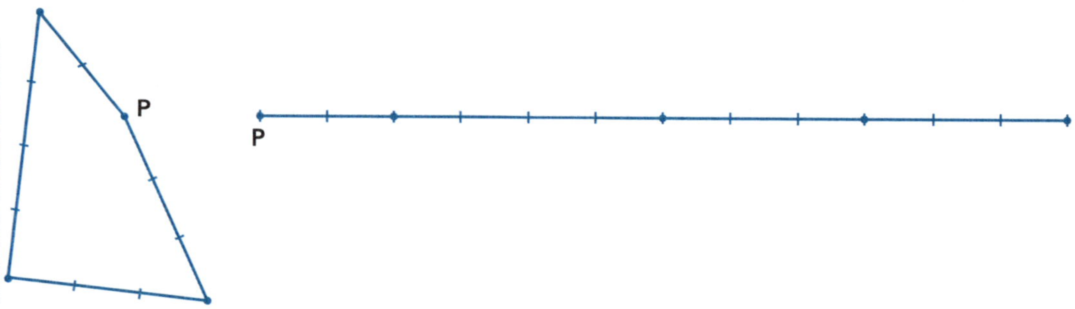

a) Faça como Marina. "Abra" e "estique" os polígonos pelo vértice **P**, no sentido anti-horário, marcando os vértices.

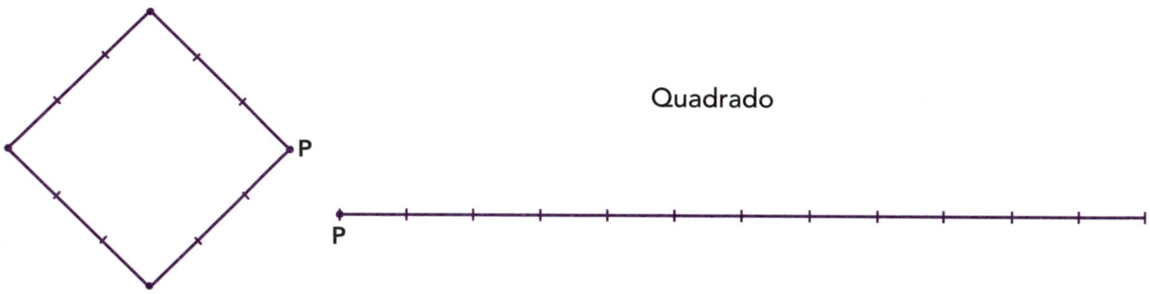

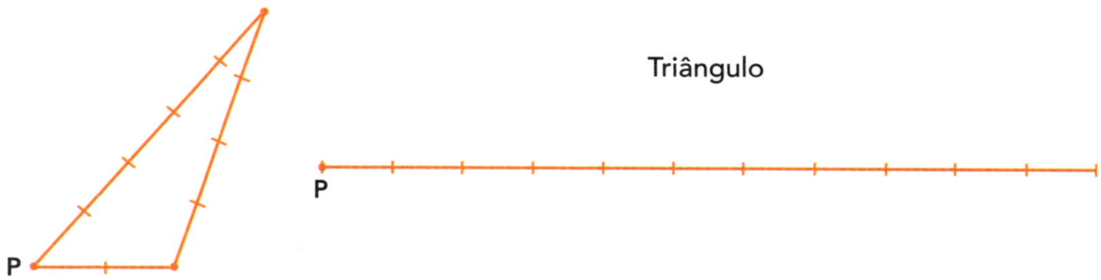

b) "Abra" e "estique" o retângulo de 2 maneiras: no sentido anti-horário e depois no sentido horário.

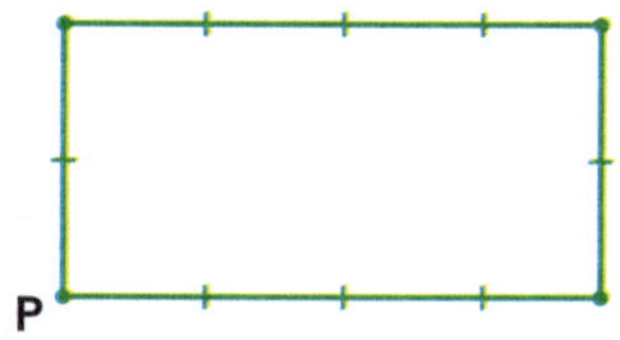

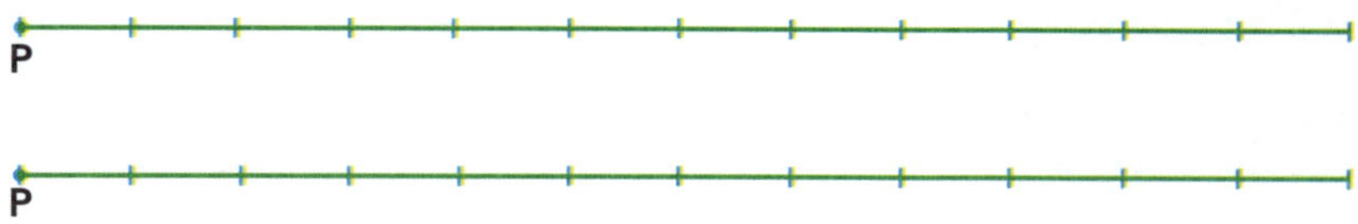

4 Analise com atenção a letra, a cor, a forma e o tamanho de cada região plana.

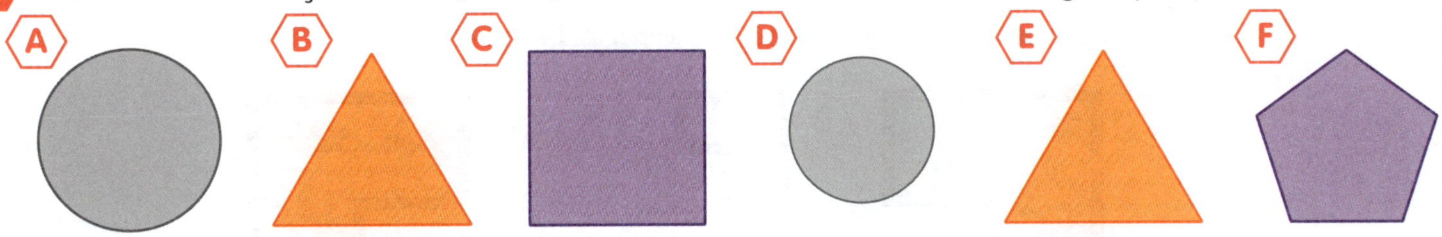

Ilustrações: Banco de imagens/Arquivo da editora

a) Escreva as letras de acordo com o citado.

- As 2 regiões planas de mesma cor, de mesma forma e de mesmo tamanho: ________ e ________.
- As 2 regiões planas de mesma cor, de mesma forma e de tamanhos diferentes: ________ e ________.
- As 2 regiões planas de mesma cor e de formas diferentes: ________ e ________.

b) Considere agora mais esta região plana desenhada ao lado. Complete as frases com **têm** ou **não têm**.

Banco de imagens/Arquivo da editora

- As regiões planas **A** e **G** ________________ a mesma forma e ________________ a mesma cor.
- As regiões planas **B** e **G** ________________ a mesma forma e ________________ a mesma cor.
- As regiões planas **C** e **G** ________________ a mesma forma, ________________ a mesma cor e ________________ o mesmo tamanho.

5 **SEMPRE, NUNCA OU ÀS VEZES SIM, ÀS VEZES NÃO**

Escreva em cada item a expressão acima correspondente.

a) Um paralelepípedo tem 6 faces. ____________________

b) Um prisma tem 2 faces triangulares. ____________________

c) Um triângulo tem 4 lados. ____________________

d) Um polígono é formado por 3 ou mais segmentos de reta. ____________________

e) Um cilindro tem 2 faces triangulares. ____________________

f) Um segmento de reta tem 6 cm de comprimento. ____________________

6 Observe os canteiros da horta de Pedro, vistos de cima: a forma de cada um e seu tamanho (parte do terreno ocupada por ele).

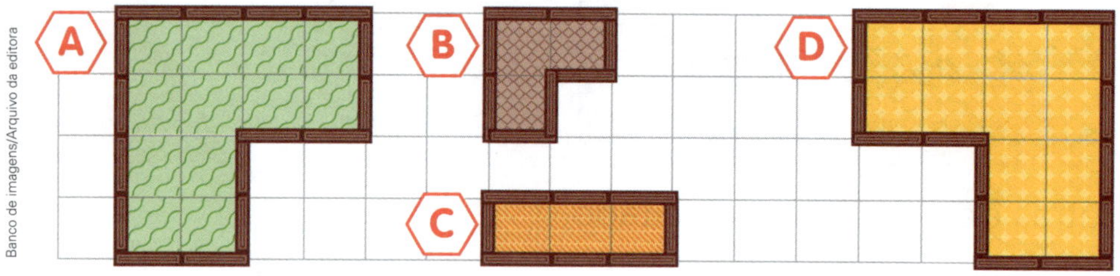

a) Complete com as letras que indicam os canteiros.

- Os canteiros _________ e _________ têm formas diferentes e tamanhos iguais.
- Os canteiros _________ e _________ têm formas e tamanhos diferentes.
- Os canteiros _________ e _________ têm formas iguais e tamanhos diferentes.
- Os canteiros _________ e _________ têm formas e tamanhos iguais.

b) Desenhe e pinte um canteiro retangular que tenha o mesmo tamanho do canteiro **A**.

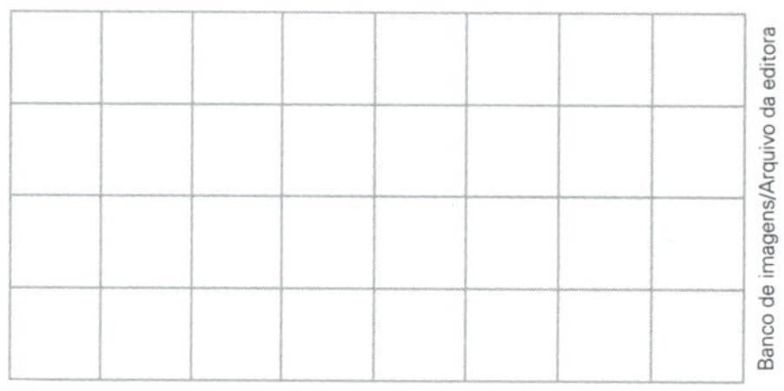

c) Agora, desenhe e pinte 2 canteiros com formas iguais e tamanhos iguais, cujos contornos sejam paralelogramos.

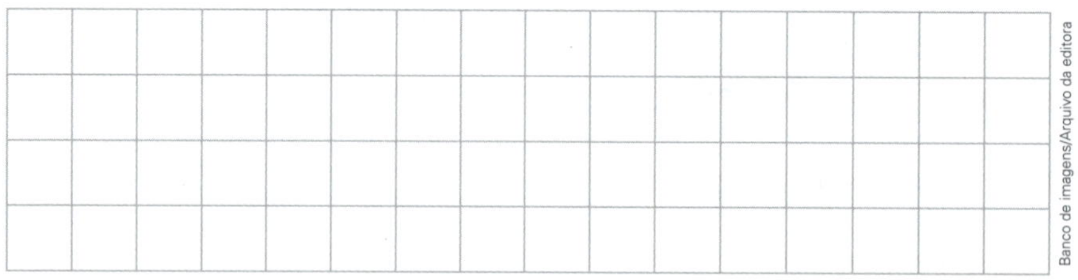

d) Finalmente, desenhe e pinte mais um canteiro, cujo contorno também seja um paralelogramo, mas com os lados medindo metade dos que você desenhou no item **c**.

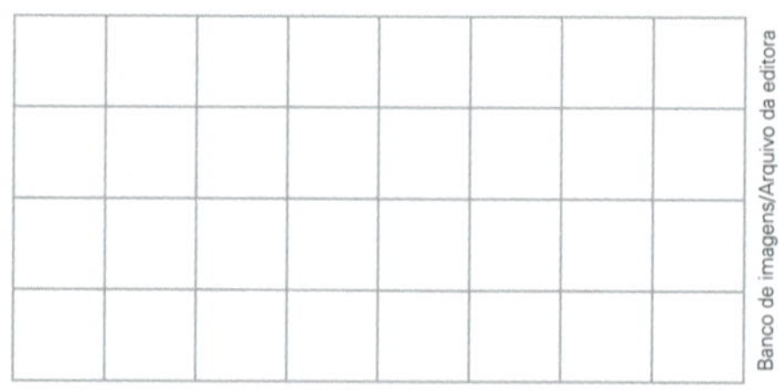

VAMOS VER DE NOVO?

1 POSSIBILIDADES

Juliana foi à sorveteria e pediu um sorvete com 3 bolas: flocos, morango e chocolate. Observe ao lado a posição das bolas de sorvete.

Ah! Ilustração/Arquivo da editora

a) De quantas maneiras diferentes as bolas de sorvete podem ser colocadas na casquinha? ________________

b) Quais são elas?

____

____

2 ESTATÍSTICA

Na turma de Laura foi feita uma pesquisa com base na seguinte pergunta.

> Entre desenho, esporte, noticiário e filme, o que você prefere assistir pela televisão?

Com base nos dados obtidos, foi elaborado o gráfico abaixo, no qual foram separados os votos de meninos e meninas.

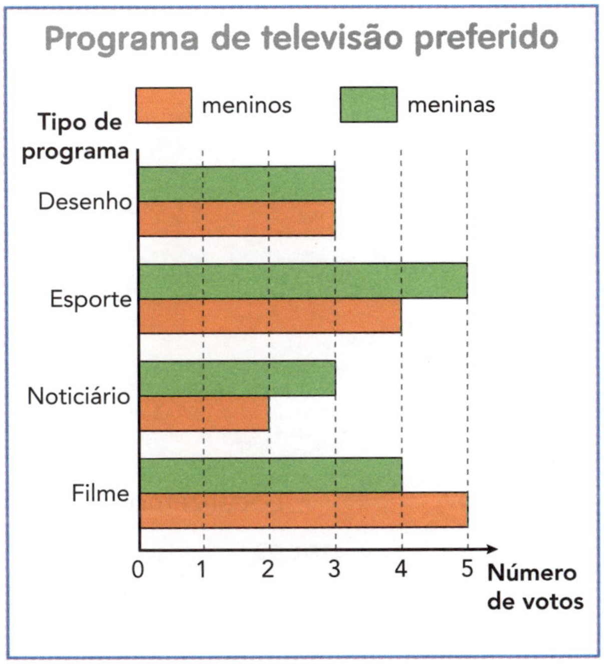

Banco de imagens/Arquivo da editora

Gráfico elaborado para fins didáticos.

a) Responda consultando o gráfico: Quantos meninos votaram em esporte?

____

b) Quantas meninas há na turma? ________________

c) Qual foi o tipo de programa mais votado pelos meninos? ________________

d) Qual tipo de programa recebeu 5 votos da turma?

____

e) Quantos alunos há na turma? ________________

f) Agora, escreva no caderno um texto-síntese sobre essa pesquisa.

O QUE ESTUDAMOS

Revimos os sólidos geométricos estudados nos anos anteriores, seus elementos e suas principais características. Constatamos que alguns deles rolam, dependendo da posição em que são colocados sobre uma mesa, e outros não rolam.

Ilustrações: Banco de imagens/Arquivo da editora

Não rolam. | **Rolam.**

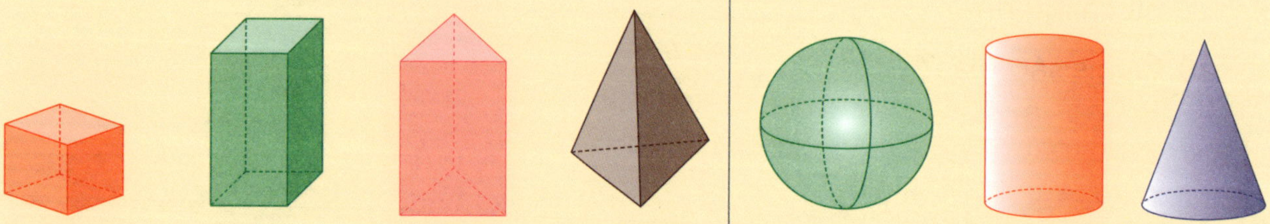

Cubo. Paralelepípedo. Prisma. Pirâmide. Esfera. Cilindro. Cone.

Entre os sólidos geométricos, destacamos os prismas (2 faces que são paralelas e iguais – as bases – e as demais faces retangulares) e as pirâmides (1 face que é a base e as demais faces triangulares).

Ilustrações: Banco de imagens/Arquivo da editora

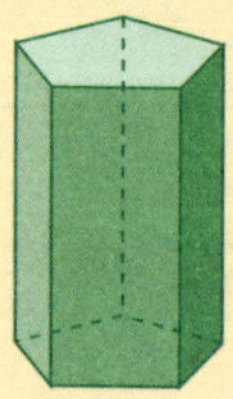

Prisma de base pentagonal.

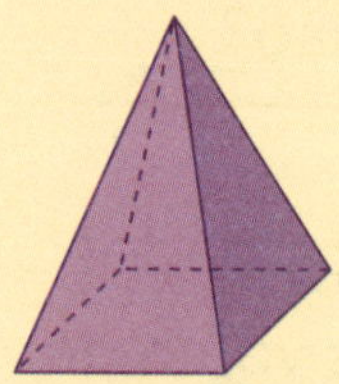

Pirâmide de base quadrada.

Banco de imagens/Arquivo da editora

Identificamos as 3 dimensões de um sólido geométrico.

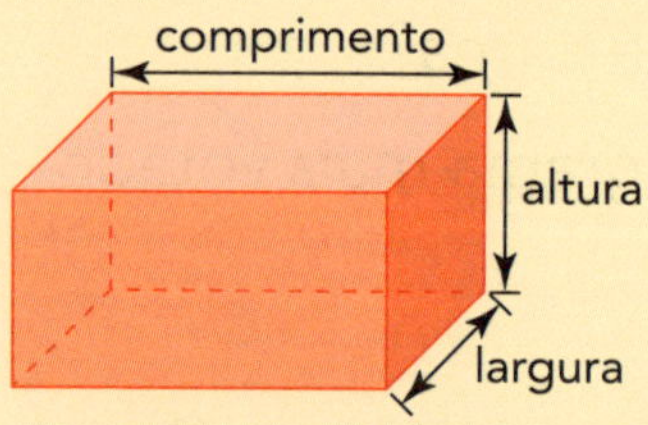

Banco de imagens/Arquivo da editora

Localizamos os elementos de alguns sólidos geométricos.

O cubo tem 8 vértices, 12 arestas e 6 faces.

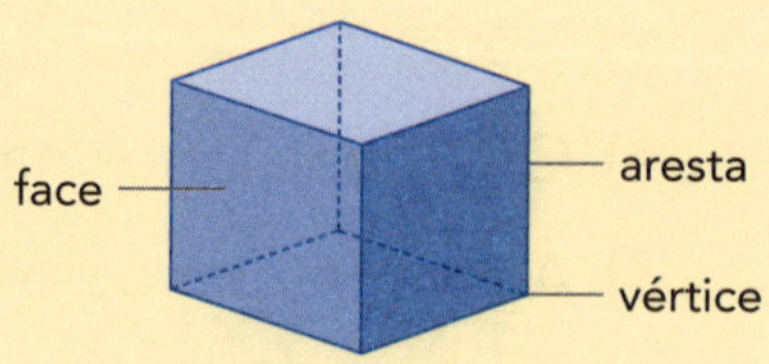

Vimos que, ao planificar a "casca" de alguns sólidos geométricos, obtemos regiões planas.

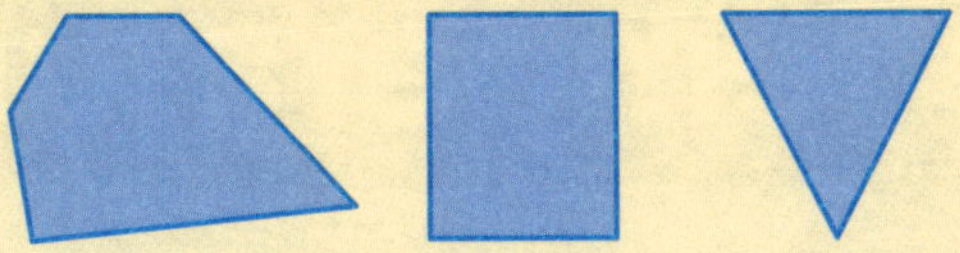

Ilustrações: Banco de imagens/Arquivo da editora

Estudamos os contornos das regiões planas.

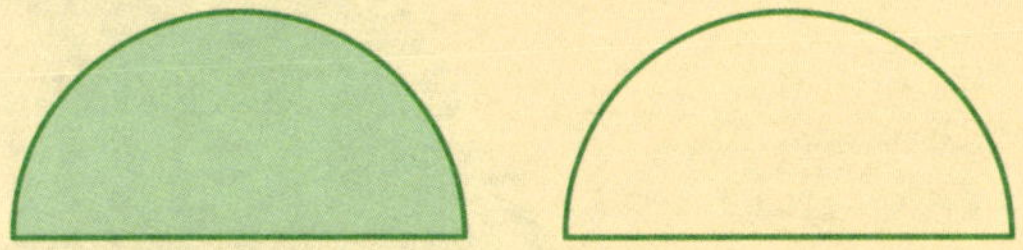

Região plana. Seu contorno.

Ilustrações: Banco de imagens/Arquivo da editora

Reconhecemos uma figura que apresenta simetria em relação a um eixo.

Também determinamos a simétrica de uma figura em relação a um eixo, obtendo figuras simétricas.

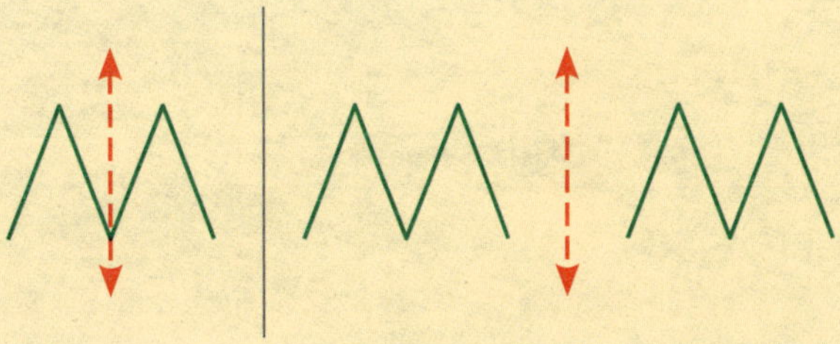

Ilustrações: Banco de imagens/Arquivo da editora

Vimos que segmento de reta é a figura determinada pelo caminho mais curto entre 2 pontos.

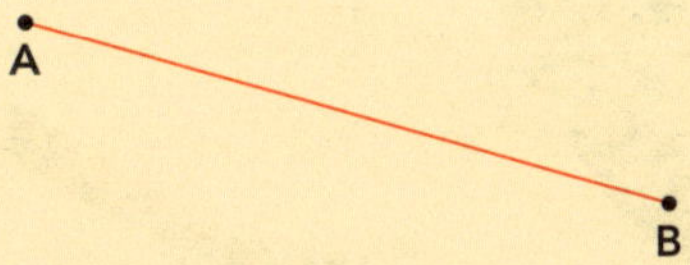

$\overline{AB}$: segmento de reta de extremidades **A** e **B**.

Banco de imagens/Arquivo da editora

Vimos que um contorno formado somente por segmentos de reta é chamado polígono.

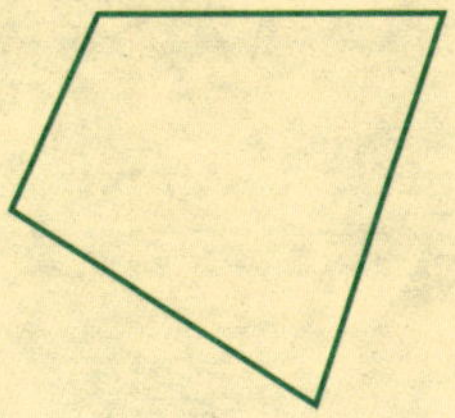

Polígono de 4 lados e 4 vértices.

Banco de imagens/Arquivo da editora

Demos nome aos polígonos de acordo com o número de lados.

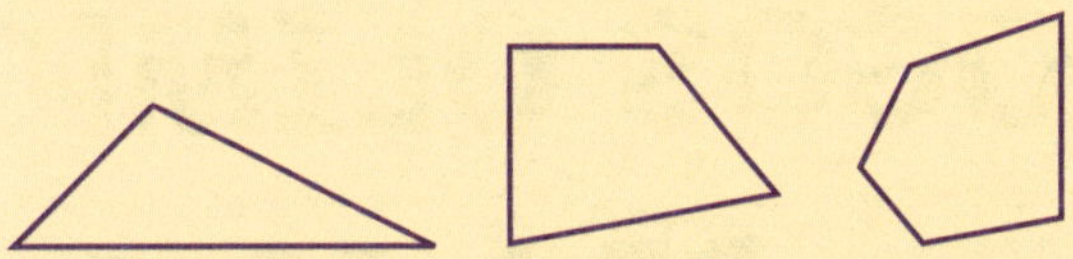

Triângulo (3 lados). Quadrilátero (4 lados). Pentágono (5 lados).

Ilustrações: Banco de imagens/Arquivo da editora

- De quais atividades você mais gostou nesta Unidade?
- De quais atividades você não gostou? Se teve dificuldades, não deixe de perguntar para o professor!
- Você mantém limpos e organizados os materiais da sala de aula?
- Você ajuda a cuidar da limpeza e da organização dos diferentes espaços da escola (sala de aula, pátio, etc.)? Joga sempre o lixo nas lixeiras? Espaço escolar limpo e organizado ajuda na convivência e na aprendizagem!

Unidade 3

Massa, capacidade, tempo e temperatura

Maisa Shigematsu/Arquivo da editora

- O que mostra esta cena?
- Você conhece todas as modalidades esportivas mostradas?
- Você já assistiu a competições esportivas dessas modalidades?
- Escolha uma das modalidades esportivas e conte para os colegas o que o atleta deve fazer nela.

Para iniciar

Muitas das modalidades esportivas precisam das medidas para determinar seus resultados, como os exemplos da exposição sobre os Jogos Olímpicos do Rio de Janeiro, em 2016.

Nesta Unidade vamos retomar e ampliar o estudo das grandezas massa, capacidade e tempo e de suas unidades de medidas. Vamos também estudar a grandeza temperatura e sua unidade de medida.

- Analise a cena das páginas de abertura desta Unidade. Converse com os colegas e respondam às questões a seguir.

Ilustrações: Estúdio Mil/Arquivo da editora

- Converse com os colegas sobre mais estas questões.

a) Em que situações do dia a dia você usa as medidas citadas abaixo? Dê um exemplo em cada caso.

Medida de massa	Medida de capacidade	Medida de tempo	Medida de temperatura

b) Você sabe quantos dias tem cada mês do ano? Cite o número de dias nos meses abaixo.

Janeiro	Junho	Abril	Dezembro	Fevereiro

c) Que produtos compramos no dia a dia de acordo com sua medida de capacidade?

Medidas de massa

Você já viu estas unidades de medida na Unidade 1.

O **miligrama (mg)**, o **grama (g)**, o **quilograma (kg)**, ou simplesmente **quilo**, e a **tonelada (t)** são unidades de medida usadas para saber qual é o "peso" de pessoas, animais, objetos, etc. São **unidades de medida de massa**.

Cada unidade de medida é usada de acordo com aquilo que se vai pesar. Veja os exemplos.

As imagens não estão representadas em proporção.

Andrey Pavlov/Shutterstock/Glow Images

O "peso" de uma formiga é dado em miligramas.

Valentyn Volkov/Shutterstock/Glow Images

O "peso" de uma maçã é dado em gramas.

M. Unal Ozmen/Shutterstock

Os pacotes de farinha têm seu "peso" dado em quilogramas.

Eric Isselée/Shutterstock/Glow Images

O "peso" de um rinoceronte é dado em toneladas.

O instrumento de medida de massa é a balança. Existem vários tipos de balanças.

Vicente Barcelo Varona/Shutterstock/Glow Images

Balança de pratos.

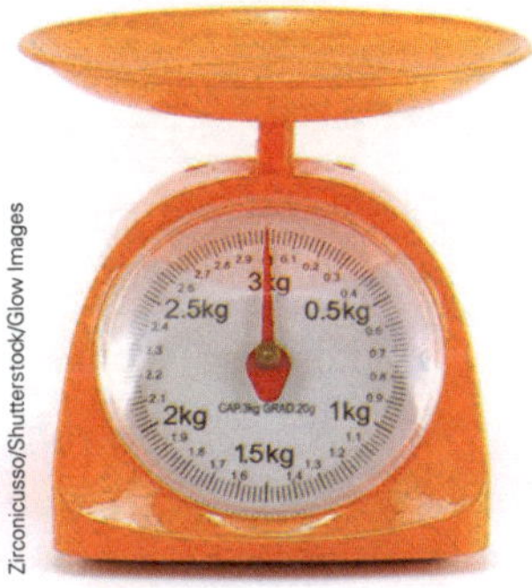

Zirconicusso/Shutterstock/Glow Images

Balança de ponteiro.

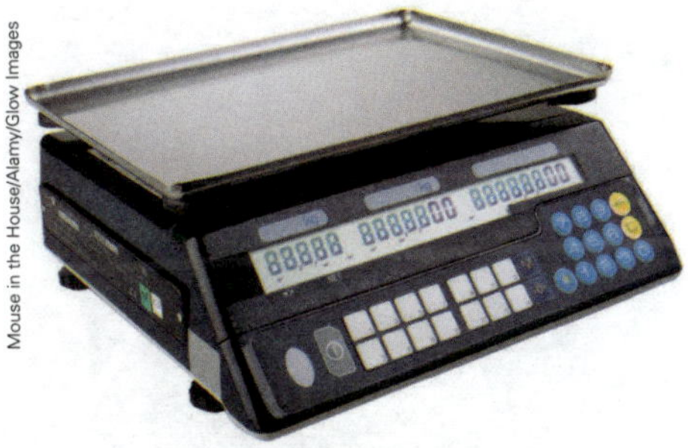

Mouse in the House/Alamy/Glow Images

Balança digital.

1 Assinale apenas a medida mais adequada de cada item.

As imagens não estão representadas em proporção.

a) Joaninha.

Johnpcarr/Shutterstock/Glow Images

☐ 30 mg

☐ 30 g

☐ 30 kg

b) Gato.

Eric Isselee/Shutterstock

☐ 3 mg

☐ 3 g

☐ 3 kg

c) Laranja.

ZTS/Shutterstock/Glow Images

☐ 100 mg

☐ 100 g

☐ 100 kg

d) Trator.

XPhantom/Shutterstock/Glow Images

☐ 5 g

☐ 5 kg

☐ 5 t

2 Você já viu: 1 kg = 1 000 g | 1 g = 1 000 mg | 1 t = 1 000 kg

Complete.

a) 7 kg = ________ g

b) 5 t = ________ kg

c) 1 kg e meio = ________ g

d) 7 g = ________ mg

e) 4 000 g = ________ kg

f) 12 000 kg = ________ t

g) 3 kg e 200 g = ________ g

h) meia t = ________ kg

i) 2 t e 5 kg = ________ kg

j) 2 000 mg = ________ g

3 Responda depressa! O que pesa mais: 1 quilograma de algodão ou 1 quilograma de ferro? ________________

4 Um elefante pesa 4 toneladas, e seu filhote pesa 2 toneladas.

Stuart G Porter/Shutterstock

a) Quantos quilogramas pesam os dois juntos?

____

b) Quantos quilogramas o elefante tem a mais do que seu filhote? ________________

Elefante africano adulto com seu filhote, no Parque Nacional Tarangire, na Tanzânia.

5 ESTATÍSTICA

As imagens não estão representadas em proporção.

Adílson trabalha em uma empresa de reciclagem.

Ele registrou no gráfico abaixo a quantidade de lixo reciclável coletado durante um mês nessa empresa.

Banco de imagens/Arquivo da editora

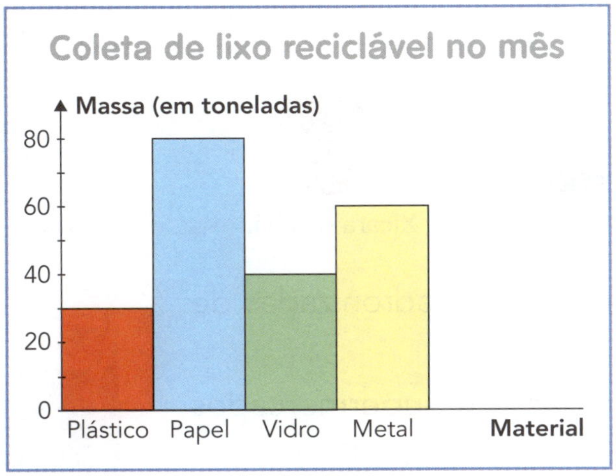

Gráfico elaborado para fins didáticos.

Luciana Whitaker/Pulsar Imagens

Usina de triagem e reciclagem de lixo.

- Responda.

a) Qual foi o material mais coletado pela empresa nesse mês? ______________

b) Qual foi o material menos coletado? ______________

c) Quantas toneladas de vidro foram coletadas? ______________

d) Quantos quilogramas de plástico foram coletados? ______________

e) No total, foram coletadas mais ou menos do que 200 toneladas de lixo reciclável? ______________

ATIVIDADE ORAL

a) O que significa lixo reciclável?

b) Na sua cidade é feita a coleta de lixo reciclável? E na sua escola?

c) Você já participou de alguma campanha de coleta de lixo reciclável?

d) Por que os recipientes para a coleta de lixo reciclável trazem uma cor diferente para cada tipo de material?

JurateBuiviene/Shutterstock

Recipientes para coleta de lixo reciclável.

Medidas de capacidade

As imagens não estão representadas em proporção.

1 **ATIVIDADE ORAL EM GRUPO** A capacidade de um copo, de uma xícara de chá e de uma jarra são alguns exemplos de unidades não padronizadas de medida de capacidade.

Com os colegas, faça um levantamento de situações em que essas unidades podem ser usadas.

autsawin uttisin/Shutterstock
Copo.

Zurbagan/Shutterstock
Xícara de chá.

Tatyana Vyc/Shutterstock
Jarra.

2 O **mililitro (mL)** e o **litro (L)** são unidades padronizadas de medida de capacidade.

As caixas de leite que são vendidas em supermercados e padarias têm, geralmente, capacidade de 1 litro (1 L).

Veja os valores relativos do litro (L) e do mililitro (mL).

3DSguru/Shutterstock/Glow Images
Caixa de leite.

1 L = 1000 mL

Complete.

a) 6000 mL = ________ L

b) 10 L = ________ mL

c) 3 L e 450 mL = ________ mL

d) 2 L e 900 mL = ________ mL

e) 4200 mL = ________ L e ________ mL

f) 3 L e meio = ________ L e ________ mL

3 **ATIVIDADE ORAL** Qual é a vantagem do uso das unidades padronizadas de medida de capacidade em relação às unidades não padronizadas de medida?

4 Assinale apenas a medida mais adequada de cada item.

a) Copo cheio.

koosen/Shutterstock

☐ 2 mL ☐ 200 mL ☐ 2000 mL

b) Balde cheio.

Zurbagan/Shutterstock

☐ 1 L ☐ 10 L ☐ 100 mL

c) Piscina cheia.

Palto/Shutterstock

☐ 5000 L ☐ 500 L ☐ 50 mL

5 Observe os objetos abaixo. Assinale os de capacidade menor do que 1 litro.

As imagens não estão representadas em proporção.

☐ 
Ilya Akinshin/Shutterstock/Glow Images
Concha.

☐ 
Max Lashcheuski/Shutterstock
Xícara de café.

☐ 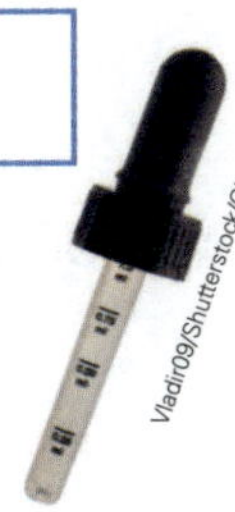
Vladir09/Shutterstock/Glow Images
Conta-gotas.

☐ 
Andy Gaylor/Shutterstock
Pia.

☐ 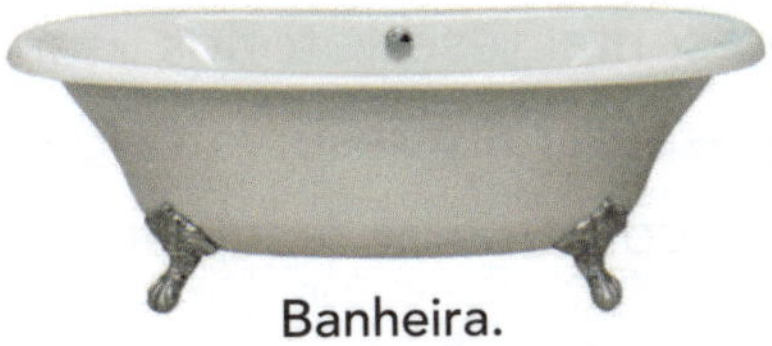
Tatty/Shutterstock
Banheira.

☐ 
Dja65/Shutterstock/Glow Images
Tambor.

6 **ATIVIDADE EM DUPLA** Formule um problema que envolva litros e passe para um colega resolver. Você resolve o dele.

____

____

____

7 **POSSIBILIDADES**

Antônio vai comprar 2 litros de sabonete líquido. Veja ao lado os 2 tipos de embalagens que ele pode comprar e seus preços.

Descubra e registre.

Neamov/Shutterstock

1 L R$ 10,00

500 mL R$ 6,00

a) Todas as possibilidades de escolha das embalagens.

____

____

b) O preço de cada possibilidade. ______________________________

c) A possibilidade mais econômica. ______________________________

Saiba mais

Em um reservatório cúbico com arestas de 1 metro cabem 1 000 litros de água.

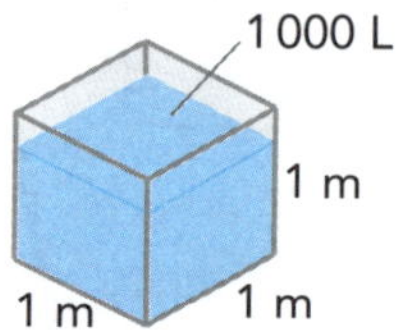

Explorar e Descobrir

As imagens não estão representadas em proporção.

Você vai representar reservatórios usando os cubinhos do material dourado. Cada cubinho vai representar um reservatório com capacidade de 1 000 litros.

Em cada item, construa os reservatórios descritos e responda às perguntas.

- Um reservatório com a forma de paralelepípedo e dimensões de 2 metros, 1 metro e 1 metro.

  a) Quantos cubinhos você usou? ____________________

  b) Quantos litros de água cabem nesse reservatório? ____________________

- Um reservatório com a forma de um cubo com arestas de 2 metros.

  a) Quantos cubinhos você usou? ____________________

  b) Quantos litros de água cabem nesse reservatório? ____________________

8 DESAFIO

ATIVIDADE EM DUPLA Hélio tem um vasilhame com capacidade de 5 litros e outro com capacidade de 3 litros.

Como ele deve fazer para que um deles fique com 1 litro de água dentro, usando apenas esses vasilhames?

Descubram a solução e depois confiram com as outras duplas.

AnchyShutterstock

3 litros. 5 litros.

____

____

____

____

____

Medidas de tempo

As imagens não estão representadas em proporção.

Horas, minutos e segundos

Estúdio Mil/Arquivo da editora

1 Complete as frases abaixo e a frase na ilustração da lousa com o que você já conhece.

Nos relógios de ponteiros, o ponteiro pequeno marca ______________________.

Como 1 dia tem ________ horas, as horas vão de 0 hora até ________ horas.

2 Observe os relógios de ponteiros e os relógios digitais.

a) Complete com o que falta.

Até o meio-dia, as horas vão de ________ a ________.

Ah! Ilustração/Arquivo da editora

Três horas (3 h).

Banco de imagens/Arquivo da editora

Do meio-dia até a meia-noite, as horas vão de ________ a ________.

12 + 3 = 15

Ah! Ilustração/Arquivo da editora

Quinze horas (15 h).

Banco de imagens/Arquivo da editora

b) Indique mais esses horários, como nos exemplos dados.

Até o meio-dia.

Ah! Ilustração/Arquivo da editora

____

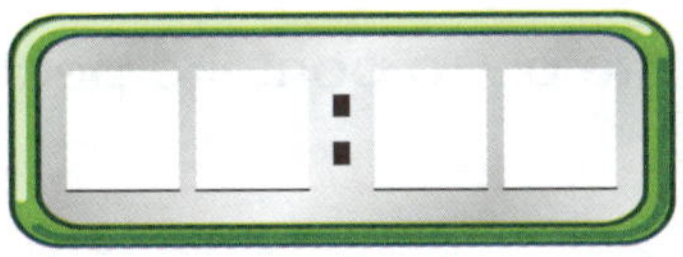
Banco de imagens/Arquivo da editora

Ah! Ilustração/Arquivo da editora

____

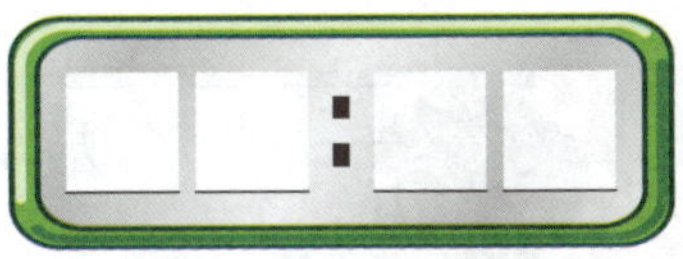
Banco de imagens/Arquivo da editora

Depois do meio-dia.

Ah! Ilustração/Arquivo da editora

____

____

Banco de imagens/Arquivo da editora

Ah! Ilustração/Arquivo da editora

____

____

Banco de imagens/Arquivo da editora

3 Carol estuda no período da tarde. Suas aulas terminam às 17 horas.
Desenhe no espaço ao lado um relógio de ponteiros e um relógio digital marcando esse horário.

Explorar e Descobrir

Destaque e monte o relógio da página 35 do **Ápis divertido** para resolver estas atividades.

- O que o ponteiro grande marca nos relógios de ponteiros? ______________
- Complete e faça a marcação no seu relógio.
  Para marcar 8 horas no seu relógio, você deve colocar o **ponteiro grande** no número ______ e o **ponteiro pequeno** no número ______.

As imagens não estão representadas em proporção.

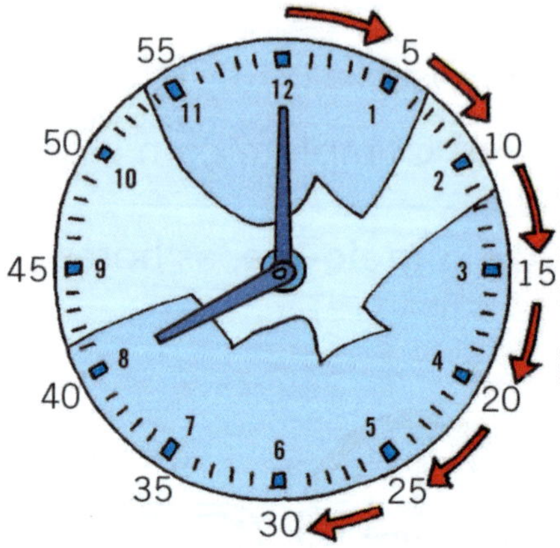

Ah! Ilustração/Arquivo da editora

- Para contar os minutos, observamos as marcas menores do relógio, como mostra a figura. Essas marcas não são numeradas.
  Pegue o relógio marcando 8 horas e gire o ponteiro grande até o número 1. Quantos minutos se passaram? ______________
- Complete: Agora o relógio está marcando ______________.
- Gire o ponteiro dos minutos até o 2. E agora, quantos minutos se passaram?
  ____
- Complete: Agora o relógio está marcando ______________.
- Gire o ponteiro dos minutos até o 7. Que horário o relógio está marcando?
  ____
- Quando o ponteiro grande "anda" do 2 até o 7, o ponteiro pequeno fica parado no 8? ______________
- Complete: A partir das 8 horas, quando o ponteiro grande der 1 volta completa no relógio, terão se passado ______ minutos, e o ponteiro pequeno estará no ______.
- Agora, ajude Felipe a completar a informação que está na ilustração da lousa.

Douglas Galindo/Arquivo da editora

4 Observe o relógio abaixo e veja como podemos indicar o horário que ele está marcando, em horas e minutos.

As imagens não estão representadas em proporção.

Antes do meio-dia: 9:30 ou 9 h 30 min

Lemos: Nove horas e trinta minutos ou nove e trinta.

Depois do meio-dia: 21:30 ou 21 h 30 min

Lemos: Vinte e uma horas e trinta minutos ou vinte e uma e trinta.

Veja mais um exemplo e registre os demais horários. Depois, leia com os colegas os horários indicados.

- Antes do meio-dia.

7 h 20 min
ou
7:20

a)

b)

c)

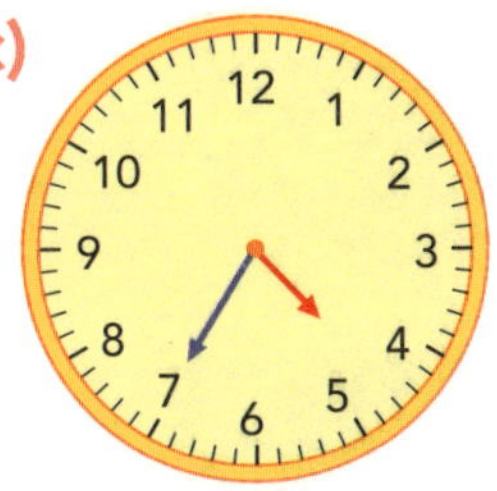

- Depois do meio-dia.

21 h 22 min
ou
21:22

a)

b)

c)

5 Para cada horário indicado no relógio digital, desenhe um relógio com os ponteiros na posição correta.

a)

ronstik/Shutterstock

b)

ronstik/Shutterstock

6 Quando os minutos passam dos 30, temos mais uma forma de dizer os horários. Veja os exemplos e faça os demais itens.

Dmitry Zimin/Shutterstock

3 horas e 40 minutos.
Faltam 20 minutos para as 4 horas ou vinte para as quatro.

ronstik/Shutterstock

6 horas e 55 minutos.
Faltam 5 minutos para as 7 horas ou cinco para as sete.

a)

Dmitry Zimin/Shutterstock

b)

ronstik/Shutterstock

c)

Dmitry Zimin/Shutterstock

______________ ______________ ______________

______________ ______________ ______________

______________ ______________ ______________

7 Escreva os horários com algarismos.

a) Nove horas da noite. ______________

b) Oito e meia da manhã. ______________

c) Cinco e quarenta da tarde. ______________

d) Quinze para as três da madrugada. ______________

e) Seis para as duas da tarde. ______________

f) Cinco para a meia-noite. ______________

ThavornC/Shutterstock

As imagens não estão representadas em proporção.

8 Responda rapidamente!

A qual dos itens da atividade 7 corresponde o relógio acima? __________

9 **ATIVIDADE ORAL**

Em algumas situações, a medida de tempo deve ser dada com bastante precisão. Nesses casos, além da hora e do minuto, também é usado o **segundo**. Um exemplo de situação desse tipo são as competições de natação. Converse com os colegas sobre outras competições em que isso acontece.

10 O relógio ao lado tem o ponteiro das horas (preto), dos minutos (verde) e dos segundos (vermelho).
A volta toda tem 60 divisões, e o ponteiro dos segundos dá 1 volta completa em 1 minuto. Complete as sentenças.

Dmitry Zimin/Shutterstock

a) 1 hora tem ________ minutos.

b) 1 minuto tem ________ segundos.

11 O relógio da atividade anterior está marcando, antes do meio-dia: **5 horas, 10 minutos e 45 segundos**, que indicamos **5 h 10 min 45 s**

Escreva o horário marcado nos relógios abaixo, antes do meio-dia.

a)

Dmitry Zimin/Shutterstock

_____ h _____ min _____ s

b)

Dmitry Zimin/Shutterstock

____

12 Calcule e complete.

a) Em 1 hora e meia há ________ minutos.

b) A quarta parte de 1 dia corresponde a ________ horas.

c) 2 minutos e meio correspondem a ________ segundos.

O que é, o que é?
São 12 irmãs,
cada uma tem seu quarto,
cada uma tem sua meia,
mas nenhuma tem sapato.

O tempo no seu dia a dia

1 ESTIMATIVAS: QUANTO TEMPO LEVA?

a) Mariana gasta cerca de 20 minutos para almoçar. E quanto tempo você gasta, aproximadamente, para almoçar? ____________________

Estúdio Mil/Arquivo da editora

b) Assinale a opção que corresponde à melhor estimativa de tempo para cada atividade.

Dormir durante a noite.

- [ ] 40 minutos.
- [ ] 9 horas.
- [ ] 4 horas.

Apontar um lápis.

- [ ] 1 minuto.
- [ ] 1 hora.
- [ ] 10 minutos.

Tomar banho.

- [ ] 1 minuto.
- [ ] 1 hora.
- [ ] 10 minutos.

Assistir a um programa de tevê.

- [ ] 1 minuto.
- [ ] 10 horas.
- [ ] 1 hora.

Dar 6 passos.

- [ ] 5 minutos.
- [ ] 5 segundos.
- [ ] 5 horas.

Escovar os dentes.

- [ ] 3 minutos.
- [ ] 3 horas.
- [ ] 30 minutos.

2 ATIVIDADE ORAL EM GRUPO O que podemos fazer em 1 minuto? E em 10 minutos?

3 Responda.

a) Como você vai de sua casa à escola? Quantos minutos você gasta, aproximadamente, nesse percurso? ____________________

b) Se você sair de sua casa às 10 h 20 min, então a que horas chegará, aproximadamente, à escola? ____________________

O dia, a semana, o mês e o ano

Você já sabe que podemos medir o tempo em horas, minutos e segundos. Há outras unidades de medida da grandeza tempo que você também já deve conhecer: **dia**, **semana**, **mês**, **ano**, **década**, **século**, **milênio**, etc.

1 Complete.

a) 1 dia tem ______ horas.

b) 1 semana tem ______ dias.

c) 1 mês tem, aproximadamente, ______ semanas.

d) 1 ano tem ______ meses.

O que é, o que é?
Ontem era amanhã e amanhã será ontem.

As imagens não estão representadas em proporção.

2 E quantos dias tem 1 ano?

Estúdio Mil/Arquivo da editora

a) Quem você acha que está certo: Ivo ou Leila? ____________

Os dois estão certos! Veja como justificar cada afirmação.

Ano é o tempo que a Terra leva para dar 1 volta completa em torno do Sol (movimento de translação da Terra). O ano tem aproximadamente 365 dias e 6 horas.

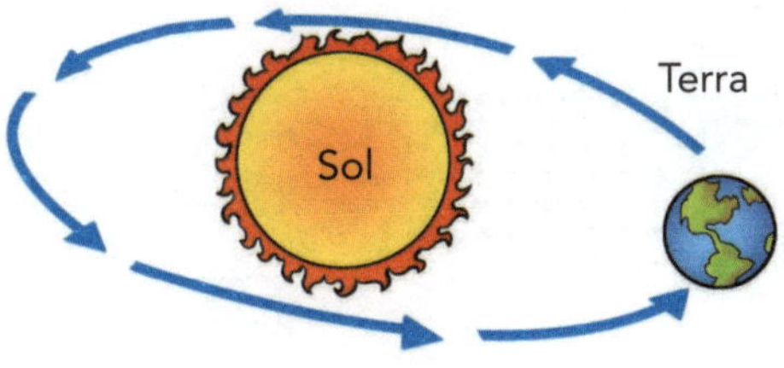

Estúdio Mil/Arquivo da editora

Se juntarmos essas 6 horas durante 4 anos, teremos mais 1 dia ($4 \times 6 = 24$ e 24 horas = 1 dia). Por isso, de 4 em 4 anos, acrescenta-se 1 dia ao mês de fevereiro, que fica com 29 dias.

Esse ano fica com 366 dias e é chamado **ano bissexto**.

b) O ano 2016 foi bissexto. Quais serão os 5 anos bissextos seguintes a ele?

____

Saiba mais

Suas mãos podem ajudar a descobrir se o mês tem 31 dias ou menos. Veja ao lado.

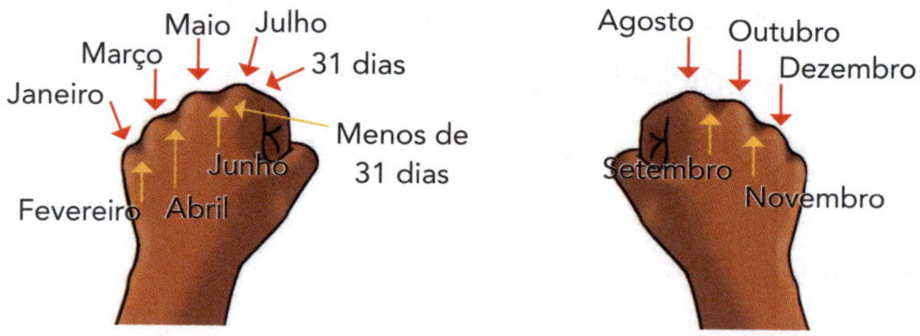

Estúdio Mil/ Arquivo da editora

3 Com o auxílio de suas mãos, pratique um pouco. Depois, escreva quais meses têm exatamente a quantidade de dias indicada.

a) 30 dias. ______

b) 31 dias. ______

c) 28 ou 29 dias. ______

Saurav022/Shutterstock

4 Teste seus conhecimentos. Responda e depois confira com os colegas.

a) Quantos meses tem 1 bimestre? E 1 trimestre?

______

b) Como se chama um período de 6 meses?

______

c) Que meses formam o quinto bimestre do ano?

______

d) Janeiro é o mês 1. E março? E agosto? E dezembro?

______

e) Qual é o mês 4 do ano? E o mês 10?

______

5 Calcule e registre quantos dias são.

a) Em março e abril juntos. ______

b) Em julho e agosto juntos. ______

c) Em setembro, outubro e novembro juntos. ______

d) O mês de maio e a 1ª semana de junho juntos. ______

6 Veja como podemos indicar a data oito de novembro de dois mil e dezessete.

8/11/2017 ou 8/11/17

a) Indique a data doze de maio de dois mil e dezoito. ______

b) Complete: 25/2/16 indica a data ______

______.

7 Escreva com símbolos e por extenso o dia e o mês de cada comemoração.

a) Dia do Índio. ______

b) Dia do Professor. ______

c) Dia Nacional da Consciência Negra. ______

d) Dia da Criança. ______

8 Escreva a data do seu nascimento apenas com algarismos.

______ / ______ / ______

Ilustrações: Estúdio Mil/Arquivo da editora

9 Complete a informação que Ana escreveu na lousa e, em seguida, as demais datas.

Ontem foi dia ______.

Depois de amanhã será dia ______.

Daqui a uma semana será dia ______.

Daqui a um ano será dia ______.

10 **DESAFIO**

Oscar é 4 dias mais velho do que sua prima Alice.
Alice nasceu no dia 3/1/2004.

Em que dia Oscar nasceu? ______

11 Nesta árvore do tempo estão registrados o ano de nascimento de Cristina e os de seus pais.

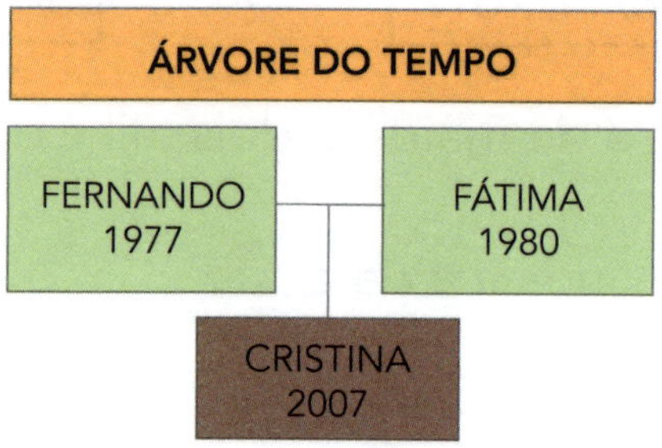

a) Quantos anos o pai de Cristina completou no ano em que ela nasceu? E a mãe? ______________________________

b) Que idade Cristina completou ou completará neste ano? E seu pai? E sua mãe? ______________________________

c) Em que séculos nasceram Cristina e seus pais? Indique com símbolos romanos.

____

12 **PESQUISA**

Consulte seus familiares para obter as informações necessárias.

Construa sua árvore do tempo: você, sua mãe, seu pai, seus avós maternos e paternos, com os anos de nascimento. Depois, invente e responda perguntas sobre ela.

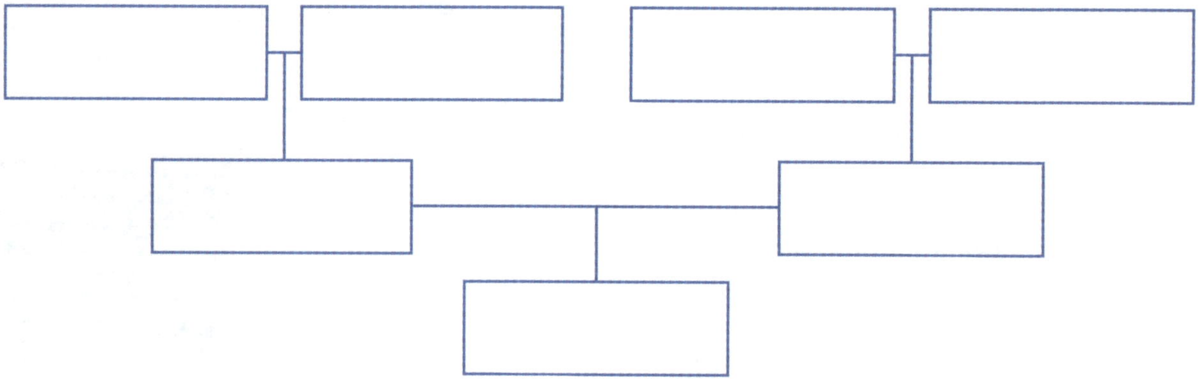

13 **CONSULTA AO DICIONÁRIO!**

Descubra quantos anos tem cada período e complete.

a) Década: ______________

b) Biênio: ______________

c) Triênio: ______________

d) Quinquênio: ______________

e) Século: ______________

f) Milênio: ______________

O uso do calendário

Saurav022/Shutterstock

1 Para fazer anotações em sua agenda, Bárbara consultou o calendário ao lado. Ajude-a descobrindo e anotando as datas.

a) 1 semana depois de 5 de outubro. ______

b) 2 semanas antes de 31 de outubro. ______

c) 10 dias depois de 15 de novembro. ______

d) 12 dias antes de 25 de dezembro. ______

e) 3 semanas depois de 4 de novembro. ______

2 Dárcio trabalha em uma empresa e recebeu um valor suficiente de vale-transporte para usar durante 4 semanas. Ele começou a usar em 13 de outubro. Até quando ele terá vale para usar? ______

3 Dezembro de 2010 foi o último mês da primeira década do século XXI. Nesse ano, o dia de Natal caiu em um sábado. Complete o calendário ao lado e depois responda.

Dezembro – 2010						
D	S	T	Q	Q	S	S

a) Qual foi o último dia dessa década?

______

b) Em que dia da semana caiu esse dia? ______

c) Qual foi o primeiro dia dessa década? ______

d) Em que dia começou e em que dia acabará a segunda década do século XXI?

______

4 **DESAFIO**

Quando escrevemos o nome dos 12 meses do ano, só 6 letras do nosso alfabeto de 26 letras não são usadas. Quais são elas? ______

Medida de temperatura

As imagens não estão representadas em proporção.

São muitas as situações do dia a dia nas quais utilizamos a medida da grandeza **temperatura**. Veja algumas.

No Brasil, para medir a temperatura usamos como unidade de medida o grau Celsius (°C).

O instrumento que usamos para medir a temperatura é o termômetro.

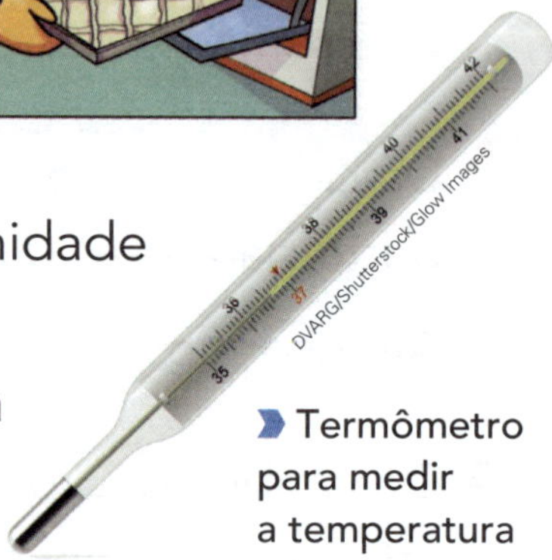

Termômetro para medir a temperatura corporal.

Saiba mais

Consideramos que uma pessoa está com febre quando a medida de sua temperatura é maior do que 37 °C.

1 PESQUISA

Responda às questões referentes à medida de temperatura. No item **d**, pesquise para obter a resposta.

a) No geral, as temperaturas são mais altas no verão ou no inverno? ____________

b) Quando uma medida de temperatura passa de 12 °C para 21 °C, dizemos que ela subiu ou baixou? Quantos graus Celsius? ____________

c) No Brasil, as temperaturas registradas na região Nordeste geralmente são mais altas ou mais baixas do que as registradas na região Sul? ____________

d) Qual é a medida da temperatura na qual a água passa do estado líquido para o estado sólido (gelo)? ____________

2 Veja neste gráfico as temperaturas mínima e máxima registradas em uma cidade, em cada dia de uma semana.

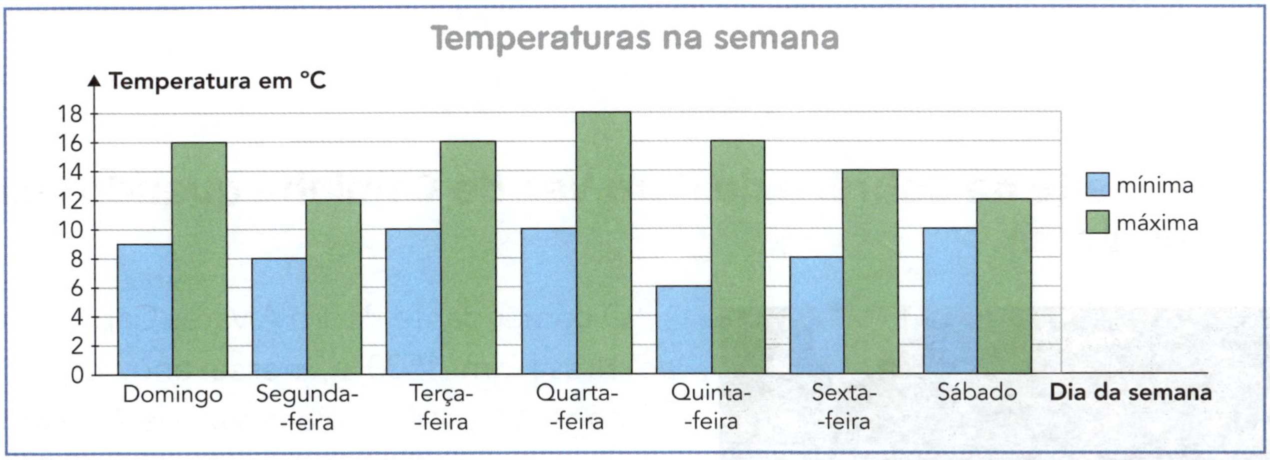

Banco de imagens/Arquivo da editora

Gráfico elaborado para fins didáticos.

a) Qual foi a medida de temperatura mínima registrada nessa semana?

Em que dia? ____________________

b) E qual foi a medida de temperatura máxima registrada nessa semana?

Em que dia? ____________________

c) Em qual dia dessa semana a medida de temperatura máxima foi 14 °C?

____

d) Qual foi a medida de temperatura mínima registrada no domingo? ________

e) Qual foi a diferença entre as medidas de temperatura máxima e mínima registradas na segunda-feira? ________

f) Qual foi a medida de temperatura máxima registrada com maior frequência nessa semana? Quantas vezes ela foi registrada? E em quais dias da semana?

____

3 **PESQUISA**

ATIVIDADE ORAL EM GRUPO Descubra e, depois, converse com os colegas sobre as seguintes questões.

a) O que é o processo chamado **aquecimento global**?

____

b) Que fatores estão sendo responsáveis por ele (causas)? Cite 2 deles.

____

A idade de Cabral e de Pero Vaz de Caminha quando vieram ao Brasil

O comandante Pedro Álvares Cabral chegou ao Brasil em 1500 e, nesse ano, completou 33 anos. O escrivão Pero Vaz de Caminha foi quem redigiu a famosa carta que conta em detalhes como era a "nova terra". Nesse mesmo ano ele completou 50 anos e já era avô.

Ambos, e toda sua frota, passaram por uma longa viagem de 44 dias entre Lisboa, capital de Portugal, e Porto Seguro, na atual Bahia, onde desembarcaram.

Pero Vaz de Caminha lê para o comandante Pedro Álvares Cabral, o Frei Henrique de Coimbra e o mestre João a carta que será enviada ao rei D. Manuel I. Obra do pintor brasileiro Francisco Aurélio de Figueiredo e Melo (1854-1916), pintada em 1900.

1 Use as informações do texto e responda.

a) Em que ano Pedro Álvares Cabral nasceu? E Pero Vaz de Caminha?

____

b) Qual é a diferença entre a idade que Pero Vaz de Caminha e Pedro Álvares Cabral completaram em 1500? ___________________

c) A esquadra de Cabral chegou ao Brasil no dia 22 de abril de 1500. Qual foi a data de partida de Portugal? ___________________

2 Leia um trecho da famosa carta escrita por Caminha ao rei de Portugal e que é considerada o primeiro documento escrito da história do Brasil.

Carta de Pero Vaz de Caminha a El Rei D. Manuel

Primeiro de maio de 1500

"Senhor:

Posto que o capitão-mor desta vossa frota e assim os outros capitães escrevam a Vossa Alteza [sobre] a nova do achamento desta vossa nova terra, que nesta navegação ora se achou, não deixarei também de dar minha conta disso a Vossa Alteza, como eu melhor puder."

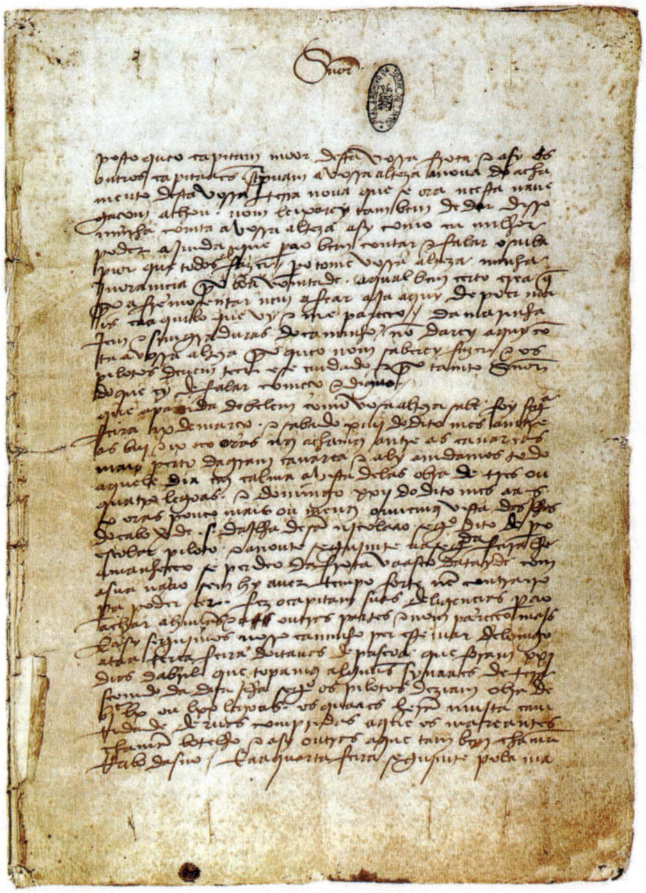

Carta de Pero Vaz de Caminha ao rei D. Manuel.

a) Pero Vaz de Caminha escreveu uma carta para comunicar-se com o rei de Portugal. Como você acha que a carta foi levada ao rei naquela época?

____

b) Você já escreveu uma carta para alguém? ______________

c) Como fazemos para que uma carta chegue ao seu destino?

____

d) A carta é um meio de comunicação. Atualmente, utilizamos outros meios de comunicação. Liste pelo menos mais três.

____

e) Você achou a linguagem da carta muito diferente da que usamos hoje em dia? Você achou essa linguagem fácil ou difícil de entender?

____

BRINCANDO TAMBÉM APRENDO

JOGO PARA 2 PARTICIPANTES.

Adiantando e atrasando o relógio

Cada participante faz as anotações nos quadrinhos do seu livro.

Material necessário
- 1 dado

12:00 → ☐ → ☐ → ☐ → ☐ → ☐

Horário final.

Descrição do que cada jogador deve fazer em uma rodada:

- Jogar o dado e verificar o valor obtido na face de cima.
- Consultar a mudança de horário correspondente (ver figuras abaixo).
- Anotar o horário no quadro imediatamente à direita do que já está preenchido.

Após o preenchimento de todos os quadros, vencerá o jogo quem tiver o horário final "mais adiantado" de um mesmo dia.

Valores e mudanças correspondentes:

Ilustrações: Banco de imagens/Arquivo da editora

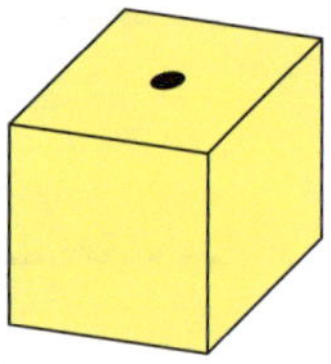

Adianta 2 horas.

Atrasa 2 horas.

Adianta meia hora.

Atrasa meia hora.

Adianta 1 hora e meia.

Atrasa 1 hora e meia.

Exemplos de jogada:

12:00 → 11:30

Atrasa meia hora.

10:30 → 12:30

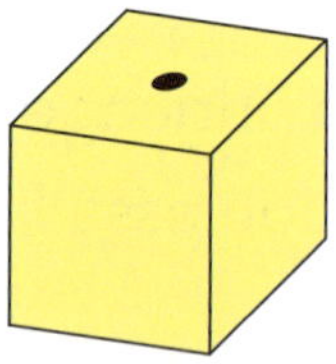

Adianta 2 horas.

Mais atividades e problemas

1 Complete as afirmações sobre as trocas que podemos fazer.

a) 1 nota de R$ 100,00 por ______ notas de R$ 20,00.

b) 1 moeda de R$ 1,00 por ______ moedas de 25 centavos.

c) 1 nota de R$ 20,00 por 4 notas de R$ ______.

2 Paula e seu irmão estão vendo desenhos animados na TV. A duração de cada desenho animado é 15 minutos.

Estúdio Mil/Arquivo da editora

Calcule e responda.

a) Quantos desenhos eles podem ver em 1 hora? ______________

b) E em 1 hora e meia? ______________

3 Escreva a palavra correspondente a cada símbolo de unidade de medida. Em seguida, escreva 5 frases em que apareçam essas palavras com o significado correto. Atenção: use 1 palavra em cada frase.

h	kg	L	min	t
______	______	______	______	______

4 O filme a que Lucas e Ivo foram assistir durou 103 minutos. Veja o que cada um respondeu quando Marcelo perguntou a eles qual foi a duração do filme.

Lucas.

Ivo.

Ilustrações: Estúdio Mil/ Arquivo da editora

Qual deles respondeu corretamente? Justifique.

____

5 Responda.

a) São 9 horas. Nesse horário, em que número do relógio de ponteiros está o ponteiro das horas?

E o dos minutos? ____________

b) Nilo gasta 20 minutos para ir da sua casa até a escola. Ele saiu às 7 h 10 min de casa. A que horas ele chegará à escola? ____________

c) Gilda saiu de casa às 16:45. Ela chegou ao supermercado 9 minutos mais tarde. Fez compras durante 30 minutos e gastou mais 8 minutos para voltar para casa. A que horas ela chegou a sua casa?

____

d) Denise saiu de casa às 7 h 45 min e chegou à casa de sua amiga Ana às 8 h 10 min. Quanto tempo ela gastou no trajeto? ____________

stoyanh/Shutterstock

Torre Elizabeth (Elizabeth Tower), em Londres, na Inglaterra, onde se encontram o sino Big Ben e um dos relógios mais famosos do mundo. Foto de 2016.

6 **ESTIMATIVA E CALCULADORA**

a) Faça uma estimativa e registre.
O número de minutos em 1 semana está mais próximo de 20 000, 10 000, 7 000 ou 1 000? ____________

b) Agora, use uma calculadora, descubra o valor exato e complete: 1 semana tem ________ minutos.

c) Sua estimativa foi correta? ____________

7 Na aula de Ciências, o professor falou da importância de manter a medida da massa (ou "peso") adequada, conforme a idade, a altura e o sexo da pessoa, para evitar problemas de saúde.

Em casa, Paulo fez uma pesquisa com seus familiares para conhecer o "peso" de cada um. Em seguida, ele construiu o gráfico abaixo.

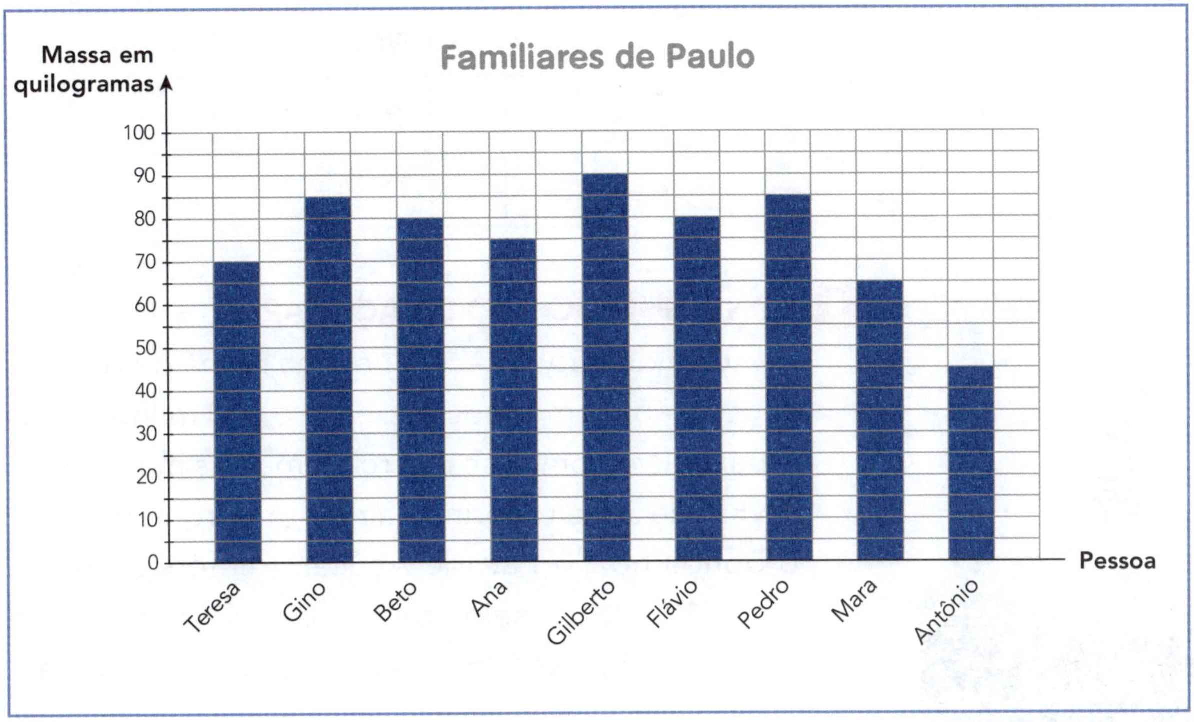

Gráfico elaborado para fins didáticos.

Complete as afirmações de acordo com o gráfico.

a) Mara pesa ______ kg e __________ pesa 70 kg.

b) A pessoa com maior massa é __________, que pesa ______ kg.

c) Beto e __________ têm "pesos" iguais (______ kg).

d) Mara pesa 10 kg a menos que __________.

e) Juntos, Teresa e Antônio pesam ______ kg.

f) __________ pesa o dobro de __________.

g) A diferença entre os "pesos" de Pedro e Teresa é ______ kg.

h) Os "pesos" de Ana (______ kg), Mara (______ kg), Gino (______ kg) e Antônio (______ kg), colocados em ordem crescente, ficam assim:

______, ______, ______, ______.

i) Se Gilberto emagrecer 7 kg, então ele ficará com ______ kg.

8 CRUZADINHA

Preencha a cruzadinha.

a) Número de dias da semana.

b) Instrumento usado para medir o tempo.

c) Pode ter 28, 29, 30 ou 31 dias.

d) Relógio de areia.

e) Período de 12 meses.

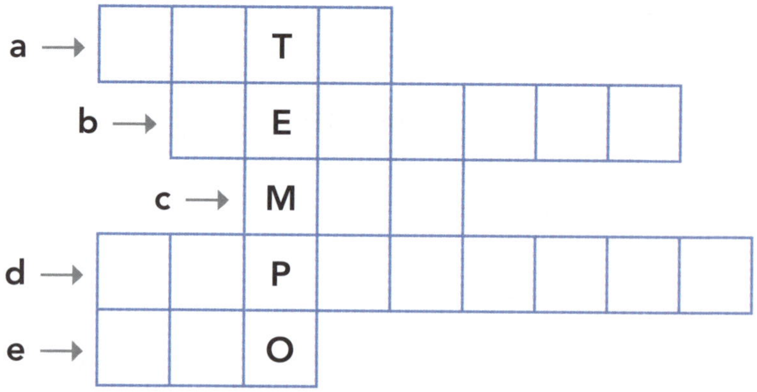

João Prudente/Pulsar Imagens

Vista do bondinho do Pão de Açúcar no Rio de Janeiro. Foto de 2017.

9 BONDINHO DO PÃO DE AÇÚCAR

O morro do Pão de Açúcar é uma rocha de granito, sem vegetação, com idade superior a 600 milhões de anos. A paisagem com esse morro é uma das mais conhecidas do Rio de Janeiro, principalmente porque podemos ver o bondinho do Pão de Açúcar, teleférico inaugurado em 1912. Os passeios de bondinho podem ser feitos, diariamente, das 8 h até às 21 h, com saídas de 20 em 20 minutos.

Fonte de consulta: BONDINHO. Disponível em: <www.bondinho.com.br/historia-e-curiosidades/>. Acesso em: 24 abr. 2017.

a) Quantas viagens o bondinho faz em 1 hora? ____________________

b) E quantas viagens ele faz em 1 dia? ____________________

c) Em que horário tem início a 5ª viagem do dia? ____________________

d) Há quantos anos foi inaugurado o bondinho? ____________________

e) Agora, complete com o número escrito usando todos os algarismos.

O morro do Pão de Açúcar é uma rocha que tem idade superior a

_______________ de anos.

10 TESTES ENVOLVENDO MEDIDAS

As imagens não estão representadas em proporção.

Assinale o que é pedido em cada item.

a) Quantos minutos temos das 11 h 40 min até às 12 h 15 min de um mesmo dia?

Jótah Ilustrações/Arquivo da editora

☐ 45 minutos. ☐ 35 minutos.

☐ 20 minutos. ☐ 25 minutos.

b) Alfredo pagou R$ 7,00 em 250 g de queijo. Quanto ele vai pagar ao comprar 500 g do mesmo queijo?

Félix Reiners/Arquivo da editora

☐ R$ 8,00 ☐ R$ 10,00 ☐ R$ 12,00 ☐ R$ 14,00

c) Cada embalagem de caixinha de suco tem 300 mL de suco.
Quantas caixinhas é preciso comprar, no mínimo, para encher uma jarra com capacidade de 1 L?

☐ 3 caixinhas. ☐ 2 caixinhas.

☐ 5 caixinhas. ☐ 4 caixinhas.

Banco de imagens/Arquivo da editora

Caixinha de suco.

11 Para facilitar alguns cálculos, é comum considerar todo o mês com 30 dias. É o chamado **mês comercial**.
Use esse valor e complete.

a) 1 ano comercial. ⟶ ________ dias.

b) 2 meses e 15 dias. ⟶ ________ dias.

c) 120 dias. ⟶ ________ meses.

d) 1 ano e 3 meses. ⟶ ________ meses. ⟶ ________ dias.

e) 2 anos e meio. ⟶ ________ meses. ⟶ ________ dias.

f) 80 dias. ⟶ ________ meses e ________ dias.

g) 1 ano, 5 meses e 10 dias. ⟶ ________ dias.

12 O golfinho-nariz-de-garrafa ou golfinho-comum é um mamífero aquático que nada a aproximadamente 40 km/h (quarenta quilômetros por hora) e dorme cerca de 8 horas por dia.

Veja o quadro abaixo com mais alguns dados sobre o golfinho-nariz-de-garrafa.

Palmenpep/Shutterstock/Glow Images

Golfinhos-nariz-de-garrafa.

Comprimento	"Peso"	Longevidade	Alimentação diária	Período de gestação
Entre 2 e 4 metros.	Cerca de 500 kg.	12 a 40 anos.	Por volta de 8 kg a 15 kg de lulas, camarões, enguias e outros peixes.	12 meses.

a) Use as informações dadas e responda. Quanto pesam aproximadamente 3 golfinhos juntos? ____________

b) 3 golfinhos juntos têm 79 anos. O golfinho mais velho tem 35 anos e o mais novo, 17. Qual é a idade do outro golfinho? ____________

c) Se o golfinho menor da foto come 8 kg de lulas, camarões, enguias e outros peixes, e os outros 2 golfinhos comem 13 kg cada um, então quantos quilogramas os 3 juntos comem por dia? ____________

d) Um golfinho nadou durante 2 horas sem parar.
Quantos quilômetros ele nadou aproximadamente? ____________

e) Finalmente, contorne nas frases a seguir as medidas que não estão de acordo com as informações dadas acima.

> Um golfinho de 60 anos de idade tem 3 metros de comprimento e demorou 12 meses para nascer. Certo dia ele comeu 35 kg de lulas, camarões, enguias e outros peixes e dormiu por 15 horas.

13 DESAFIO

Responda sem olhar em um calendário.

a) Se o dia 1º de um mês de 31 dias cair em uma quarta-feira, então quais dias desse mês também vão cair na quarta-feira? ______________________

b) Se o dia 30 de um mês cair em um domingo, então quais dias desse mês também vão cair no domingo? ______________________

14 DIREITOS DO CONSUMIDOR

Quando compramos algum produto alimentício, precisamos estar atentos às datas de fabricação e de vencimento que devem aparecer nas embalagens.

a) Preencha o quadro conforme o exemplo da 1ª linha.

As imagens não estão representadas em proporção.

Seregam/Shutterstock/Glow Images

Banco de imagens/Arquivo da editora

Andy Lidstone/Shutterstock/Glow Images

Banco de imagens/Arquivo da editora

Produto	Data de fabricação	Validade	Data de vencimento
Pão de forma	7/11/17	12 dias	19/11/17
Ricota	28/7/17	5 dias	
Leite em pó	7/2/17		7/8/18
Palmito		2 anos	19/6/18

b) ATIVIDADE ORAL Qual é a importância das datas nas embalagens dos produtos? Seus familiares costumam verificar as datas de fabricação e vencimento dos produtos quando fazem compras? Você costuma estar atento a elas também? Por que a validade é diferente de um produto para outro?

VAMOS VER DE NOVO?

1 POSSIBILIDADES

As imagens não estão representadas em proporção.

Elaine Willcock/Shutterstock/Glow Images
Tony Magdaraog/Shutterstock/Glow Images
Ambrophoto/Shutterstock/Glow Images

Morango, mamão e laranja.

Márcia quer fazer um suco com 2 frutas diferentes.
Ela tem 3 frutas: morango, mamão e laranja.

a) Quais são as possibilidades de combinar 2 frutas no suco? ____________________

b) Quantas são essas possibilidades? ____________________

c) E se fossem 5 frutas, então quantas possibilidades seriam?

____

2 ESTIMATIVA

Banco de imagens/ Arquivo da editora

a) Qual você acha que é o perímetro desta região retangular? __________

b) Meça, calcule e registre. __________

3 DESLOCAMENTO E LOCALIZAÇÃO

Pinte no desenho um percurso que leve o beija-flor até a flor.
Mas atenção: o percurso deve ter 15 quadrinhos e deve passar por pelo menos 1 quadrinho em cada linha.

As imagens não estão representadas em proporção.

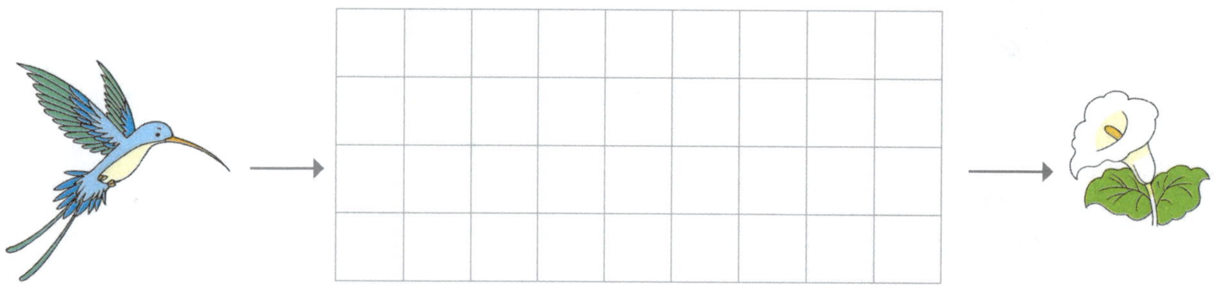

Estúdio Mil/Arquivo da editora

4 QUEM SÃO ELES?

Descubra e complete.
Juntos somam 40. A diferença entre eles é 10.

Os números são ______ e ______.

Estúdio Mil/Arquivo da editora

5 Em suas viagens, uma companhia aérea permite que cada passageiro leve uma bagagem de mão com no máximo 5 quilogramas. Se a bagagem tiver a forma de um paralelepípedo, então também deve-se levar em conta a soma das medidas de suas 3 dimensões e se a viagem é nacional ou internacional.

a) **ATIVIDADE ORAL** Qual é a diferença entre uma viagem nacional e uma viagem internacional?

b) **ATIVIDADE ORAL** O que significa dizer que uma medida tem **no máximo** 5 kg?

c) Para viagens no Brasil, a soma das medidas das 3 dimensões nessa companhia aérea deve ser, no máximo, 115 cm.
Jorge pretende comprar uma mala de mão para levar na sua viagem de Brasília a Recife (Pernambuco). Ele tem as opções abaixo. Registre as malas que Jorge pode comprar. ______

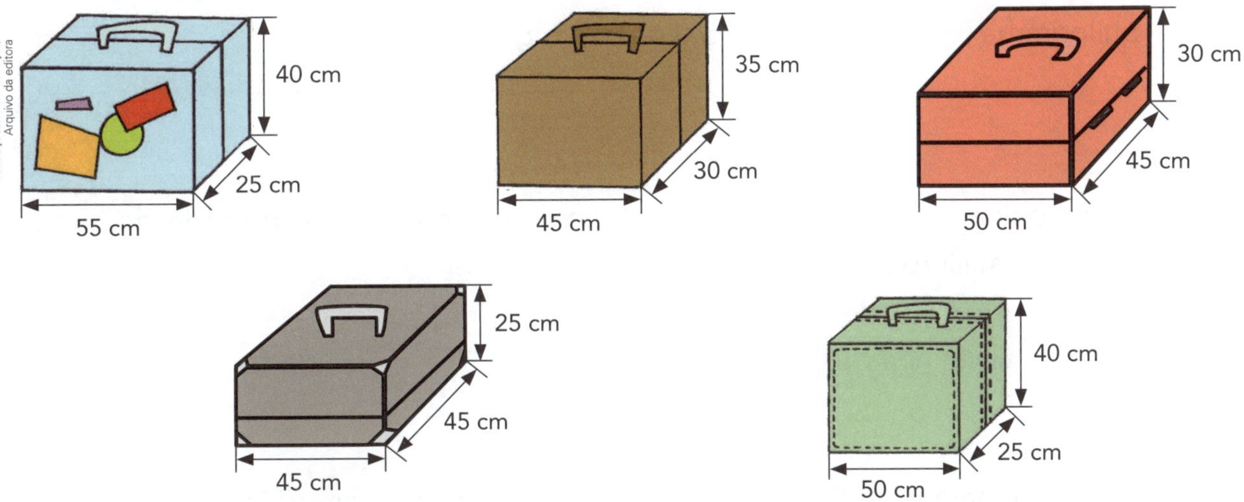

Ilustrações: Ah! Ilustração/Arquivo da editora

d) Em viagens internacionais, a soma das medidas das 3 dimensões nessa companhia aérea pode ser, no máximo, 125 cm. Que malas Jorge pode escolher para viajar de Brasília para Buenos Aires, na Argentina?

______

______

e) Marina vai fazer uma viagem de Recife (Pernambuco) até Porto Alegre (Rio Grande do Sul). Sua bagagem de mão tem a forma de paralelepípedo, seu comprimento mede 60 cm e sua largura mede 30 cm. Qual deve ser sua altura para que a bagagem seja a maior possível? ______

O QUE ESTUDAMOS

As imagens não estão representadas em proporção.

Ilustrações: Estúdio Mil/Arquivo da editora

Começamos com o estudo das medidas de 2 importantes grandezas: massa e capacidade.

Quando verificamos o nosso "peso", estamos utilizando uma medida de massa.

Quando verificamos na receita quanto de leite devemos colocar para fazer um bolo, estamos utilizando uma medida de capacidade.

Trabalhamos com diferentes unidades padronizadas de medida de massa: grama (g), quilograma (kg), tonelada (t) e miligrama (mg).

Nos açougues a carne é vendida em gramas e em quilogramas.

Trabalhamos também com unidades padronizadas de medida de capacidade: litro (L) e mililitro (mL).

A caixa-d´água de uma residência pode ter capacidade para 1 000 L.

Uma garrafinha de água costuma ter 500 mL de capacidade.

Relacionamos unidades de medida de uma mesma grandeza.

1 kg = 1 000 g   1 t = 1 000 kg   1 g = 1 000 mg   1 L = 1 000 mL

Estudamos também medidas de tempo, vendo inicialmente como ler e representar os horários antes e depois do meio-dia.

- Antes do meio-dia: 8 horas e 15 minutos ou oito e quinze.
  Representação: 8:15 ou 8 h 15 min
- Depois do meio-dia: 20 horas e 15 minutos ou vinte e quinze.
  Representação: 20:15 ou 20 h 15 min

Vladyslav Danilin/Shutterstock/Glow Images

As imagens não estão representadas em proporção.

Usamos diferentes unidades padronizadas de medida de tempo: hora, minuto, segundo, dia, semana, mês, ano, década, século, milênio e outras.

Vladyslav Danilin/Shutterstock/Glow Images

- Este relógio está marcando 7 horas, 25 minutos e 50 segundos ou 7 h 25 min 50 s.
- O mês de maio tem 31 dias.
- 1 milênio corresponde a 1 000 anos ou 100 décadas ou 10 séculos.

Trabalhamos com o calendário, identificando com ele os dias, as semanas, os meses e o ano como unidades de medida de tempo.

Richard Laschon/Shutterstock/Glow Images

- O dia 7 de março de 2018 foi a primeira quarta-feira do mês.
- O último domingo do mês caiu no dia 25/3/18.

Estudamos a grandeza temperatura, a unidade de medida usada no Brasil (°C) e seu instrumento de medida (termômetro).

Resolvemos problemas que envolvem as medidas das grandezas estudadas.

- Se dona Elisa pagou R$ 48,00 por 2 kg de carne, então quanto ela pagaria por meio quilograma? R$ 12,00

$$48 \div 2 = 24 \qquad 24 \div 2 = 12$$

- Se uma torneira despeja 30 litros de água por minuto, então quantos litros ela despeja em 20 segundos? 10 litros

$$20 = 60 \div 3 \qquad 30 \div 3 = 10$$

- A medida da temperatura era 15 °C às 8 h e passou para 22 °C às 12 h. Qual foi a variação da medida de temperatura nesse período? Subiu 7 °C.

$$22 - 15 = 7$$

- Você costuma reservar um horário para a lição de casa?
- Você tem sido pontual na hora de ir para a escola? Lembre-se: ser pontual significa respeitar as obrigações e as pessoas com quem marcamos um compromisso!

Unidade 4

Adição e subtração com números naturais

Maisa Shigematsu/Arquivo da editora

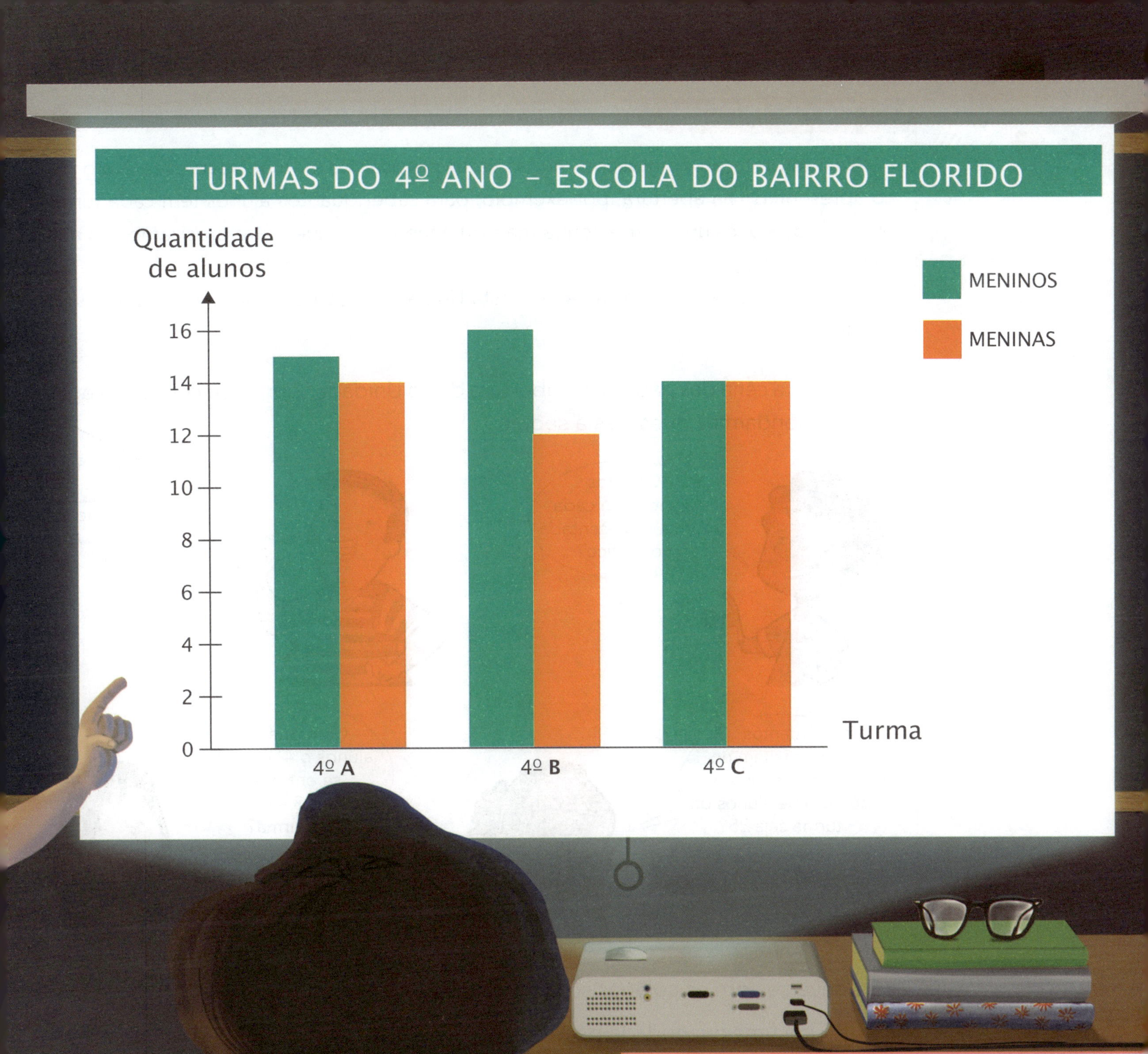

- O que as crianças estão fazendo nesta cena?
- Que recurso da estatística aparece nesta cena?
- Como estão diferenciadas a quantidade de meninos e a quantidade de meninas nesse recurso?

Para iniciar

Na interpretação de gráficos, muitas vezes precisamos efetuar operações. No gráfico apresentado na abertura, por exemplo, para saber quantos alunos tem cada turma ou quantos alunos uma turma tem a mais ou a menos do que outra precisamos da adição e da subtração.

Essas operações serão retomadas nesta Unidade e, como sempre, seu estudo será ampliado.

- Analise a cena das páginas de abertura desta Unidade. Converse com os colegas e respondam às questões a seguir.

Ilustrações: Estúdio Mil/Arquivo da editora

As imagens não estão representadas em proporção.

- Converse com os colegas sobre mais estas questões.

a) Tirar uma quantidade de outra, verificar quanto uma quantidade tem a mais do que outra, descobrir quanto falta a uma quantidade para completar outra e separar uma quantidade são ideias de que operação?

Reprodução/Casa da Moeda do Brasil/Ministério da Fazenda

b) Que operação devemos efetuar para saber o valor destas 3 moedas juntas? Qual é esse valor?

c) Carlos vai percorrer uma distância de 300 km com seu carro. Ele já percorreu 150 km de manhã e 100 km à tarde. Então, quantos quilômetros ainda faltam para completar a distância total?

Adição com números naturais

Revendo as ideias da adição: juntar e acrescentar

1 João tem 2 caminhões para transportar frutas do Mercado Municipal da cidade para os supermercados e armazéns. Um deles transporta 325 caixas de frutas por dia e o outro transporta 186 caixas.

Quantas caixas os 2 caminhões transportam juntos por dia?

Para responder a essa pergunta devemos juntar 325 com 186, ou seja, devemos efetuar a adição 325 + 186.

Ilustrações: Estúdio Mil/Arquivo da editora

a) Com o material dourado.

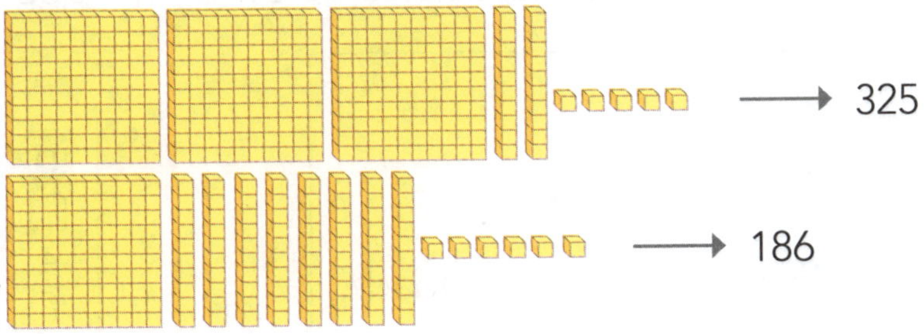

Ilustrações: Banco de imagens/Arquivo da editora

Juntando as 2 quantidades, obtemos 325 + 186.

Trocamos 10 unidades por 1 dezena.

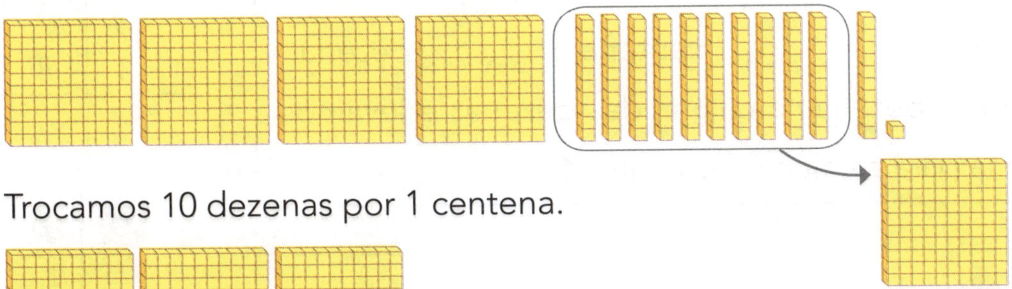

Trocamos 10 dezenas por 1 centena.

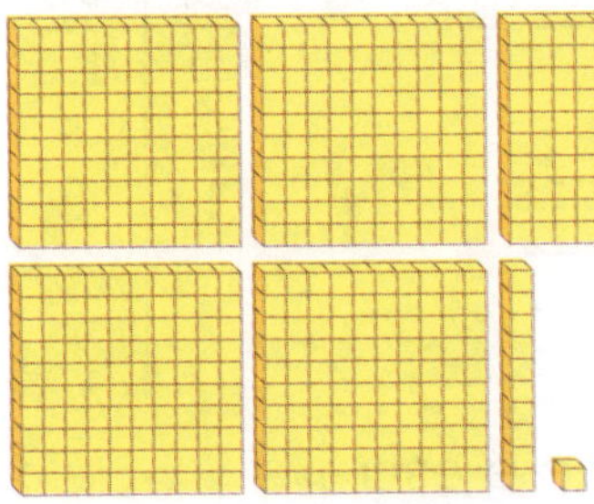

Se falo em unidade,
Com dez faço dezena.
Aumento a quantidade,
Com cem faço centena.

Complete a operação efetuada:

______ + ______ = ______

b) Pelo algoritmo da decomposição.
Complete.

$325 = 300 + 20 + 5$
$186 = 100 + 80 + 6$

___ + ___ + ___ = ___

Estúdio Mil/Arquivo da editora

c) Pelo algoritmo usual.
Analise as várias etapas e suas justificativas e complete com o que falta.

Unidades

5 unidades + 6 unidades = ______ unidades

______ unidades = ______ dezena + ______ unidade

Deixamos 1 unidade na coluna das unidades e levamos 1 dezena para a coluna das dezenas.

	C	D	U
		□	
	3	2	5
+	1	8	6
			___

Dezenas

1 dezena + 2 dezenas + 8 dezenas = ______ dezenas

______ dezenas = ______ centena + ______ dezena

Deixamos 1 dezena na coluna das dezenas e levamos 1 centena para a coluna das centenas.

	C	D	U
	□	□	
	3	2	5
+	1	8	6
		___	___

Centenas

1 centena + 3 centenas + 1 centena = ______ centenas

	C	D	U
	□	□	
	3	2	5
+	1	8	6
	___	___	___

d) Agora, complete o algoritmo usual simplificado e escreva a resposta do problema.

	3	2	5
+	1	8	6

Resposta: ______________________________

2 Em um campeonato de voleibol, havia 1 657 pessoas 1 hora antes de começar a partida final. Até o início da partida chegaram mais 378 pessoas.
Havia quantas pessoas no início da partida? Para responder a essa pergunta, precisamos acrescentar 378 a 1 657, ou seja, efetuar a adição 1 657 + 378.

Marcello Dias/Futura Press

Partida entre Brasil e Itália na final do vôlei masculino dos Jogos Olímpicos Rio 2016. Foto de 2016.

a) Complete.

Algoritmo usual

	UM	C	D	U
	☐	☐	☐	
	1	6	5	7
+		3	7	8
	___	___	___	___

- 7 unidades + 8 unidades = ______ unidades
  ______ unidades = ______ dezena + ______ unidades
- 1 dezena + 5 dezenas + 7 dezenas = ______ dezenas
  ______ dezenas = ______ centena + ______ dezenas
- 1 centena + 6 centenas + 3 centenas = ______ centenas
  ______ centenas = 1 milhar + ______ centena
- 1 milhar + 1 milhar = ______ milhares

b) Agora, complete o algoritmo usual simplificado, faça a indicação da operação efetuada e escreva a resposta do problema.

$$\begin{array}{r} 1\,6\,5\,7 \\ +\ \ 3\,7\,8 \\ \hline \end{array}$$

____

Resposta: ______________________________________

3 Efetue as adições pelo algoritmo usual.

a) $\begin{array}{r} 328 \\ +\ 117 \\ \hline \end{array}$

b) $\begin{array}{r} 1\,565 \\ +\ 649 \\ \hline \end{array}$

c) $\begin{array}{r} 3\,468 \\ +\ 9\,345 \\ \hline \end{array}$

d) $\begin{array}{r} 35\,867 \\ +\ 22\,012 \\ \hline \end{array}$

e) $\begin{array}{r} 38\,594 \\ +\ 52\,134 \\ \hline \end{array}$

f) $\begin{array}{r} 1\,485 \\ 3\,238 \\ +\ 4\,123 \\ \hline \end{array}$

4 Complete corretamente com os algarismos que faltam.

a)

	3	4	
+			2
	7	5	8

b)

		6	9
+	2		
	8	8	1

c)

		6	2		3
+		7		9	5
			1	9	

5 Faça o que se pede.

a) Efetue as adições da maneira que preferir.

800 + 400 = ________	426 + 1 000 = ________
587 + 432 = ________	1 100 + 31 = ________

b) Agora, pinte de azul os quadrinhos das adições cujo resultado for um número par e de verde se o resultado for um número ímpar.

c) Escreva os resultados em ordem decrescente.

________, ________, ________, ________.

6 **TERMOS DA ADIÇÃO**

Vamos recordar? Efetue a adição ao lado e observe o nome dos termos.

Depois, complete as frases.

$$\begin{array}{r} 3\,143 \\ +\ 2\,852 \\ \hline \end{array}$$

3 143 ← parcela
+ 2 852 ← parcela
← soma

a) Se as parcelas são 486 e 300, então a soma é ________.

b) A soma é ________ quando as parcelas são 847 e 3.

c) A soma é 3 000, e as parcelas são iguais: ________ + ________ = ________

d) Se as parcelas são 17 346 e 13 584, então a soma é ________.

Adição: cálculo mental, arredondamento e resultado aproximado

1 CÁLCULO MENTAL

O gráfico ao lado mostra a venda de livros na livraria do pai de Juliana, mês a mês, de janeiro a abril.

Ela resolveu calcular a venda juntando os meses.

Janeiro e fevereiro: 400 + 500 = 900, pois 4 centenas + 5 centenas = 9 centenas = 900.

Fevereiro e março: 500 + 600 = 1 100, pois 5 centenas + 6 centenas = 11 centenas = 1 100.

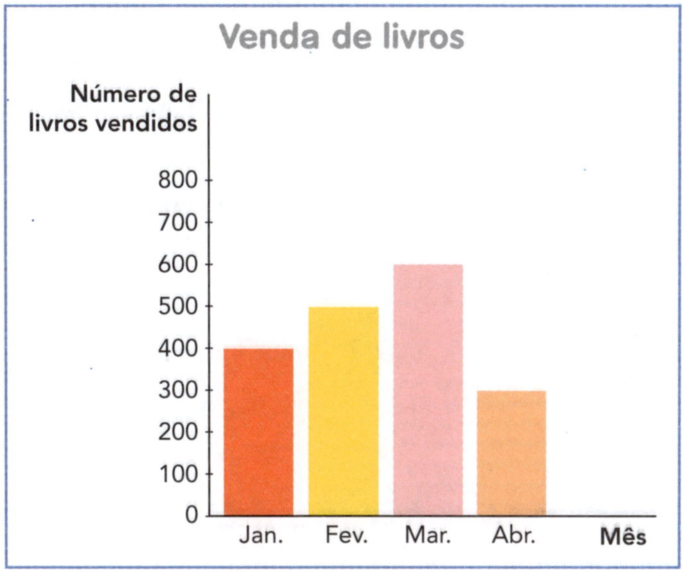

Gráfico elaborado para fins didáticos.

Banco de imagens/Arquivo da editora

a) Calcule a venda juntando mais alguns meses.

- Março e abril: ________________
- Janeiro, fevereiro e março: __________
- De janeiro a abril: ________________

b) Em que mês a livraria vendeu mais livros?

____

c) E menos livros? ________________

Estúdio Mil/Arquivo da editora

2 FAÇA DO SEU JEITO!

Complete e depois veja como os colegas fizeram!

Atenção: o cálculo deve ser feito mentalmente.

a) No 4º ano da escola de Pedro há 158 meninos e 200 meninas.

No total são __________ alunos.

b) Cléber tinha R$ 8 000,00 e recebeu R$ 3 000,00. Agora ele tem R$ ______________.

c) 4 998 + 3 = __________

d) 65 000 + 4 000 = __________

e) 15 000 + 1 869 = __________

f) 48 + 70 = __________

g) 995 + 5 = __________

h) 603 + 2 020 = __________

3 ARREDONDAMENTO E RESULTADO APROXIMADO

Um pomar que tem 496 laranjeiras vai ser ampliado com a plantação de 317 novas mudas. Quantas laranjeiras, aproximadamente, terá esse pomar?

Para responder, você pode **arredondar** os números para as centenas exatas mais próximas e obter um **resultado aproximado**.

Complete com o que falta.

$$\begin{array}{r} 496 \\ +\ 317 \\ \hline \end{array} \xrightarrow{\text{arredondando}} \begin{array}{r} 500 \\ +\ 300 \\ \hline \_\_\_\_ \end{array}$$

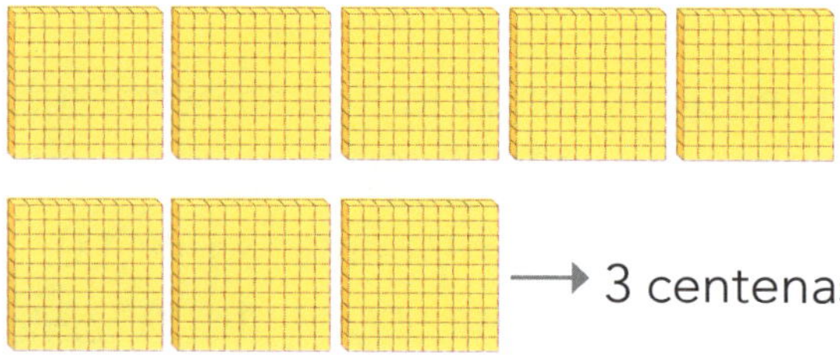

→ 5 centenas

→ 3 centenas

Ilustrações: Banco de imagens/Arquivo da editora

_______ centenas +	_______ centenas =	_______ centenas

O pomar terá **aproximadamente** _______ laranjeiras.

4 Faça arredondamentos, calcule mentalmente e determine o preço aproximado em milhares exatos de reais.

As imagens não estão representadas em proporção.

Computador.

Dmitry/Shutterstock/Glow Images

Automóvel.

Eky Studio/Shutterstock/Glow Images

Geladeira.

Discpicture/Shutterstock/Glow Images

a) Geladeira e computador. _______________

b) Automóvel e geladeira. _______________

c) Computador e automóvel. _______________

d) Os 3 produtos. _______________

5 Faça arredondamentos e dê um **resultado aproximado.**

a) 316 + 695 = _______

b) 3959 + 4864 = _______

c) 39 + 498 = _______

d) 2987 + 5010 = _______

6 Tiago e Jairo compraram o *tablet* e o *videogame*.

a) Veja como eles calcularam o preço total e complete.

As imagens não estão representadas em proporção.

Tiago	
	369
	+ 579

Jairo	
	579
	+ 369

Tablet.

R$ 369,00

Videogame.

R$ 579,00

b) **ATIVIDADE ORAL** Como são as parcelas nessas 2 adições? E como são os resultados?

7 Efetue agora estas adições e veja se elas confirmam o que aconteceu nas adições da atividade anterior.

a) 3 + 4 = ______

4 + 3 = ______

b) 800 + 67 = ______

67 + 800 = ______

c) 60 + 10 + 20 = ______

20 + 10 + 60 = ______

10 + 60 + 20 = ______

8 De acordo com o que você observou nas adições, responda: O que acontece na adição quando trocamos a ordem das parcelas?

____

9 Efetue as adições. Depois, responda à questão proposta.

a) 6 + 0 = ______

b) 0 + 37 = ______

c) 45 + 0 = ______

d) 875 + 0 = ______

e) 0 + 1 394 = ______

f) 7 400 + 0 = ______

O que acontece na adição quando uma das parcelas é 0 (zero)?

____

10 Teo e Cleo estavam jogando dardos.

Estúdio Mil/Arquivo da editora

a) Veja como cada um calculou os pontos nesta jogada e calcule de outra forma.

Teo	Cleo	Você
50 + 30 + 10	50 + 30 + 10	50 + 30 + 10
80 + 10 = 90	50 + 40 = 90	____ + ____ = ____

b) Agora, responda: Qual foi a soma nas 3 maneiras de efetuar a adição?

____

11 Vamos verificar se o que aconteceu na atividade anterior também acontecerá nos casos abaixo.

a) Faça inicialmente as adições indicadas com ou sem parênteses e registre.

- 12 + 5 + 3 = ____________
  12 + 5 + 3 = ____________
  12 + 5 + 3 = ____________
- 300 + (20 + 40) = ____________
  (300 + 20) + 40 = ____________

b) Agora, responda: Ao agrupar as parcelas de modos diferentes, o resultado foi sempre o mesmo? ________

Estúdio Mil/Arquivo da editora

Na adição com mais de 2 parcelas, posso agrupar as parcelas do modo que achar melhor, pois o resultado será sempre o mesmo. Veja como fiz nos exemplos abaixo.

45 + 3 + 17 = 65 (3 + 17 = 20)

550 + 50 + 1 237 = 1 837 (550 + 50 = 600)

995 + 734 + 5 = 1 734 (995 + 5 = 1 000)

12 Agrupe de forma conveniente e calcule a soma mentalmente. Registre os agrupamentos como nos exemplos acima.

a) 24 + 58 + 6 = ________

b) 3 996 + 580 + 4 = ________

c) 95 + 5 + 38 = ________

d) 5 + 37 + 25 + 3 = ________

e) 2 500 + 2 500 + 2 500 + 2 500 = ________

f) 1 837 + 600 + 400 = ________

Subtração com números naturais

Revendo as ideias da subtração: tirar, comparar, completar e separar

1 O professor de Educação Física levou 30 garrafas de água para a quadra. Os alunos consumiram 13 garrafas durante a aula. Quantas garrafas sobraram?

Compreender

Para responder a essa pergunta é preciso tirar 13 garrafas das 30 que o professor levou, ou seja, devemos efetuar a subtração 30 − 13.

Planejar

Vamos efetuar 30 − 13 com o material dourado e pelo algoritmo usual.

Executar

- Com o material dourado.

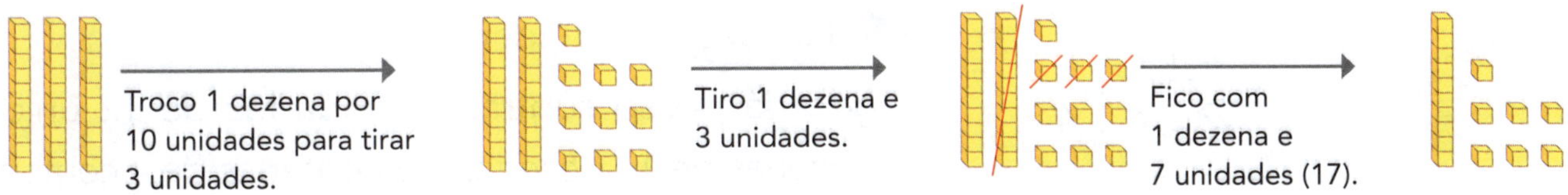

Ilustrações: Banco de imagens/Arquivo da editora

Assim, 30 − 13 = 17.

- Pelo algoritmo usual.

Observe a sequência do algoritmo usual e justifique cada passagem com os colegas.

	D	U
	3	0
−	1	3

→

	D	U
	$\overset{2}{\not 3}$	$^{1}0$
−	1	3

→

	D	U
	$\overset{2}{\not 3}$	$^{1}0$
−	1	3
	1	7

ou

$$\begin{array}{rrr} & \overset{2}{\not 3} & ^{1}0 \\ - & 1 & 3 \\ \hline \end{array}$$

Verificar

Adicionando as 17 garrafas que sobraram com as 13 que os alunos consumiram, devemos obter as 30 que o professor trouxe. Verifique.

$$\begin{array}{rrr} & \overset{1}{1} & 7 \\ + & 1 & 3 \\ \hline \end{array}$$

Responder

Complete: Sobraram ________ garrafas de água.

2 Artur e Jairo fazem coleção de carrinhos. Artur tem 542 carrinhos. Jairo tem 278. Veja as perguntas que podemos fazer.

Estúdio Mil/Arquivo da editora

Qual é a diferença entre o número de carrinhos de Artur e o de Jairo?

Quantos carrinhos Artur tem a mais do que Jairo?

Quantos carrinhos Jairo tem a menos do que Artur?

Quanto falta para Jairo ter a mesma quantidade de carrinhos de Artur?

Para responder a essas perguntas, precisamos efetuar a subtração 542 − 278.

	C	D	U
		3	
	5	~~4~~	¹2
−	2	7	8

→

	C	D	U
	4	13	
	~~5~~	~~4~~	¹2
−	2	7	8
	2	6	4

- Troco 1 dezena por 10 unidades e fico com 5 centenas, 3 dezenas e 12 unidades.
- Troco 1 centena por 10 dezenas e fico com 4 centenas, 13 dezenas e 12 unidades.
- Agora já posso subtrair 8 unidades de 12 unidades, 7 dezenas de 13 dezenas e 2 centenas de 4 centenas.

Estúdio Mil/Arquivo da editora

a) Indique a subtração e faça a prova.

_______ − _______ = _______

$$\begin{array}{r} 2\ 6\ 4 \\ +\ 2\ 7\ 8 \\ \hline \end{array}$$

b) Agora, complete as respostas das perguntas propostas.

A diferença entre o número de carrinhos de Artur e o de Jairo é _______.

Artur tem _______ carrinhos a mais do que Jairo.

Jairo tem _______________ do que Artur.

Faltam _______________________________.

c) Finalmente, calcule e responda.
Juntando os carrinhos de Artur e Jairo, quantos faltam para que o total seja 950 carrinhos? _______________

3 DESAFIO

Resolva este problema por 2 caminhos diferentes: um deles efetuando duas subtrações e, o outro, efetuando uma adição e uma subtração.

Na escola de Mauro foram arrecadados 1 086 livros em uma campanha de doação de livros.

- 245 desses livros foram separados para os alunos do 1º ao 5º ano.
- 351 desses livros foram separados para os alunos do 6º ao 9º ano.
- Os livros restantes foram para os alunos do Ensino Médio.

Africa Studio/Shutterstock

Livros.

Quantos livros foram para os alunos do Ensino Médio? ______________

4 Efetue as subtrações pelo algoritmo usual.

a) 2 894 − 1 562 = ________

c) 2 839 − 1 287 = ________

b) 1 836 − 1 428 = ________

d) 5 103 − 2 193 = ________

5 TERMOS DA SUBTRAÇÃO

Efetue a subtração ao lado e observe o nome dos termos.

```
  5 843   ← minuendo
− 2 822   ← subtraendo
-------
          ← diferença ou resto
```

6 Calcule e complete.

a) A diferença entre 3 247 e 1 293 é ____________.

b) Se o minuendo é igual ao subtraendo, então a diferença é ____________.

c) Se o minuendo é oitocentos e quarenta e cinco e o subtraendo é duzentos e noventa e seis, então a diferença é o número ______________________________.

7 Calcule e responda.

a) Quantas unidades sobram quando tiramos 135 de 219? ______

b) Quanto falta para R$ 37,00 chegar a R$ 100,00? ______

c) Quantas unidades 595 tem a mais do que 149? ______

d) Qual é a diferença entre 3 185 e 58? ______

8 A eleição é o momento mais importante de uma democracia, pois o voto representa a vontade das pessoas. Em uma eleição, a candidata **A** recebeu 3 475 votos e o candidato **B** obteve 1 948 votos.

Estúdio Mil/Arquivo da editora

Calcule e responda.

a) Quantos votos foram dados aos candidatos **A** e **B** juntos? ______

b) Quantos votos a candidata **A** recebeu a mais do que **B**? ______

c) Quantos votos faltaram à candidata **A** para que ela atingisse 4 000 votos?

______

9 Crie um problema para ser resolvido adicionando R$ 1 672,00 com R$ 2 142,00 e subtraindo R$ 1 188,00 da soma. Efetue as operações e escreva a resposta.

Problema: ______

______

Resposta: ______

Subtração: cálculo mental, arredondamento e resultado aproximado

1 **CÁLCULO MENTAL**

Márcio tem R$ 900,00 e Carlos tem R$ 400,00. Quanto Márcio tem a mais do que Carlos?

Complete.

900 − 400 ⟶ 9 centenas − 4 centenas = ________ centenas

Logo, 900 − 400 = ________ , ou seja, Márcio tem ____________ a mais do que Carlos.

2 Júlia e Silas pensaram na reta numerada para efetuar mentalmente 2 subtrações. Veja.

381 − 3

1 201 − 1 199

Ilustrações: Estúdio Mil/Arquivo da editora

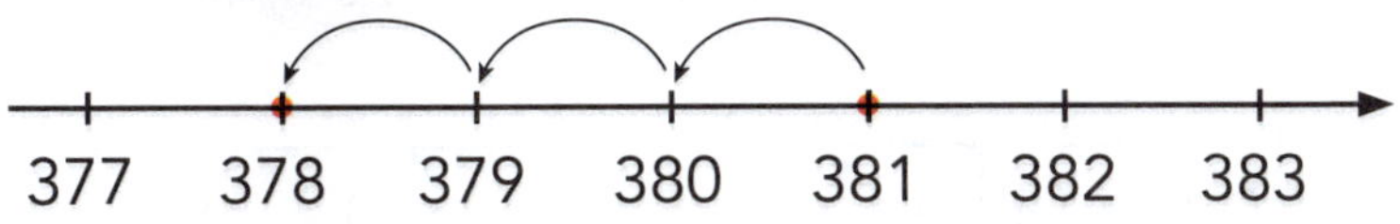

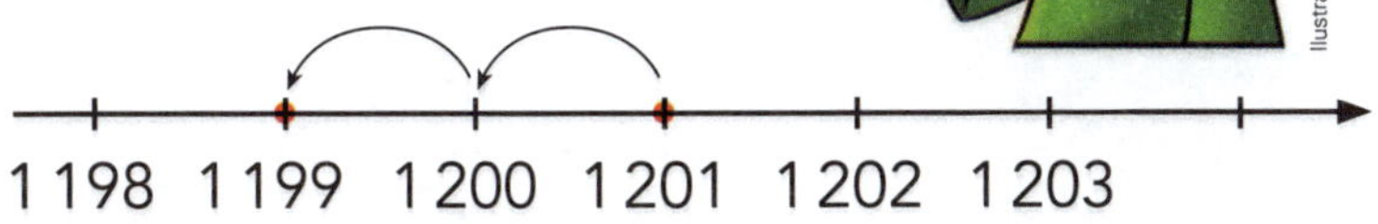

Agora, pense na reta numerada, calcule mentalmente e complete.

a) 1 600 − 4 = ________

b) 772 − 767 = ________

3 Pense no caminho que julgar melhor, calcule mentalmente e registre.

a) José tinha R$ 786,00 e gastou R$ 186,00. Ele ficou com R$ ________.

b) Na escola em que Vanda estuda há 1 395 alunos. Faltam ________ alunos para que o número total de alunos seja 1 500.

c) 8 000 − 3 000 = ________

d) 700 − 20 = ________

e) 1 803 − 4 = ________

f) 110 − 30 = ________

g) 7 200 − 4 000 = ________

h) 7 200 − 400 = ________

i) 845 − 841 = ________

j) 586 − 134 = ________

k) 586 − 34 = ________

4 ARREDONDAMENTO E RESULTADO APROXIMADO

Distância entre São Paulo e Belo Horizonte

Banco de imagens/Arquivo da editora

Mapa adaptado de: **Atlas geográfico escolar**. 6. ed. Rio de Janeiro: IBGE, 2012.

A distância entre as cidades de São Paulo e Belo Horizonte é 586 quilômetros. Um caminhoneiro percorreu 198 quilômetros desse trecho.

Quantos quilômetros ainda faltam, **aproximadamente**, para ele completar o percurso?

Para responder a essa pergunta, é preciso fazer a subtração 586 − 198.

Para ter um **resultado aproximado**, arredondamos os valores e fazemos o cálculo mental. Por exemplo, arredondamos 586 para 600 e 198 para 200.

Complete: 600 − 200 = ________, ou seja, faltam aproximadamente ________ quilômetros para completar o percurso.

5

Faça arredondamentos, calcule mentalmente e assinale o valor **mais próximo** do valor exato, entre os valores citados.

a) Uma escola tem 2 033 alunos, dos quais 898 são meninos. Qual é o número de meninas?

1 100	☐	2 900	☐	1 800	☐

b) Uma indústria já produziu 5 988 peças. Quantas peças ainda devem ser produzidas para atingir 10 000 peças?

400	☐	4 000	☐	5 000	☐

c) A uma partida de futebol compareceram 12 135 pessoas. A um *show* de *rock* foram 8 950 pessoas. Quantas pessoas um dos eventos teve a mais do que o outro?

4 000	☐	3 000	☐	5 000	☐

d) Uma livraria vendeu 698 livros em janeiro e 802 livros em fevereiro. Quantos livros foram vendidos nesses 2 meses?

2 500	☐	2 000	☐	1 500	☐

Mais atividades com adição e subtração

1 **ATIVIDADE EM DUPLA**

a) **ATIVIDADE ORAL** Vocês já viram. Troquem ideias sobre a seguinte questão.

> Em uma adição, quando somamos ou subtraímos um número a uma das parcelas, o que devemos fazer com a outra parcela para que o resultado (soma) permaneça o mesmo?

b) Agora, completem com o que falta nas adições para conferir a resposta dada.

```
  12 --+3-->   15        30 --−2-->          133 -------->
+ 15 ------> + __      + 40 ------> + ___  +  75 --+2--> + ___
  27           27
```

2 **UMA BOA ESTRATÉGIA PARA EFETUAR ALGUMAS ADIÇÕES**

A conclusão da atividade anterior pode ser aplicada para efetuar mentalmente adições em que uma das parcelas está próxima de uma dezena, centena ou unidade de milhar exata. Veja ao lado.

498 + 235
Somo 500 com 233.
Logo, 498 + 235 = 733.

374 + 3997
Somo 371 + 4000 = 4371.
Logo,
374 + 3997 = 4371.

Estúdio Mil/Arquivo da editora

Use esse processo, calcule mentalmente e registre o resultado.

a) 699 + 207 = ______ **b)** 12998 + 1573 = ______ **c)** 87 + 97 = ______

As imagens não estão representadas em proporção.

3 Calcule mentalmente pelo processo visto acima, confira pelo algoritmo usual e, depois, responda: Quanto uma pessoa vai gastar na compra desta geladeira e deste fogão? ____________

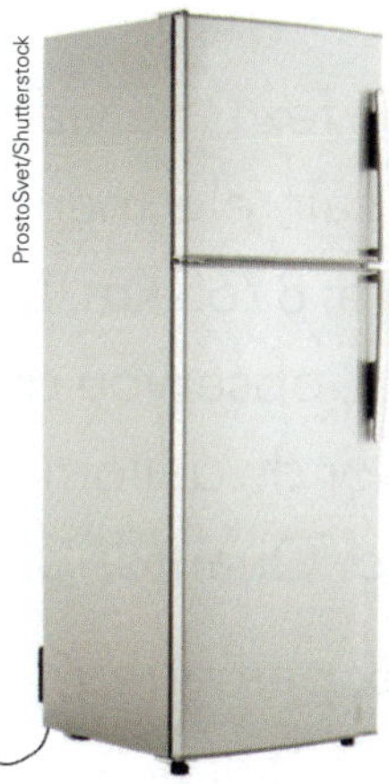

ProstoSvet/Shutterstock

R$ 2995,00

Geladeira.

ppart/Shutterstock

Fogão.

R$ 678,00

4 ATIVIDADE EM DUPLA

a) ATIVIDADE ORAL Agora a subtração. Troquem ideias sobre a seguinte questão.

> Em uma subtração, quando somamos ou subtraímos um número a um dos termos (minuendo ou subtraendo), o que devemos fazer com o outro termo para que o resultado (diferença) permaneça o mesmo?

b) Completem com o que falta nas subtrações para conferir a resposta dada.

25 $\xrightarrow{+2}$ 27 − 14 → − ___ 11 → 11	90 → ___ − 70 $\xrightarrow{+10}$ − ___ ___ → ___	537 $\xrightarrow{-2}$ ___ − 124 → − ___ ___ → ___

5 UMA BOA ESTRATÉGIA PARA EFETUAR ALGUMAS SUBTRAÇÕES

A conclusão da atividade anterior pode ser aplicada para efetuar subtrações em que o minuendo termina em zeros ou tem zeros intercalados. Veja os exemplos.

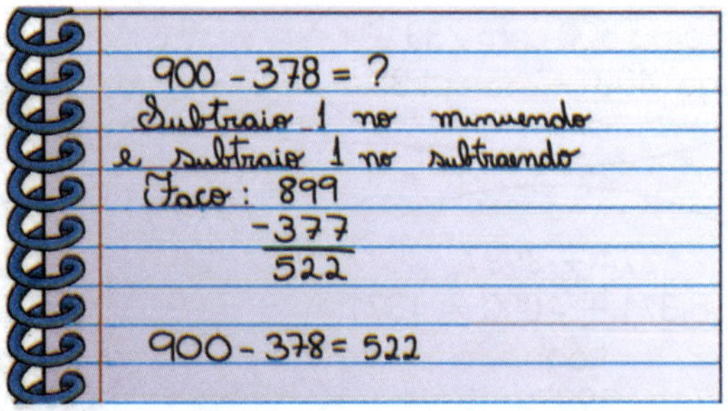

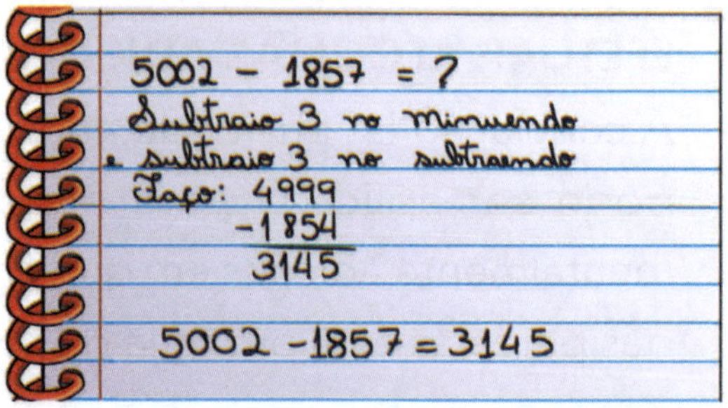

Ilustrações: Estúdio Mil/Arquivo da editora

Agora, efetue mais estas subtrações usando a mesma estratégia. Na primeira subtração, faça também pelo algoritmo usual.

As imagens não estão representadas em proporção.

a) 800 − 346 = ______ **b)** 7 000 − 597 = ______ **c)** 601 − 248 = ______

6

Alex fez uma viagem com a família. Antes de sair, ele marcou a quilometragem do carro: 8 765 km. Na chegada, de volta para casa, observou quanto o hodômetro (marcador de quilometragem) marcava. Veja ao lado. Quantos quilômetros a família de Alex percorreu? ______

Andrew S./Shutterstock/Glow Images

Hodômetro do carro.

Relacionando a adição e a subtração: operações inversas

1 Juliana juntou os lápis destas 2 caixas. Complete.

Estúdio Mil/Arquivo da editora

a) Ela ficou com ________ lápis, pois ________________

ou ________________.

b) Se emprestar 4 desses lápis, então Juliana ficará com ________

lápis, pois ________________.

c) Ou, se emprestar 3 desses lápis, então ela ficará com 4 lápis,

pois ________________.

2 Observe as **operações inversas** adição e subtração.
Adicionei 4 ao número 3 e obtive 7.
Para voltar ao 3, partindo do 7, faço a **operação inversa** e subtraio 4.

$$\begin{array}{r} 3 \\ +\ 4 \\ \hline 7 \end{array} \qquad \begin{array}{r} 7 \\ -\ 4 \\ \hline 3 \end{array}$$

$$\boxed{3} \xrightarrow{+4} \boxed{7}$$

$$\boxed{3} \xleftarrow{-4} \boxed{7}$$

Complete cada operação e depois realize a operação inversa para voltar ao número inicial.

a)
$$\begin{array}{r} 38 \\ +\ 41 \\ \hline \end{array}$$

b)
$$\begin{array}{r} 492 \\ -\ 239 \\ \hline \end{array}$$

Estúdio Mil/Arquivo da editora

3 Veja o diagrama em cada item, calcule o número que falta e complete.

a) $\boxed{}$ + 65 = 102

b) $\boxed{}$ − 2 150 = 3 856

c) 335 + $\boxed{}$ = 482

4 Faça o diagrama correspondente a cada operação, como na atividade anterior. Depois, descubra o valor procurado.

a) Pensei em um número, subtraí 56 dele e obtive 39.

Em que número pensei? ___________

b) Pensei em um número, somei 45 a ele e obtive 183.

Em que número pensei? ___________

c) Ana tinha uma quantia, ganhou R$ 75,00 e ficou com R$ 108,00.

Quanto Ana tinha? ___________

d) Rodrigo tinha certa quantia, comprou um livro por R$ 28,00 e ficou com R$ 75,00.

Quanto Rodrigo tinha? ___________

e) Sérgio tinha R$ 288,00. Comprou um brinquedo e ainda ficou com R$ 175,00.

Quanto custou o brinquedo? ___________

5 **DESAFIO E CALCULADORA**

a) Com uma calculadora, sem usar a tecla [–], descubra se o resultado de cada subtração está correto ou incorreto.

5842 – 1975 = 3867 ___________

539 – 168 = 431 ___________

b) Agora, sem usar calculadora, refaça a subtração que está incorreta. ___________

BRINCANDO TAMBÉM APRENDO

JOGO PARA 2 PARTICIPANTES.

Cruzadinhas

Inicialmente, usando uma calculadora, os participantes do jogo determinam e registram os números nos quadrinhos.

Dan Kosmayer/Shutterstock/Glow Images

Calculadora.

a) 731 + 514 = ☐

b) ☐ + 406 = 737

c) 855 + ☐ = 900

d) 4 146 − 841 = ☐

e) ☐ − 221 = 91

f) 119 − ☐ = 66

1º jogo

Os participantes devem preencher o que falta na 1ª cruzadinha com os números que aparecem nos quadros em destaque (1 algarismo em cada quadrinho). Ganha o jogo quem terminar primeiro e corretamente.

2º jogo

Os participantes devem preencher o que falta na 2ª cruzadinha com o nome dos termos das operações dos itens **a** e **d**.

Quem terminar primeiro e corretamente será o vencedor do jogo.

1ª cruzadinha

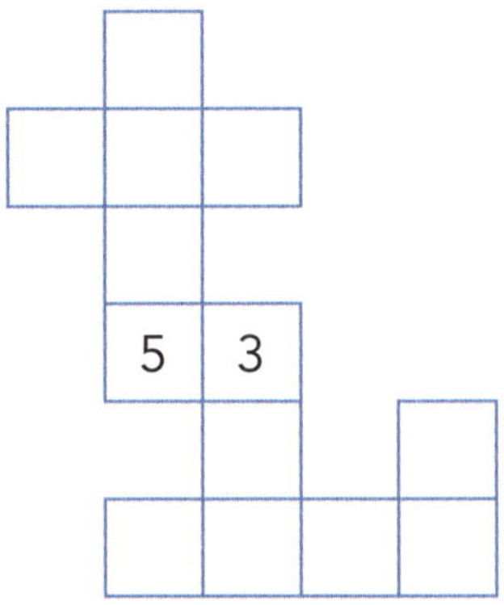

2ª cruzadinha

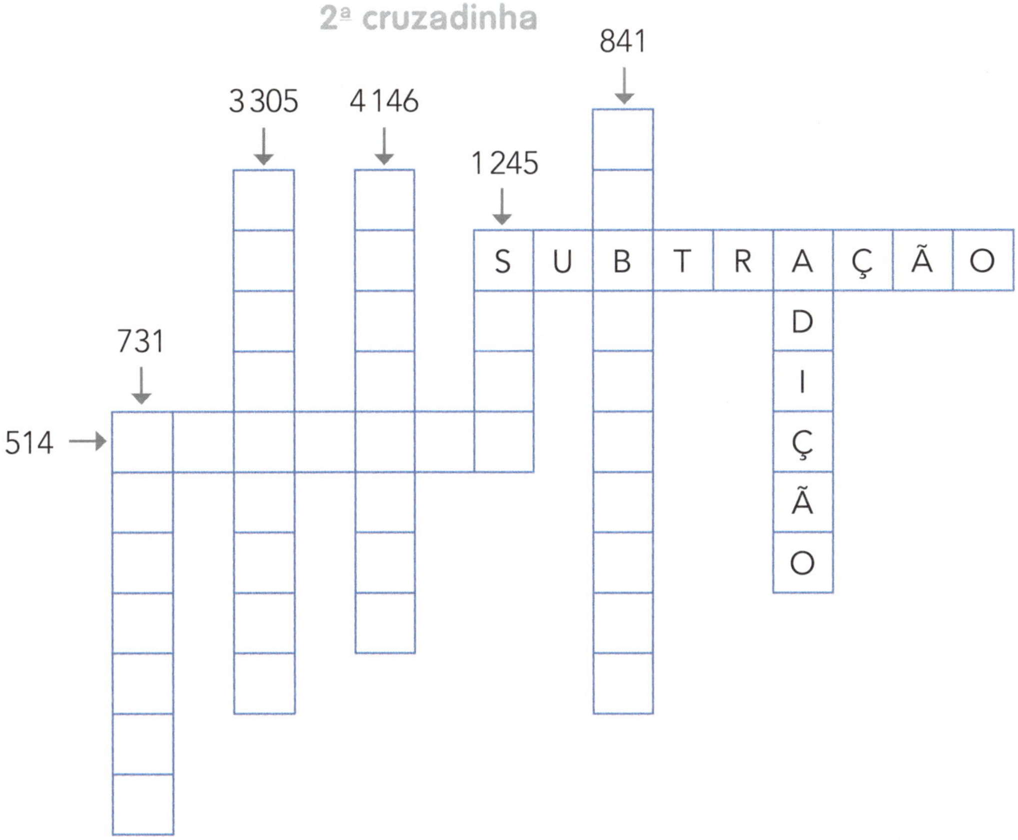

Mais atividades e problemas

1 **ATIVIDADE ORAL EM DUPLA** Nos problemas devemos sempre pensar nas fases da resolução: **compreender**, **planejar**, **executar**, **verificar** e **responder**. O que fazer em cada uma delas? Converse com um colega.

2 Paula corre em volta de uma praça que tem a forma e as dimensões dos lados indicadas na figura abaixo. O percurso que ela faz em 1 volta completa tem 1 681 m. Calcule e responda.

Estúdio Mil/Arquivo da editora

a) Quanto mede o lado da praça cuja medida não está indicada na figura? ________

b) Quando Paula dá 1 volta completa na praça, quanto fica faltando para atingir 2 km? ________

c) Quantos metros Paula percorre quando dá 2 voltas completas na praça? ________

3 **CÁLCULO MENTAL**

Calcule mentalmente e complete.

a) 378 + 30 = ________

b) 1 000 − 120 = ________

c) 846 + 11 = ________

d) 333 − 133 = ________

e) 4 000 − 3 = ________

f) 7 200 + 106 = ________

g) 300 + 1 290 = ________

h) 27 + 136 + 3 = ________

i) 42 + 6 + 8 + 14 = ________

j) 2 000 − 10 = ________

4 Você sabe o que são **quadrados mágicos**? Em todas as suas linhas, colunas e diagonais a soma dos elementos é a mesma (soma mágica). Efetue as adições mentalmente e complete com o que falta.

a) Soma mágica: 12.
Use os números naturais de 0 a 8.

		1
2		
		5

b) Soma mágica: ______.
Use os números naturais de 4 a 12.

9	4	11
5		

c) Soma mágica: 15.
Use os números naturais de 1 a 9.

5 Faça o que se pede.

a) Observe o extrato bancário, que mostra a movimentação da conta de Ramiro no período de 12/7/18 a 20/7/18. Depois, complete os valores que faltam na coluna do saldo.

BANCO TAL E TAL — EXTRATO Nº 0009
nnm nmn mnn

DATA	DEPÓSITO	RETIRADA	SALDO
12/7/16	—	—	R$ 847,00
14/7/16	R$ 1 000,00	—	
17/7/16	—	R$ 539,00	
20/7/16	R$ 735,00	—	

Estúdio Mil/Arquivo da editora

b) Calcule e responda: O saldo de 20/7 em relação ao de 12/7 aumentou ou diminuiu? Quanto? ______________________

c) **ATIVIDADE ORAL EM GRUPO** Troque ideias com os colegas sobre o significado de termos como: extrato bancário, movimentação de conta bancária, depósito, retirada, saldo e outros termos de Matemática financeira.

6 Das 300 latas de ervilha que estavam na prateleira de um supermercado, 37 foram separadas por estarem com a data de validade vencida. Quantas latas de ervilha restaram na prateleira? ______________________

7 Jeremias comprou esta bicicleta. Ele pagou com 2 notas de R$ 100,00 e 1 nota de R$ 50,00 e recebeu R$ 26,00 de troco. O troco está correto? Se houve erro, corrija-o.

____

HomeArt/Shutterstock/Glow Images

Bicicleta.

As imagens não estão representadas em proporção.

8 Um farmacêutico teve um gasto de R$ 1 487,00 na compra de remédios para revender. Na venda desses remédios ele recebeu R$ 3 500,00. Ele teve lucro ou prejuízo? De quanto? ______________________

Estúdio Mil/Arquivo da editora

9 Rafael afirmou que a metade de 1 278 é 639. Será que ele está correto? Marina verificou efetuando uma adição e Jonas verificou efetuando uma subtração.

Indique como Marina e Jonas fizeram e responda se Rafael está correto.

____

10 **ATIVIDADE ORAL EM GRUPO (TODA A TURMA)** Calcule mentalmente e converse com os colegas. Em cada item, um aluno da turma faz o cálculo e justifica para os colegas. Depois, cada um registra em seu livro.

a) 70 + 10 = ________

b) 500 + 400 = ________

c) 3000 + 3 000 = ________

d) 80 + 40 = ________

e) 900 + 200 = ________

f) 45000 + 4000 = ________

11 Beto tem R$ 128,00, Carla tem R$ 85,00 a menos do que Beto e Caio tem tanto quanto Beto e Carla juntos.

Quantos reais os 3 têm juntos? ____________

12 Jonas sabe que é preciso gastar menos do que se ganha. Por isso, ele coloca na poupança todo dinheiro que sobra mensalmente.

Ele tinha R$ 2576,00 na poupança e depositou R$ 1630,00. Quanto ele tem agora de saldo na poupança? ____________

13 **FAZ DE CONTA**

Que ursinhos atrevidos! Entraram na farmácia e foram se pesar.

Quanto vai ser registrado na 3ª pesagem? Faça o cálculo e registre o resultado.

375 quilogramas.

415 quilogramas.

____

Ilustrações: Estúdio Mil/Arquivo da editora

14 Dona Rosa está fazendo compras. Leia o que ela afirmou.

Agora ela vai comprar um livro que custa R$ 55,00.

Calcule e complete o que ela poderá afirmar depois dessa compra.

Estúdio Mil/Arquivo da editora

Já gastei R$ ________ e ainda tenho R$ ________.

15 Os quadros a seguir apresentam a distância rodoviária aproximada entre João Pessoa e as outras capitais dos estados da região Nordeste do Brasil.

Nos dias 13 e 14 de abril, Júlia viajou de carro de João Pessoa a Salvador, passando por Recife. No dia 13 ela percorreu o trecho entre João Pessoa e Recife e, no dia 14, de Recife a Salvador.

No dia 14 de abril, Davi, amigo de Júlia, viajou de carro de Recife a Fortaleza, passando por João Pessoa.

a) Qual deles percorreu a maior distância no dia 14 de abril? ________

b) Quantos quilômetros a mais do que o outro? ________

c) Quantos estados tem a região Nordeste do Brasil? ________

Estados da região Nordeste do Brasil

Banco de imagens/Arquivo da editora

Mapa adaptado de: **Atlas geográfico escolar**. 6. ed. Rio de Janeiro: IBGE, 2012.

Saiba mais

Censo demográfico é o levantamento de dados da população, como escolaridade, gênero e tipo de moradia.

16 DESAFIO

No Censo 2010, realizado pelo Instituto Brasileiro de Geografia e Estatística (IBGE), foram registrados os seguintes dados sobre o Brasil.

- População urbana: 160 925 792 habitantes.
- População rural: 29 830 007 habitantes.

Lucas Lacaz Ruiz/Futura Press

Recenseador do IBGE entrevistando habitante de São José dos Campos, São Paulo, para o Censo 2010. Foto de 2010.

a) **ATIVIDADE ORAL** Converse com os colegas sobre o significado de população urbana e população rural e também sobre as características de cada um dos ambientes (cidade e campo).

b) Agora, arredonde os 2 números que representam essas populações para a unidade de milhão exata mais próxima e calcule a população aproximada do Brasil em 2010. ____________________

c) Também de acordo com o IBGE, a população brasileira estimada em 2013 era de 201 062 789 habitantes. Arredonde esse número para a unidade de milhão exata mais próxima. ________________

d) Compare os valores aproximados da população brasileira em 2010 e em 2013 e responda: Nesse período ela aumentou ou diminuiu? Em aproximadamente quantos milhões? ______________________________

© Charles M. Schulz/2011 United Media/Ipress

Charles M. Schulz. **Ser cachorro é um trabalho de tempo integral**. São Paulo: Conrad, 2004. p. 69.

1 Observe as figuras desenhadas.

Ilustrações: Banco de imagens/Arquivo da editora

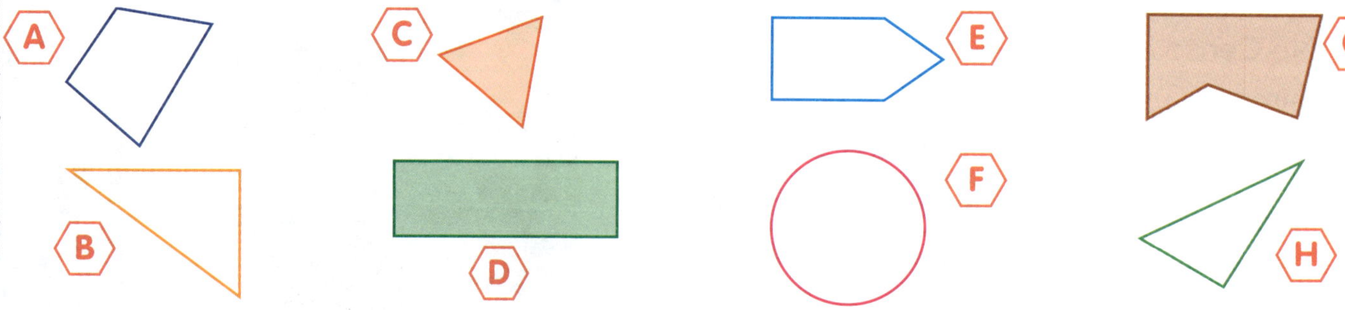

Escreva as letras correspondentes às figuras, de acordo com suas classificações.

a) Região poligonal. ______________

b) Polígono. ______________

c) Triângulo. ______________

d) Região triangular. ______________

e) Quadrado. ______________

f) Região pentagonal. ______________

2 Gisele é a 7ª pessoa de uma fila. Se todas as pessoas da fila derem meia-volta, então ela passará a ser a 5ª da fila.

Quantas pessoas há na fila? ______________

3 **ESTATÍSTICA**

O pai de Mateus é taxista. Ele anota quanto gasta por mês com combustível. Veja no gráfico os valores de janeiro a abril de determinado ano.

a) Quanto ele gastou nos 4 meses juntos?

____

b) O gasto de fevereiro foi de quantos reais a mais do que o de janeiro?

____

Banco de imagens/Arquivo da editora

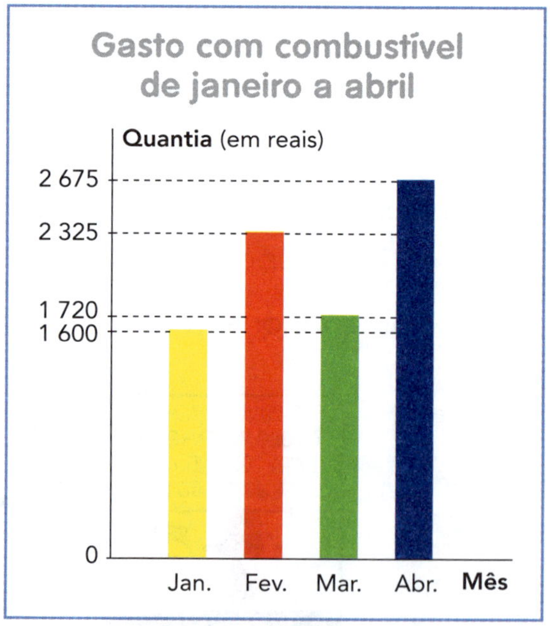

Gráfico elaborado para fins didáticos.

O QUE ESTUDAMOS

Utilizamos vários processos para efetuar adições e subtrações, agora também com números maiores do que 99.

327 + 444

$$327 = 300 + 20 + 7$$
$$444 = 400 + 40 + 4$$
$$700 + 60 + 11 = 771$$

528 − 125

$$528 - 100 = 428$$
$$428 - 20 = 408$$
$$408 - 5 = 403$$

Fizemos arredondamentos para obter resultados aproximados na adição e na subtração.

158 + 203

$$\begin{array}{r} 158 \\ +\ 203 \\ \hline \end{array} \begin{array}{c} \rightarrow \\ \rightarrow \\ \rightarrow \end{array} \begin{array}{r} 160 \\ +\ 200 \\ \hline 360 \end{array}$$

soma aproximada

5 008 − 2 979

$$\begin{array}{r} 5\,008 \\ -\ 2\,979 \\ \hline \end{array} \begin{array}{c} \rightarrow \\ \rightarrow \end{array} \begin{array}{r} 5\,000 \\ -\ 3\,000 \\ \hline 2\,000 \end{array}$$

diferença aproximada

Vimos estratégias para efetuar algumas adições e subtrações.

$98 + 37 = ?$

+2↓ −2↓

$100 + 35 = 135$

Logo, $98 + 37 = 135$.

$500 - 284 = ?$

−1 → 499

−1 → − 283

216

Logo, $500 - 284 = 216$.

Vimos que a adição e a subtração são operações inversas (o que uma faz, a outra desfaz).

$100 + 30 = 130 \leftrightarrow 130 - 30 = 100$

$12 - 8 = 4 \leftrightarrow 4 + 8 = 12$

Resolvemos problemas usando a adição e a subtração.

Renato tinha R$ 1 000,00, comprou 1 calça por R$ 127,00 e 1 casaco por R$ 188,00. Com quanto ele ficou? R$ 685,00

$$\begin{array}{r} ^{1\,1} \\ 127 \\ +\ 188 \\ \hline 315 \end{array}$$

$1\,000 - 315 = ?$

$$\begin{array}{r} 999 \\ -\ 314 \\ \hline 685 \end{array}$$

- Você tem respeitado as opiniões dos colegas?
- Quando discorda de alguém, você consegue explicar com calma o seu ponto de vista? Tudo isso ajuda a melhorar a convivência e até a aprendizagem!

Unidade 5

Multiplicação com números naturais

Maisa Shigematsu/Arquivo da editora

- O que mostra esta cena?
- Quais produtos aparecem à venda?
- Ao serem comprados, esses produtos costumam ficar em qual cômodo de uma residência?

Para iniciar

Em muitas situações do dia a dia precisamos efetuar a operação da multiplicação. Na cena da abertura, por exemplo, para saber o preço total da lavadora ou do fogão.

Nesta Unidade vamos rever e ampliar o estudo da multiplicação.

- Analise a cena das páginas de abertura desta Unidade. Converse com os colegas e respondam às questões a seguir.

Ilustrações: Estúdio Mil/Arquivo da editora

As imagens não estão representadas em proporção.

- Converse com os colegas sobre mais estas questões.

Estúdio Mil/Arquivo da editora

a) Se você comprar 5 pacotes de figurinhas, com 4 figurinhas em cada pacote, então vai obter quantas figurinhas no total?

b) Que multiplicação pode ser feita para determinar quantas maçãs há nesta caixa?

John Kasava/Shutterstock

Caixa com maçãs.

c) Partindo do zero e contando de 5 em 5, quais são os números que você vai falar, até chegar ao 40?

0	5	10	... ? ...	40

d) E contando de 8 em 8?

Ideias da multiplicação

As imagens não estão representadas em proporção.

1 A IDEIA DE ADIÇÃO DE QUANTIDADES IGUAIS

Anest/Shutterstock/Glow Images; Sean Gladwell/Shutterstock/Glow Images

Aranhas.

a) Complete.

- Há ________ aranhas ao lado.
- Cada aranha tem ________ pernas.
- Total de pernas:

________ + ________ + ________ + ________ + ________ = ________

ou

________ × ________ = ________

b) E no caso de 7 aranhas, quantas pernas seriam?
Indique a multiplicação e a resposta.

____

Diga várias vezes bem rápido:
A aranha arranha o jarro?
O jarro arranha a aranha?
Nem a aranha arranha o jarro
Nem o jarro arranha a aranha.

2 A IDEIA DE DISPOSIÇÃO RETANGULAR

Observe as carteiras na sala de aula de Caio, ilustrada ao lado. Quantas carteiras são ao todo? Complete e indique a resposta.

Estúdio Mil/Arquivo da editora

7 linhas de 5 carteiras

$7 \times 5 = ?$

$5 + 5 + 5 + 5 + 5 + 5 + 5 =$ ________

$7 \times 5 =$ ________

fator fator produto

ou

5 colunas de 7 carteiras

$5 \times 7 = ?$

$7 + 7 + 7 + 7 + 7 =$ ________

$5 \times 7 =$ ________

Resposta: ________________________________

3 A IDEIA DE COMBINAÇÃO DE POSSIBILIDADES

Uma lanchonete oferece 4 sabores de suco natural: laranja, abacaxi, açaí e manga.

Os sucos são servidos em copos de 3 tipos: pequeno, médio e grande.

De quantas maneiras diferentes podemos pedir um suco?

Podemos chegar à resposta de várias maneiras.

Veremos 3 delas: pela **árvore de possibilidades**, por uma **tabela** e pela **multiplicação**.

Complete a tabela e os quadros com as multiplicações.

Depois, escreva a resposta do problema.

Árvore de possibilidades

As imagens não estão representadas em proporção.

Tabela de possibilidades

Sabor \ Copo	Pequeno	Médio	Grande
Laranja	laranja pequeno		
Abacaxi		abacaxi médio	
Açaí			
Manga			manga grande

Tabela elaborada para fins didáticos.

LARANJA: Matin/Shutterstock/Glow Images; ABACAXI: Kayros Studio Be Happy!/Shutterstock/Glow Images; AÇAÍ: Lew Robertson/Photographer's Choice/Getty Images; MANGA: Viktar Malyshchyts/Shutterstock/Glow Images; COPOS: Serhiy Kyrychenko/Shutterstock/Glow Images

Multiplicação

Para cada um dos 4 sabores há 3 tipos de copo:

_____ × _____ = _____

ou

Para cada um dos 3 tipos de copo há 4 sabores:

_____ × _____ = _____

Resposta: ______________________________

Saiba mais

Em 2012, o Brasil foi o terceiro maior produtor de frutas do mundo. Ele só perdeu para a China (1º lugar) e para a Índia (2º lugar). Veja a colocação do Brasil em 2012 no *ranking* das frutas citadas na atividade anterior.

As imagens não estão representadas em proporção.

- Laranja: 1º colocado.
- Abacaxi: 3º colocado.
- Açaí: 1º colocado.
- Manga: 8º colocado.

Laranja.

Matin/Shutterstock/Glow Images

Abacaxi.

Kayros Studio Be Happy!/Shutterstock/Glow Images

Açaí.

Lew Robertson/Photographer's Choice/Getty Images

Manga.

Viktar Malyshchyts/Shutterstock/Glow Images

Fonte de consulta: FOOD AND AGRICULTURE ORGANIZATION OF THE UNITED NATIONS (FAO). Disponível em: <www.fao.org/docrep/018/i3107e/i3107e.PDF>. Acesso em: 12 dez. 2016.

4 A IDEIA DE PROPORCIONALIDADE

Dona Lurdes comprou essa caixa com ovos e pagou R$ 5,00.

Para fazer uma receita, João precisa de 1 dúzia de ovos (12 ovos). Quanto ele vai gastar?

Caixa com ovos.

Slavoljub Pantelic/Shutterstock

a) Complete o esquema e escreva a resposta.

× ____ (6 ovos custam R$ ________ → 12 ovos custam R$ ________) × ____

Resposta: ______________________________________

b) Agora, monte um esquema, calcule e responda: Quantos ovos dá para comprar com R$ 25,00? ______________

5 Calcule, responda e indique a multiplicação.

Quantas crianças estão se apresentando na ginástica? ______________

Estúdio Mil/Arquivo da editora

6 Novamente, calcule, responda e indique a multiplicação correspondente.
Mara tem estas notas.

As imagens não estão representadas em proporção.

Reprodução/Casa da Moeda do Brasil/ Ministério da Fazenda

Qual é a quantia total que ela tem? ____________

Estúdio Mil/Arquivo da editora

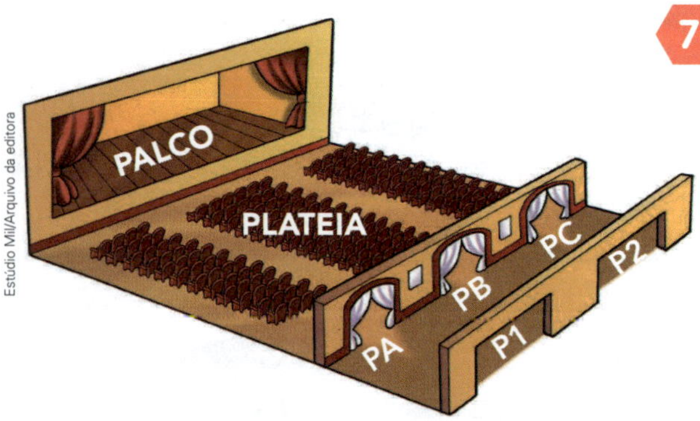

7 Sueli foi ao teatro com seu pai.
Havia 2 portas para chegar à sala de espera (**P1**) e (**P2**) e mais 3 portas para ir dessa sala até a plateia (**PA**, **PB** e **PC**).
Calcule e responda.

a) Quantas são as possibilidades de ir do lado de fora do teatro até a plateia? ____________________

b) Que operação devemos efetuar para chegar ao valor do item **a**? __________

c) Uma das possibilidades pode ser indicada por **P1**-**PA**. Copie essa possibilidade e indique as demais. ____________________

8 SEQUÊNCIAS COM OS RESULTADOS DAS TABUADAS

Procure se lembrar e complete. Depois, confira com os colegas.

	2 × 0	2 × 1	2 × 2	2 × 3	2 × 4	2 × 5	2 × 6	2 × 7	2 × 8	2 × 9	2 × 10
a) Do 2:	0,	2,	4,	6,	___,	___,	___,	___,	___,	___,	___.
b) Do 3:	0,	3,	6,	9,	___,	___,	___,	___,	___,	___,	___.
c) Do 4:	0,	4,	8,	___,	___,	___,	___,	___,	___,	___,	___.
d) Do 5:	0,	5,	___,	___,	___,	___,	___,	___,	___,	___,	___.
e) Do 6:	___,	___,	___,	___,	___,	___,	___,	___,	___,	___,	___.
f) Do 7:	___,	___,	___,	___,	___,	___,	___,	___,	___,	___,	___.
g) Do 8:	___,	___,	___,	___,	___,	___,	___,	___,	___,	___,	___.
h) Do 9:	___,	___,	___,	___,	___,	___,	___,	___,	___,	___,	___.

Multiplicação por 10, 100 e 1000

1 REGULARIDADES

a) Observe as multiplicações e os resultados e complete com o que falta.

$2 \times 1 = 2$	$3 \times 1 = 3$
$2 \times 10 = 10 + 10 = 20$	$3 \times 10 = 10 + 10 + 10 =$ ________
$2 \times 100 = 100 + 100 = 200$	$3 \times 100 = 100 + 100 + 100 =$ ________
$2 \times 1000 = 1000 + 1000 = 2000$	$3 \times 1000 = 1000 + 1000 + 1000 =$ ________

b) ATIVIDADE ORAL EM GRUPO Existe uma regularidade que permite colocar diretamente o resultado nas multiplicações que têm os números 10, 100, 1 000, etc. como um dos fatores.

Converse com os colegas para descobrir qual é essa regularidade.

Depois, registre a descoberta.

Para multiplicar um número natural:

- por **10**, basta acrescentar ________________________.
- por **100**, basta acrescentar ________________________.
- por **1 000**, basta acrescentar ________________________.

2 Complete com o produto.

a) $5 \times 10 =$ ________

b) $12 \times 10 =$ ________

c) $9 \times 100 =$ ________

d) $100 \times 14 =$ ________

e) $4 \times 1000 =$ ________

f) $1000 \times 13 =$ ________

g) $52 \times 100 =$ ________

h) $10 \times 129 =$ ________

i) $70 \times 1000 =$ ________

3 Observe o preço deste livro e responda.

a) Qual é o preço de 8 livros iguais a este? __________

b) E de 20 livros? __________

Estúdio Mil/Arquivo da editora

4 Qual é o número que multiplicado por 10 resulta no número 7 500? ________

5 Pedro e sua turma decidiram coletar garrafas de plástico para reciclagem. Para isso, eles colocaram as garrafas em caixas como esta.

Estúdio Mil/Arquivo da editora

a) Quantas garrafas há na caixa? ____________

b) E em 100 caixas como esta? ____________

c) E em 10 caixas? ____________

As imagens não estão representadas em proporção.

6 Veja como podemos decompor o número 1 305.

$$1\,305 = 1 \times 1\,000 + 3 \times 100 + 0 \times 10 + 5 \times 1$$

ou

$$1\,305 = 1\,000 + 300 + 0 + 5$$

a) Decomponha os números e indique de 2 maneiras, como no exemplo dado.

- 2 439 = ____________
- 5 740 = ____________
- 6 907 = ____________

Estúdio Mil/Arquivo da editora

b) Faça a composição dos números, ou seja, determine os números a partir da decomposição.

- $2 \times 1\,000 + 4 \times 100 + 3 \times 10 + 7 \times 1 =$ ____________
- $5 \times 1\,000 + 0 \times 100 + 6 \times 10 + 8 \times 1 =$ ____________
- $1 \times 1\,000 + 6 \times 100 + 8 \times 10 + 9 \times 1 =$ ____________

7 **MEDIDA DE TEMPO**

Você viu na Unidade 3 o significado das palavras **década**, **século** e **milênio**, que são unidades de medida da grandeza tempo.

Complete.

Década: ________ anos	**Século**: ________ anos	**Milênio**: ________ anos
4 décadas: ________ anos	3 séculos: ________ anos	2 milênios: ________ anos
11 décadas: ________ anos	20 séculos: ________ anos	12 milênios: ________ anos

Cálculo mental, arredondamento e resultado aproximado

1 Observe as multiplicações de cada quadro e seus resultados.

$3 \times 2 = 6$	$4 \times 3 = 12$	$6 \times 5 = 30$
$3 \times 20 = 60$	$4 \times 30 = 120$	$6 \times 50 = 300$
$3 \times 200 = 600$	$4 \times 300 = 1\,200$	$6 \times 500 = 3\,000$
$3 \times 2\,000 = 6\,000$	$4 \times 3\,000 = 12\,000$	$6 \times 5\,000 = 30\,000$

Agora, complete.

a) $2 \times 7 =$ ______
$2 \times 70 =$ ______
$2 \times 700 =$ ______
$2 \times 7\,000 =$ ______

b) $3 \times 9 =$ ______
$3 \times 90 =$ ______
$3 \times 900 =$ ______
$3 \times 9\,000 =$ ______

c) $9 \times 5 =$ ______
$9 \times 50 =$ ______
$9 \times 500 =$ ______
$9 \times 5\,000 =$ ______

2 **REGULARIDADES**

Em um estacionamento há 20 filas de carros, com 40 carros em cada uma. Qual é o total de carros nesse estacionamento?
Para encontrar esse total, você precisa multiplicar 20 por 40.
Complete com o que falta.

- $2 \times 4 = 8$
- $2 \times 40 =$ ____ → 40 × 2 —decomponha→ 10 + 10 + 10 + 10 (× 2)
  ____ ←adicione— ____ + ____ + ____ + ____ = ____
- $2 \times 400 =$ ____ → 400 × 2 —decomponha→ 100 + 100 + 100 + 100 (× 2)
  ____ ←adicione— ____ + ____ + ____ + ____ = ____
- $20 \times 40 =$ ____ → 40 × 20 —decomponha→ 10 + 10 + 10 + 10 (× 20)
  ____ ←adicione— ____ + ____ + ____ + ____ = ____

Resposta: ______________________________

3 MAIS REGULARIDADES E CÁLCULO MENTAL

a) **ATIVIDADE ORAL EM GRUPO** Veja outros exemplos e procure descobrir uma regularidade.
Converse com os colegas sobre ela.

$6 \times 3 = 18$
$6 \times 30 = 180$
$6 \times 300 = 1800$
$60 \times 300 = 18000$

$2 \times 5 = 10$
$20 \times 5 = 100$
$20 \times 50 = 1000$
$200 \times 500 = 100000$

$300 \times 300 = 90000$

$500 \times 40 = 20000$

b) Decomponha e verifique por que $200 \times 50 = 10000$. Você pode fazer 50×200.

c) Agora, descubra mentalmente os resultados e registre-os.

- $40 \times 80 =$ ____________
- $60 \times 200 =$ ____________
- $700 \times 700 =$ ____________
- $3000 \times 20 =$ ____________
- $4000 \times 2000 =$ ____________
- $20 \times 50 =$ ____________

4 CÁLCULO MENTAL

ATIVIDADE EM DUPLA Fiquem atentos aos números e às operações e calculem mentalmente. Cada um registra em seu livro.

a) $40 \times 2 =$ ____________

b) $40 + 2 =$ ____________

c) $40 - 2 =$ ____________

d) $40 \times 20 =$ ____________

e) $40 + 20 =$ ____________

f) $40 - 20 =$ ____________

g) $400 + 20 =$ ____________

h) $400 - 20 =$ ____________

i) $400 \times 20 =$ ____________

j) $90 \times 4000 =$ ____________

k) $60 \times 500 =$ ____________

l) $100 \times 6000 =$ ____________

5 Jairo e seu pai foram assistir a uma partida de basquete. Foram vendidos 3024 ingressos a R$ 5,00 cada um. Qual foi a arrecadação aproximada com a venda desses ingressos?
Para encontrar a resposta **aproximada**, você **arredonda** e multiplica.
Complete.

Estúdio Mil/Arquivo da editora

Arredondamento: 3024 ⟶ 3000

Multiplicação: $3000 \times 5 =$ ____________

A arrecadação aproximada foi de R$ ____________.

6 Faça arredondamentos e dê o resultado aproximado, como nestes exemplos.

$3 \times 49 \longrightarrow 3 \times 50 = 150$

$11 \times 39 \longrightarrow 10 \times 40 = 400$

a) $306 - 19 \longrightarrow$ ____________

b) $98 \times 14 \longrightarrow$ ____________

c) $6 \times 2101 \longrightarrow$ ____________

d) $1398 + 61 \longrightarrow$ ____________

e) $71 \times 21 \longrightarrow$ ____________

f) $3984 \times 4 \longrightarrow$ ____________

7 **PROBLEMAS**

As imagens não estão representadas em proporção.

Leia, pense e complete com o valor aproximado.

Estúdio Mil/Arquivo da editora

a) Em uma apresentação de ginástica foram formadas 7 filas com 98 atletas em cada fila. O número de atletas participantes é próximo de ________.

b) Uma pizzaria oferece 28 sabores de *pizza* e 6 tipos de suco. O número de escolhas diferentes que se pode fazer de 1 tipo de *pizza* com 1 tipo de suco é de aproximadamente ________.

c) Augusto comprou 1 par de tênis por R$ 96,00 e 1 camiseta por R$ 32,00. No total ele gastou cerca de R$ ________.

d) Um pipoqueiro vendeu 196 saquinhos de pipoca em 1 mês. Mantendo essa média, em 1 mês ele venderá aproximadamente ________ saquinhos.

Rubens Chaves/Pulsar Imagens

Carrinho de pipoca.

Explorar e Descobrir

Vamos explorar 3 tipos de multiplicações e descobrir regularidades?

- **1ª atividade**

a) Registre os resultados e depois confira nas tabuadas da página 162.

3 × 4 = ________ 8 × 7 = ________ 6 × 2 = ________

4 × 3 = ________ 5 × 9 = ________ 2 × 6 = ________

7 × 8 = ________ 9 × 5 = ________

b) **ATIVIDADE ORAL EM GRUPO** Converse com os colegas sobre o que você observou nessas multiplicações e responda: O que acontece com o resultado da multiplicação quando trocamos a ordem dos fatores?

____

c) **CALCULADORA**

Agora, use uma calculadora e verifique mais estes casos.

3 × 89 = ________ 44 × 65 = ________

89 × 3 = ________ 206 × 21 = ________

65 × 44 = ________ 21 × 206 = ________

- **2ª atividade**

a) Registre os resultados e confira nas tabuadas.

3 × 1 = ________ 1 × 9 = ________

1 × 5 = ________ 7 × 1 = ________

b) **ATIVIDADE ORAL EM GRUPO** Converse com os colegas e responda: O que acontece com o resultado da multiplicação quando um dos fatores é 1?

____

- **3ª atividade**

a) Complete.

3 × 0 = _____ + _____ + _____ = _____

0 × 2 = 2 × 0 = _____ + _____ = _____

4 × 0 = ________________________

0 × 6 = ________________________

b) Por fim, responda: O que acontece com o resultado da multiplicação quando um dos fatores é 0 (zero)? ________________________

8 Veja na lousa o que a professora pediu aos alunos que calculassem.

Neusa e Ivo seguiram caminhos diferentes.

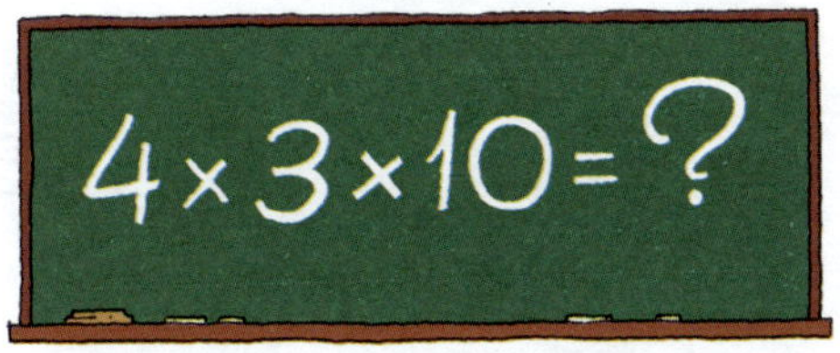

Estúdio Mil/Arquivo da editora

Neusa.

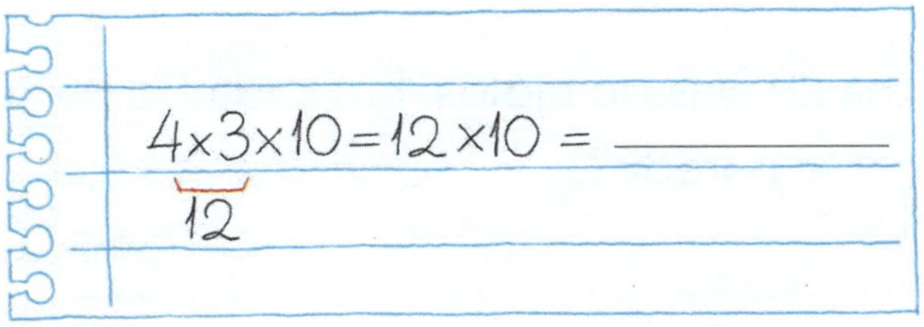

Ivo.

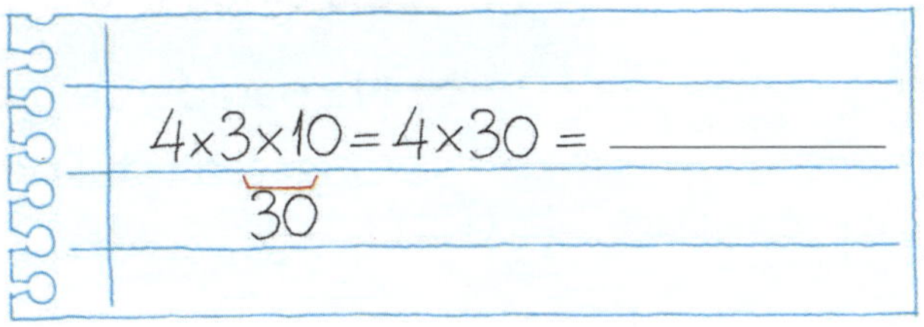

Ilustrações: Banco de imagens/Arquivo da editora

a) Observe os 2 caminhos e complete os cálculos.

b) Quais foram os resultados obtidos? ____________________

c) Agora, calcule assim: $\underbrace{4 \times 3} \times 10 =$ ____________________

9 Será que o que aconteceu na atividade anterior sempre acontece?

a) Verifique em mais estes casos. Calcule, fazendo primeiro o que está entre parênteses.

$(2 \times 3) \times 4 =$ ________	$5 \times (20 \times 3) =$ ________	$(20 \times 10) \times 30 =$ ________
$2 \times (3 \times 4) =$ ________	$(5 \times 20) \times 3 =$ ________	$20 \times (10 \times 30) =$ ________

b) **ATIVIDADE ORAL EM GRUPO** Agora, converse com os colegas e depois responda. Agrupando os fatores de maneiras diferentes, o que acontece com o produto? ____

10 **CÁLCULO MENTAL**

Escolha a melhor maneira de agrupar os fatores e calcule o resultado mentalmente.

a) $9 \times 6 \times 5 =$ ________

b) $4 \times 5 \times 9 =$ ________

c) $7 \times 100 \times 4 =$ ________

d) $2 \times 16 \times 50 =$ ________

e) $3 \times 4 \times 2 \times 3 =$ ________

f) $5 \times 4 \times 6 \times 5 =$ ________

g) $5 \times 2 \times 6 =$ ________

h) $2 \times 3 \times 5 \times 20 =$ ________

i) $3 \times 8 \times 5 =$ ________

11 PROBLEMAS

As imagens não estão representadas em proporção.

Leia, pense e resolva fazendo os cálculos mentalmente.

a) Marta tinha 6 notas de R$ 20,00 e fez uma compra de R$ 90,00. Com quanto ela ainda ficou? ____________________

b) Na parede de um prédio há 20 filas de tijolos. Em cada fila há 70 tijolos. Qual é o total de tijolos nessa parede?

____

Estúdio Mil/Arquivo da editora

c) João vendeu 40 maçãs de manhã e 30 maçãs à tarde, em sua banca de feira. No total ele vendeu quantas maçãs?

____

d) Um quarteirão de forma quadrada tem 90 metros em cada lado. Quantos metros tem a volta toda do quarteirão?

____

Gjfoto/Shutterstock/Glow Images

Automóvel.

e) Um automóvel está sendo vendido em 30 prestações de R$ 800,00 cada uma. Qual é o preço total desse automóvel?

____

f) Uma escrivaninha tem 4 gavetas. Em cada gaveta há 5 pastas e em cada pasta há 30 fichas. Qual é o total de fichas nessa escrivaninha?

____

g) Marcelo tinha R$ 235,00 no banco e fez uma retirada de R$ 130,00. Após essa movimentação, qual passou a ser o saldo da conta dele?

____

12 DESAFIO

Uma torneira despeja 5 litros de água por minuto. Para escovar os dentes, uma pessoa deixa a torneira aberta, em média, por 3 minutos.

Nesse caso, em uma cidade com 100 000 habitantes, quanto se gastará de água diariamente com escovação se cada um escovar os dentes 4 vezes por dia?

Estúdio Mil/Arquivo da editora

____

Multiplicação: algoritmo da decomposição

1 Noemi está brincando com botões. Observe como ela colocou os mesmos botões sobre a mesa em 2 momentos diferentes. Depois, complete o que está em cada quadro.

Inicialmente ela fez assim:

9

3 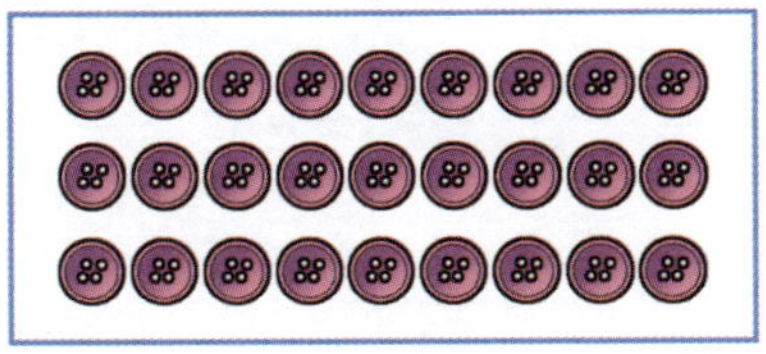

3×9

____

Como $9 = 5 + 4$, ela escreveu 3×9 assim:

$3 \times (5 + 4)$

Depois ela fez assim:

5 4

3 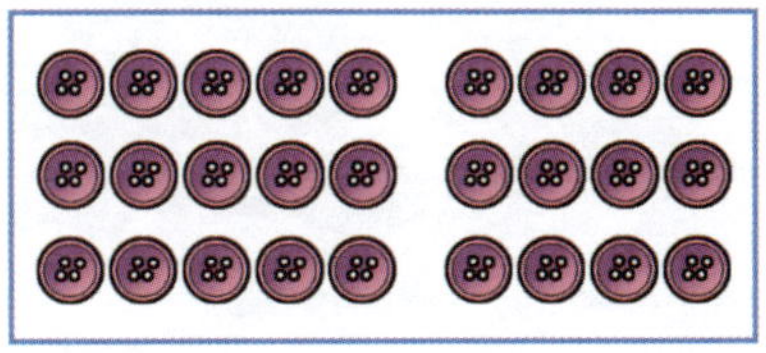 3

Ilustrações: Estúdio Mil/Arquivo da editora

$3 \times (5 + 4)$

$3 \times 5 + 3 \times 4$

____ + ____ = ____

2 Veja a dúvida do aluno e o esclarecimento da professora.

Ilustrações: Estúdio Mil/Arquivo da editora

$5 \times 132 = 5 \times (100 + 30 + 2) = 5 \times 100 + 5 \times 30 + 5 \times 2 = 500 + 150 + 10 = 660$

Observe outras maneiras de efetuar essa multiplicação, complete os algoritmos da decomposição e indique a multiplicação efetuada.

100 + 30 + 2	100 + 30 + 2	Multiplicação:
× 5	× 5	________
____ + ____ + ____ = ____	10	
	150	
	+ 500	
	____	

3 Multiplique usando o algoritmo da decomposição. A maneira de representar você escolhe.

a) $5 \times 384 =$ ______________

b) $4 \times 452 =$ ______________

c) $2 \times 297 =$ ______________

d) $3 \times 845 =$ ______________

4 **PROBLEMAS**

Use o algoritmo da decomposição nas multiplicações.

a) João recebe um salário mensal de R$ 725,00. Quanto ele recebe em 1 trimestre? E em 1 semestre?

____

b) Uma granja tem 6 barracões. Em cada barracão há 1 516 frangos. Quantos frangos há na granja?

____

Algoritmo usual da multiplicação: um dos fatores é formado por apenas 1 algarismo

1 Nando foi a uma loja comprar um telefone e encontrou esta oferta. Qual é o preço total deste telefone?

Para responder a essa pergunta, precisamos efetuar a multiplicação 4×153.

Veja como efetuar pelo algoritmo usual.

Sergio Stakhnyk/Shutterstock/Glow Images

Telefone.

C	D	U
	1	
1	5	3
×		4
		2

→

C	D	U
2	1	
1	5	3
×		4
	1	2

→

C	D	U
2	1	
1	5	3
×		4
6	1	2

As imagens não estão representadas em proporção.

Unidades:
4×3 unidades $= 12$ unidades
12 unidades correspondem a
1 dezena e 2 unidades.

Dezenas:
4×5 dezenas $= 20$ dezenas
20 dezenas com mais 1 dezena
são 21 dezenas, que correspondem
a 2 centenas e 1 dezena.

Centenas:
4×1 centena $= 4$ centenas
4 centenas com
mais 2 centenas
são 6 centenas.

Estúdio Mil/Arquivo da editora

a) Efetue pelo algoritmo usual simplificado.

b) Escreva a resposta do problema. ______________________________

2 Pratique um pouco mais o algoritmo usual da multiplicação.

a)

C	D	U
3	2	5
×		2

b)

$$\begin{array}{r} 161 \\ \times\ 5 \\ \hline \end{array}$$

c)

UM	C	D	U
1	5	3	2
×			3

d)

$$\begin{array}{r} 23421 \\ \times\ 4 \\ \hline \end{array}$$

3 PROBLEMAS

As imagens não estão representadas em proporção.

Pense, efetue as multiplicações pelo algoritmo usual e responda.

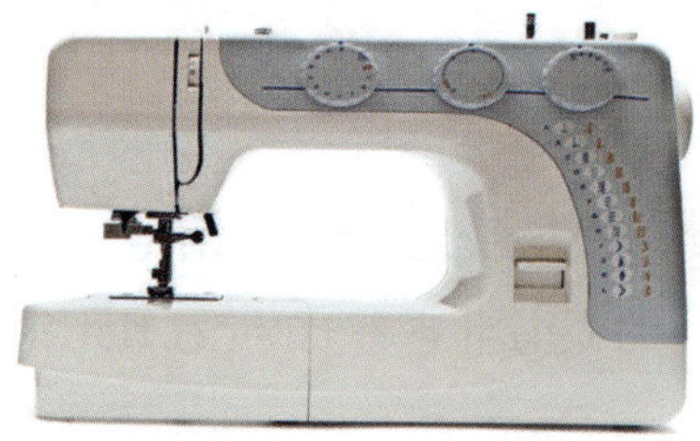

S. Dashkevych/Shutterstock/Glow Images

Máquina de costura.

a) Elisa comprou uma máquina de costura e pagou da seguinte forma: uma entrada de R$ 250,00 e mais 3 prestações de R$ 275,00 cada uma. Quanto ela pagou pela máquina de costura?

____

b) Todos os barris têm o mesmo "peso". Quantos quilogramas a segunda balança deve marcar?

____

____

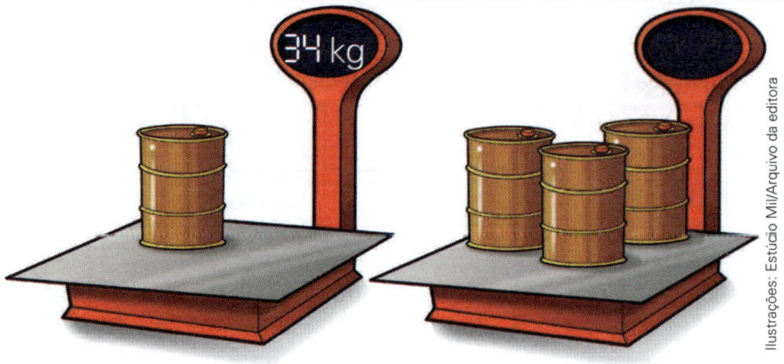

Ilustrações: Estúdio Mil/Arquivo da editora

c) O cachorro de Beto tem 8 anos e 7 meses. Quantos meses ele tem?

____

4 Você já viu: O **dobro** significa 2 vezes.
O **triplo** significa 3 vezes.

Veja agora: O **quádruplo** significa 4 vezes.
O **quíntuplo** significa 5 vezes.

Calcule e complete.

a) O dobro de 2 396 é ______________.

b) O triplo de R$ 740,00 é ______________.

c) O quádruplo de 37 é ______________.

d) O quíntuplo de 128 é ______________.

5 **ATIVIDADE EM DUPLA** Invente e resolva um problema com a palavra **triplo**. Mostre a um colega o problema que você inventou e peça a ele que o resolva.

____

____

Algoritmos da multiplicação: os dois fatores com mais de 1 algarismo

Um dos fatores é uma dezena, centena ou unidade de milhar exata

Ônibus de viagem.

Petr Student/Shutterstock/Glow Images

1 Em uma viagem, este ônibus pode transportar 42 pessoas.

Em 20 viagens, quantas pessoas ele poderá transportar?

Para descobrir, você precisa multiplicar 42 por 20.

Observe.

$20 \times 42 = \underbrace{2 \times 10}_{} \times 42 = 84 \times 10 = 840$

20 → 2 dezenas; 2×42 = 84

Simplificando:

$$\begin{array}{r} 42 \\ \times\ 20 \\ \hline 840 \end{array}$$

Escreva a resposta do problema.

____

2 **ATIVIDADE ORAL EM GRUPO** Veja outros exemplos.

$$\begin{array}{r} 63 \\ \times\ 20 \\ \hline 1\,260 \end{array} \qquad \begin{array}{r} 240 \\ \times\ \ 20 \\ \hline 4\,800 \end{array} \qquad \begin{array}{r} {}^{2\,3} \\ 157 \\ \times\ \ 50 \\ \hline 7\,850 \end{array} \qquad \begin{array}{r} {}^{2\,1\,2} \\ 3\,758 \\ \times\ \ \ 30 \\ \hline 112\,740 \end{array}$$

Converse com os colegas sobre como foram efetuadas estas multiplicações.

Depois, pratique um pouco, efetuando estas outras.

a) $30 \times 249 =$ __________

b) $634 \times 20 =$ __________

c) $121 \times 70 =$ __________

d) $20 \times 530 =$ __________

e) $40 \times 1\,252 =$ __________

f) $2\,340 \times 60 =$ __________

Nenhum dos fatores é dezena, centena ou unidade de milhar exata

1 Uma operadora de celular oferece ligações para telefones fixos a 13 centavos o minuto. Quanto custa uma ligação de 12 minutos nesse caso?

Há vários modos de efetuar 12×13. Copie o processo geométrico em papel quadriculado e cole-o no caderno.

Copie também no caderno o algoritmo da decomposição e o algoritmo usual simplificado. Finalmente, escreva a resposta do problema e troque ideia com os colegas sobre cada processo.

Maxx-Studio/Shutterstock/Glow Images

Celular.

- Geometricamente, com papel quadriculado.

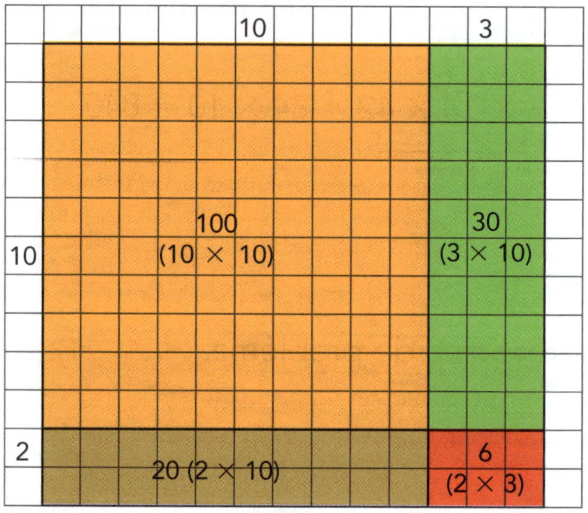

Banco de imagens/Arquivo da editora

$$\begin{array}{r} 100 \\ 30 \\ 20 \\ +\quad 6 \\ \hline 156 \end{array}$$

156 centavos ou R$ 1,56

- Pelo algoritmo da decomposição.

Como $12 = 10 + 2$ e $13 = 10 + 3$, temos:

$$12 \times 13 = (10 + 2) \times (10 + 3) = \underbrace{100}_{10 \times 10} + \underbrace{30}_{10 \times 3} + \underbrace{20}_{10 \times 2} + \underbrace{6}_{2 \times 3} = 156$$

- Pelo algoritmo usual.

2 vezes 13
$2 \times 13 = 26$

	D	U
	1	3
×	1	2
	2	6

→

1 dezena vezes 13
ou 10 vezes 13
$10 \times 13 = 130$

	C	D	U
		1	3
×		1	2
		2	6
	1	3	0

→

Somando
$26 + 130 = 156$

	C	D	U
		1	3
×		1	2
		2	6
+	1	3	0
	1	5	6

Algoritmo usual simplificado

$$\begin{array}{r} 13 \\ \times\ 12 \\ \hline 26 \\ +\ 130 \\ \hline 156 \end{array}$$

Resposta: ______________________________

2 Os torcedores do Flamengo do Rio de Janeiro estão organizando uma viagem para assistirem à partida Flamengo × Corinthians, em São Paulo.

Em cada ônibus cabem 43 torcedores. Foram reservados 15 ônibus. Quantos torcedores poderão viajar?

Para dar a resposta devemos efetuar a multiplicação 15 × 43.

Alexandre Battibugli/Fotoarena

Partida entre Corinthians e Flamengo na Arena Corinthians, em São Paulo, pelo Campeonato Brasileiro de 2016.

a) Complete cada passagem do algoritmo usual.

```
   1
  43
× 15
____
____  ← 5 × 43
```

```
  43
× 15
____
____
____  ← 10 × 43
```

Algoritmo usual simplificado

```
   43
 × 15
 ____
 ____
+____
 ____
```

b) Analise novamente o algoritmo usual simplificado e escreva a resposta do problema. ______________________

3 Examine a multiplicação feita pelo algoritmo usual e complete as operações.

```
    1
    3
   47
 × 25
  235
+ 940
 1175
```

1º passo: ________ × ________ = ________

2º passo: ________ × ________ = ________

3º passo: ________ + ________ = ________

4 Examine a seguir mais 2 multiplicações resolvidas pelo algoritmo usual e efetue as demais.

```
    2 1
    253
   × 14
   1012
 + 2530
   3542
```

```
       4
       1
      160
     × 82
      320
      1
  + 12800
    13120
```

```
   34
 × 22
```

```
  382
 × 15
```

5 PROBLEMAS

Leia com atenção, pense e resolva.

a) Minha turma de 16 pessoas vai assistir a uma peça de teatro, cujo ingresso custa R$ 25,00.
Se cada um der R$ 30,00, então quanto vai sobrar no total para tomarmos um lanche? ____________________

b) O carro de Beto percorre 13 km com 1 litro de gasolina.

- Quantos quilômetros ele poderá percorrer com 45 litros de gasolina?

____

- E quantos litros ele gastará para percorrer 26 km? ____________________

c) Felipe comprou 15 agendas para presentear seus funcionários. Cada agenda custou R$ 15,00 e ele pagou com 5 notas de R$ 50,00. Quanto ele recebeu de troco? ____________________

6

Um ônibus faz 3 vezes ao dia o percurso de ida e volta entre as cidades pernambucanas de Caruaru e Recife. Observe no mapa a distância entre elas e responda: Quantos quilômetros esse ônibus percorre em 1 semana?

____

Distância entre Caruaru e Recife

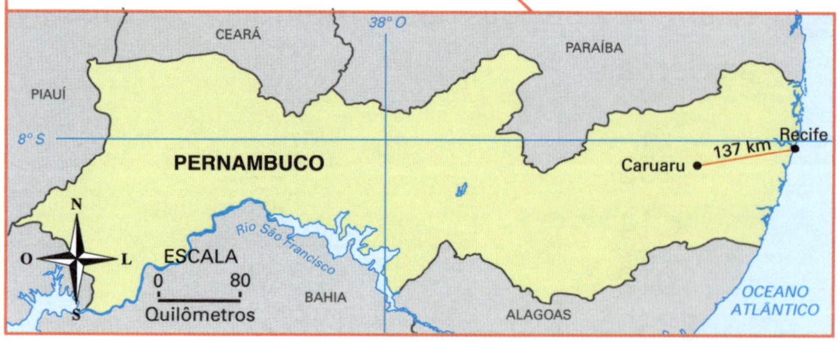

Fonte de consulta: **Atlas geográfico escolar**. 6. ed. Rio de Janeiro: IBGE, 2012.

Uso do dinheiro em reais e centavos

As imagens não estão representadas em proporção.

1 Observe a quantia indicada em cada quadro.

75 centavos.
R$ 0,75

130 centavos ou
1 real e 30 centavos.
R$ 1,30

2 reais e 15 centavos
ou 215 centavos.
R$ 2,15

Agora, escreva o valor correspondente às moedas em cada item.

a)

____
____
____

b)

____
____
____

c)

____
____
____

2 ADIÇÃO, SUBTRAÇÃO E MULTIPLICAÇÃO COM DINHEIRO

a) **ATIVIDADE ORAL EM GRUPO** Observe um exemplo de adição e troque ideias com os colegas sobre como ela foi efetuada.

R$ 3,70 + R$ 2,40

R$ 3,70 → 370 centavos

R$ 2,40 → 240 centavos

```
   1
  370
+ 240
-----
  610 centavos
  ou R$ 6,10
```

Simplificando:

```
     1
  R$ 3,70
+ R$ 2,40
---------
  R$ 6,10
```

b) Efetue e complete: R$ 6,45 + R$ 1,25 = R$ ________

c) Agora, observe um exemplo de subtração.

$$\begin{array}{r} \text{R\$ } 19{,}40 \\ -\ \text{R\$ } 3{,}90 \\ \hline ? \end{array} \longrightarrow \begin{array}{r} 1\,\overset{8}{\not9}\,{}^{1}4\,0 \\ -\ 3\,9\,0 \\ \hline 1\,5\,5\,0 \end{array} \begin{array}{l} \text{centavos} \\ \text{centavos} \\ \text{centavos ou R\$ 15,50} \end{array}$$

Simplificando:

$$\begin{array}{r} \text{R\$ } 1\overset{8}{\not9},{}^{1}40 \\ -\ \text{R\$ } 3{,}90 \\ \hline \text{R\$ } 15{,}50 \end{array}$$

Efetue R$ 2,40 − R$ 1,25. Depois, indique essa subtração na forma simplificada.

d) Finalmente, observe o exemplo de multiplicação de um número natural por uma quantia de dinheiro.

4 × R$ 3,70 = ?

$$\begin{array}{r} \overset{2}{3}70 \\ \times\ 4 \\ \hline 1480 \end{array} \begin{array}{l} \text{centavos} \\ \\ \text{centavos ou R\$ 14,80} \end{array}$$

Simplificando:

$$\begin{array}{r} \text{R\$ } \overset{2}{3}{,}70 \\ \times\ 4 \\ \hline \text{R\$ } 14{,}80 \end{array}$$

Efetue mais esta multiplicação e complete: 3 × R$ 5,40 = ______________

3 PROBLEMA

Luciana tinha R$ 9,70, ganhou R$ 9,50 de seu pai e comprou 3 canetas. Cada caneta custou R$ 4,50.

Com quanto Luciana ainda ficou?

____

Canetas.

Mais atividades e problemas

1 Efetue os cálculos mentalmente e responda às perguntas.

Ah! Ilustração/Arquivo da editora

a) Uma piscina tem 50 metros de comprimento. Leila nadou 4 vezes de um lado ao outro da piscina.

Quantos metros ela nadou? ______________________

b) Uma indústria de confecções produz 600 unidades de camisetas por dia. Qual é a produção em 7 dias?

____

c) Marcela fez uma viagem que durou 2 horas e 10 minutos. A duração dessa viagem foi de quantos minutos? ______________________

2 Complete.

a) Abril é um mês de ________ dias. Cada dia tem ________ horas.

Então, o mês de abril tem ________ horas.

b) Cada caixa com sabonetes custa R$ 30,00 ao lojista. Se Carlos comprar 20 caixas para sua loja, então gastará R$ ____________.

Dejan Dundjerski/Shutterstock

Caixa com sabonetes.

As imagens não estão representadas em proporção.

3 Complete a tabela. Em cada linha o número de carros deve ser o dobro do número de motos.

Maskim Toome/Shutterstock

Ekay Studio/Shutterstock

Xphantom/Shutterstock

Carros e moto.

Número de veículos

Número de carros	Número de motos	Total de veículos
2	1	3
	5	
14		
		9
	17	

Tabela elaborada para fins didáticos.

4 Na escola de Paula há 13 turmas de 35 alunos e 9 turmas de 34 alunos.

a) Qual é o número total de alunos nessa escola? ________________

b) Pesquise quantas e quais são as turmas de 4º ano em sua escola e quantos alunos há em cada uma. Depois, calcule o total de alunos do 4º ano de sua escola. ________________

5 Calcule e responda.

a) Quantos meses há em 1 século? ________________

b) Quantos dias há em 125 semanas? ________________

c) Quantos dias há em 3 anos não bissextos? ________________

6 **DESAFIO**

Calcule e descubra qual número é maior.

a) O quíntuplo de 879 ou o quádruplo de 1 315? ________________________

b) 777 + 777 + 777 + 777 ou 666 + 666 + 666 + 666 + 666?

____

c) 16 × 78 ou 621 + 627? ________________________

7 ATIVIDADE EM DUPLA

a) Completem as multiplicações, cada um em seu livro, e procurem descobrir uma regularidade.

$3 \times 5 =$ ___	$4 \quad \times \quad 2 \quad =$ ___	$3 \times 3 =$ ___
$\times 2$ ↓ ↓ ↓ $\times$ ___	↓ ↓ $\times 5$ ↓ $\times$ ___	$\times$ ___ ↓ ↓ ↓ $\times$ ___
$6 \times 5 =$ ___	___ $\times$ ___ $=$ ___	$30 \times 3 =$ ___

b) Respondam, cada um em seu livro: Se, em uma multiplicação, apenas 1 dos fatores for multiplicado por certo número, então o que acontece com o resultado (produto)?

____

c) Agora os 2 fatores serão multiplicados. Completem as multiplicações, cada um em seu livro.

$5 \quad \times \quad 4 \quad =$ ___	$2 \quad \times \quad 5 \quad =$ ___	$3 \times 3 =$ ___
$\times 2$ ↓ ↓ $\times 3$ ↓ $\times$ ___	$\times 3$ ↓ ↓ $\times 3$ ↓ $\times$ ___	$\times$ ___ ↓ ↓ $\times$ ___ ↓ $\times$ ___
___ $\times$ ___ $=$ ___	___ $\times$ ___ $=$ ___	$30 \times 6 =$ ___

d) Se, em uma multiplicação, um fator for multiplicado por 5 e, o outro, por 4, então o que acontece com o resultado (produto)? Respondam, cada um em seu livro.

____

e) Analisem com atenção e completem.

- Se $7 \times 9 = 63$, então $14 \times 9 =$ ________ $\times 63$.
- Se $12 \times 6 = 72$, então $12 \times 30 =$ ________ $\times 72$.
- Se $11 \times 8 = 88$, então $55 \times 16 =$ ________ $\times 88$.

8 Uma agência de turismo está promovendo uma excursão. Vejas as informações.

Saída	28/12 às 10 h 30 min
Duração da excursão	5 dias (contando 28/12 como o 1º dia)
Horário de embarque para retorno a São Paulo	13 h
Duração total do voo (com escala)	2 h 30 min
Distância aérea percorrida de São Paulo a Porto Seguro	1 142 km

Estúdio Mil/Arquivo da editora

PREÇO POR PESSOA R$ 530,00

Use estas informações e responda.

a) Em que dia será o retorno? ______________

b) Qual é o horário previsto para a chegada a Porto Seguro? ______________

c) Qual é o horário previsto para a chegada a São Paulo? ______________

d) Na viagem de ida e volta, quantos quilômetros serão percorridos?

____

e) Quanto vai pagar um casal que vai a essa excursão? ______________

9 CALCULADORA

ATIVIDADE EM DUPLA Resolvam o problema a seguir usando uma calculadora.

Em um final de ano, uma loja vendeu 15 fornos de micro-ondas, 22 bebedouros, 36 aparelhos de *blu-ray* e 40 liquidificadores.

Quanto ela arrecadou com essa venda?

____

As imagens não estão representadas em proporção.

Grygorii Lykhatskyi/Shutterstock/Glow Images

Liquidificador.

Mathew Zucker/Workbook Stock/Getty Images

Bebedouro.

StockPhotosArt/Shutterstock/Glow Images

Aparelho de *blu-ray*.

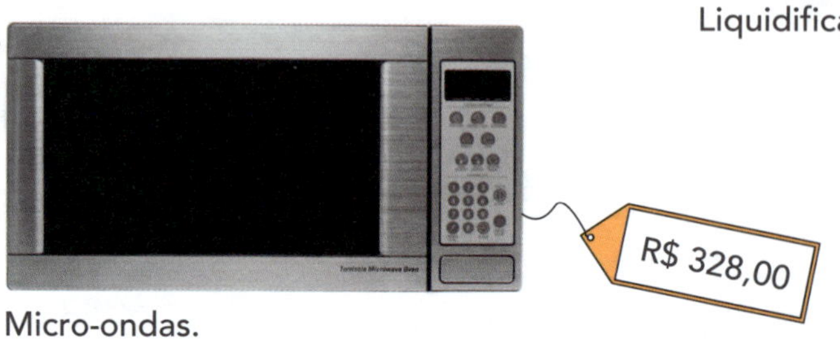

Sascha Burkard/Shutterstock/Glow Images

Micro-ondas.

VAMOS VER DE NOVO?

1 ESTATÍSTICA

Na turma de Juçara foi feita uma pesquisa sobre o esporte favorito dos alunos.

a) Complete a tabela e o gráfico com o resultado da pesquisa.

Esportes favoritos

Esporte	Marcas	Quantidade de votos
Futebol (**F**)		7
Basquete (**B**)		4
Vôlei (**V**)		
Natação (**N**)		
Tênis (**T**)		

Banco de imagens/Arquivo da editora

Tabela e gráfico elaborados para fins didáticos.

b) Qual foi o esporte mais votado? ____________________

c) E qual foi o esporte menos votado? ____________________

d) Há quantos alunos nessa turma? ____________________

e) Qual é a diferença entre a quantidade de votos dados ao futebol e à natação? ____________________

f) Quantos votos o vôlei teve a mais do que o tênis? ____________________

g) Que esporte recebeu 8 votos? ____________________

2 ESTIMATIVA

a) Observe bem cada figura e faça uma estimativa, sem fazer a contagem. Qual destas figuras tem o maior número de segmentos de reta? ____________________

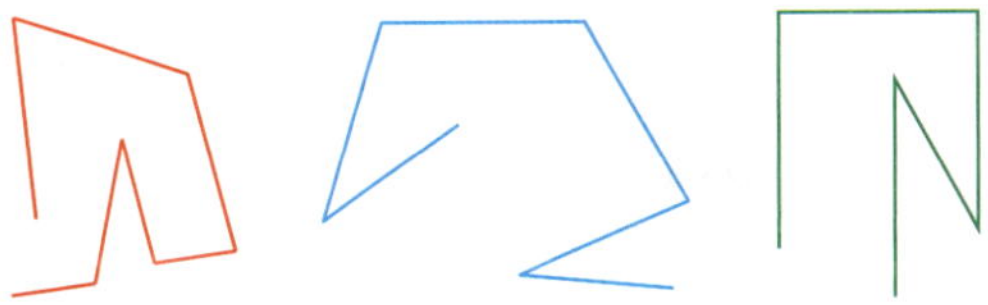

Banco de imagens/Arquivo da editora

b) Agora, conte o número de segmentos de reta em cada figura e confira sua estimativa. ____

3 TESTES

As imagens não estão representadas em proporção.

Em cada item, descubra e assinale a alternativa correta.

a) Qual é o número natural formado por metade de 1 dezena de milhar, mais a metade de 1 centena, mais 5 dezenas?

- [ ] 5 550
- [ ] 5 055
- [ ] 5 100
- [ ] 5 010

b) Marina vai comprar este livro e vai pagar com 3 notas de R$ 20,00. Com quantas notas o troco pode ser feito?

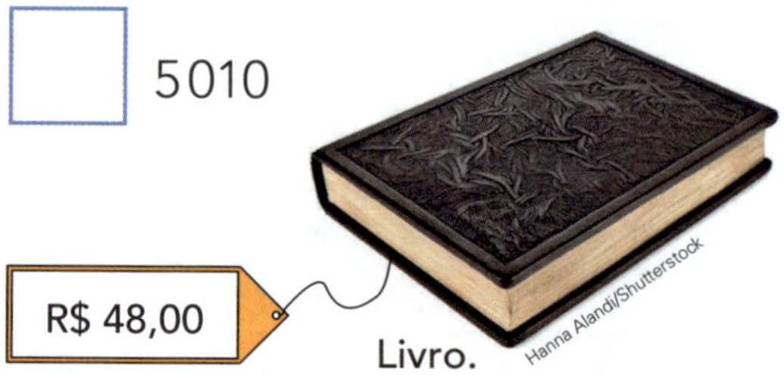

Livro.
Hanna Alandi/Shutterstock

- [ ] 1 única nota.
- [ ] 2 notas diferentes.
- [ ] 2 notas iguais.
- [ ] 3 notas iguais.

c) Quando uma pirâmide tem o número de vértices igual ao número de arestas?

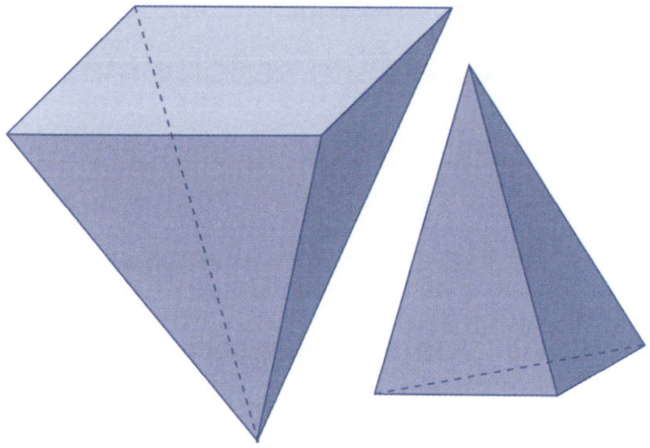
Ilustrações: Banco de imagens/Arquivo da editora

- [ ] Sempre.
- [ ] Às vezes.
- [ ] Nunca.

ThavornC/Shutterstock

d) Que horário este relógio está marcando, no período da tarde?

- [ ] 15 h 30 min
- [ ] 16 h 30 min
- [ ] 16 h 6 min
- [ ] 18 h 22 min

e) Que sólido geométrico pode ter apenas 2 faces triangulares?

- [ ] Um prisma.
- [ ] Um cubo.
- [ ] Uma pirâmide.
- [ ] Um cone.

O QUE ESTUDAMOS

Identificamos as ideias associadas à multiplicação.

As imagens não estão representadas em proporção.

- Adição de parcelas iguais.

  8 flores no total.

  $2 + 2 + 2 + 2 = 8$ ou

  $4 \times 2 = 8$

Estúdio Mil/Arquivo da editora

- Disposição retangular.

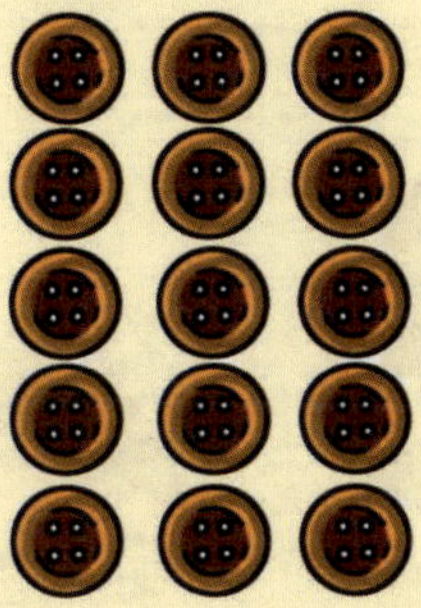

Estúdio Mil/Arquivo da editora

15 botões.

$3 \times 5 = 15$ ou $3 \times 5 = 15$

- Combinando possibilidades.

2 figuras

3 cores

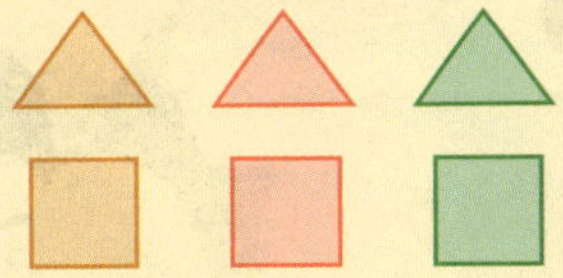

Ilustrações: Banco de imagens/Arquivo da editora

6 possibilidades de pintar essas figuras com essas cores.

$2 \times 3 = 6$ ou $3 \times 2 = 6$

- Proporcionalidade.

2 bolos custam R$ 13,00

× 2 ↓ ↓ × 2

4 bolos custam R$ 26,00

Efetuamos a multiplicação usando vários processos, como o algoritmo da decomposição e o algoritmo usual.

$3 \times 25 = ?$

$$\begin{array}{r} 20 + 5 \\ \times \quad\quad 3 \\ \hline 60 + 15 = 75 \end{array}$$

ou $3 \times (20 + 5) = 60 + 15 = 75$

$$\begin{array}{r} \overset{1}{2}5 \\ \times \ 3 \\ \hline 75 \end{array}$$

Resolvemos atividades e problemas envolvendo a multiplicação.

Pedro comprou 3 cadernos e 2 canetas. Cada caderno custou R$ 12,00 e cada caneta R$ 9,00. Quanto ele gastou no total? R$ 54,00

$$\begin{array}{r} 12 \\ \times \ 3 \\ \hline 36 \end{array}$$

$2 \times 9 = 18$

$$\begin{array}{r} \overset{1}{3}6 \\ +\ 18 \\ \hline 54 \end{array}$$

- Você revisou os assuntos desta Unidade em sua casa?
- Você está satisfeito com seu desempenho escolar? Acha que precisa melhorar algo? Converse com o professor sobre isso.

Unidade 6

Divisão com números naturais

- O que mostra esta cena?
- Você acha importante a realização de atividades feitas dessa maneira? Por quê?

Para iniciar

Na cena de abertura, veja os alunos de uma turma realizando um trabalho em grupos.

Para decidir quantos grupos formar ou quantos alunos deverá ter cada grupo, a professora usa uma **divisão**, operação que será estudada nesta Unidade.

- Analise a cena das páginas de abertura desta Unidade. Converse com os colegas e respondam às questões a seguir.

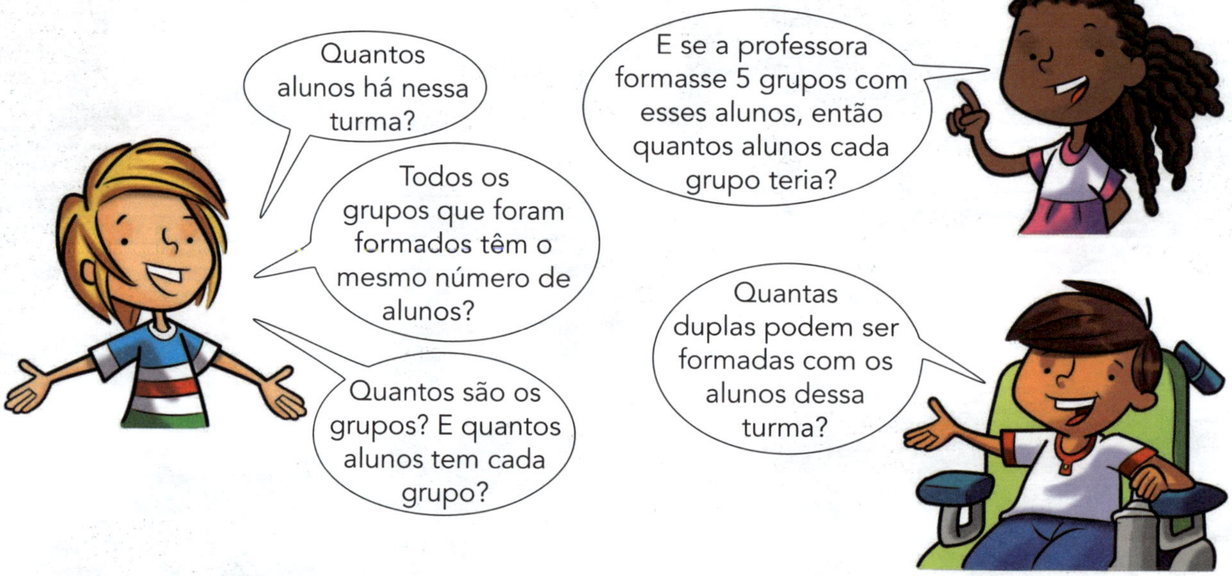

Ilustrações: Estúdio Mil/Arquivo da editora

- Converse com os colegas sobre mais estas questões.

a) Para distribuir igualmente estes lápis nestas caixas, quantos lápis devemos colocar em cada caixa? Qual é a divisão correspondente?

urfin/Shutterstock

Lápis.

Anatoly Vartanov/Shutterstock

Caixas.

As imagens não estão representadas em proporção.

b) Para fazer o pagamento desta bola, só com notas de R$ 5,00, de quantas notas vamos precisar? Qual é a divisão correspondente?

rangizzz/Shutterstock

Bola.

c) Em qual destas divisões o quociente é 4?

$12 \div 6 = ?$ | $22 \div 6 = ?$ | $15 \div 6 = ?$ | $24 \div 6 = ?$

d) E em qual delas o resto é 4?

Divisão com números naturais

Revendo as ideias da divisão

1 A IDEIA DE REPARTIR OU DISTRIBUIR IGUALMENTE

Para uma festa de aniversário, Cristina fez 108 bolinhos de vários sabores e repartiu-os igualmente em 2 bandejas. Quantos bolinhos foram colocados em cada bandeja?

Ivonne Wierink/Shutterstock/Glow Images

Bolinhos de festa de aniversário.

Compreender

Para repartir igualmente 108 bolinhos em 2 bandejas, devemos efetuar a divisão 108 ÷ 2.

Planejar

Vamos efetuar 108 ÷ 2 usando o material dourado e pelo algoritmo usual.

Executar

Use o material dourado, siga a sequência e confira no algoritmo usual.

Ilustrações: Banco de imagens/Arquivo da editora

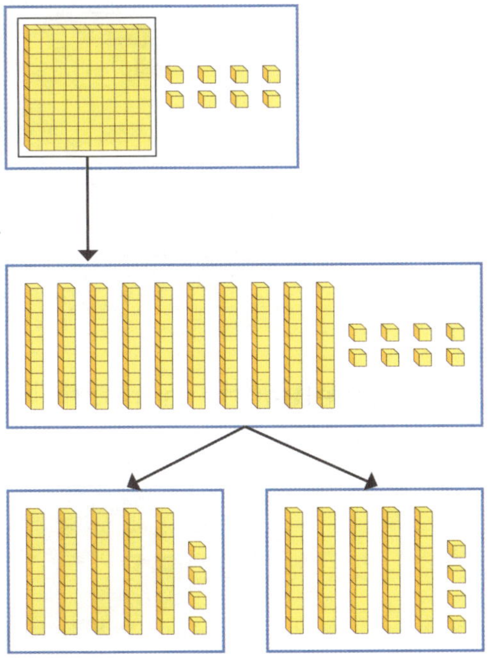

- Não podemos dividir 1 placa (centena) por 2 e ainda obter placas (centenas) como resultado. Por isso, trocamos 1 placa por 10 barrinhas (dezenas). No algoritmo usual, colocamos o 0 (zero) no resultado.
- Dividimos 10 barrinhas (dezenas) por 2 e obtemos 5 barrinhas (dezenas). Não sobram barrinhas.
- Dividimos 8 cubinhos (unidades) por 2 e obtemos 4 cubinhos (unidades). Não sobram cubinhos.
- O resultado é 54 e o resto é 0 (zero).

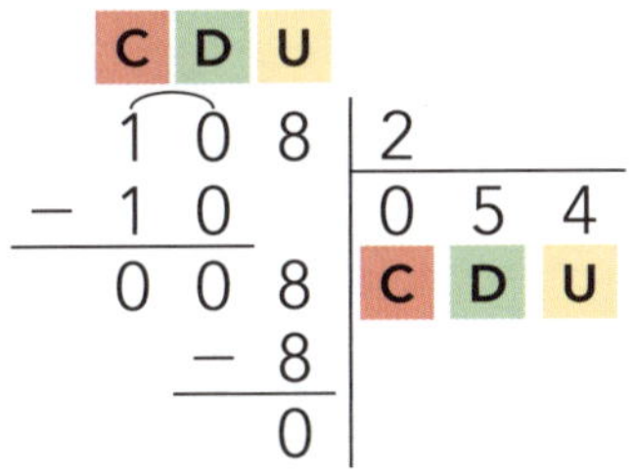

Verificar

Verifique se a divisão está correta efetuando a multiplicação 2 × 54. O resultado deve ser 108.

_______ ÷ _______ = _______

Responder

Escreva a resposta: ____

2 Mariana tem 125 carrinhos e quer distribuí-los igualmente em 5 caixas. Quantos carrinhos cada caixa terá?

Carros: Golden Sikorka/Shutterstock
Caixa: Anatoly Vartanov/Shutterstock

Carrinhos.

Compreender

Para repartir igualmente 125 carrinhos em 5 caixas e saber quantos carrinhos terá cada uma, devemos efetuar a divisão 125 ÷ 5.

Planejar

Podemos efetuar 125 ÷ 5 pelo algoritmo usual, já visto no 3º ano.

Executar

```
   C D U
   1 2 5 | 5
 − 1 0   |------
 -----   | 0 2 5
   0 2 5 | C D U
   − 2 5 |
   -----
     0 0
```

- Não podemos dividir 1 centena por 5 e ainda obter centenas como resultado. Por isso, colocamos 0 no resultado.
- Dividimos 12 dezenas por 5 e obtemos 2 dezenas.
  Sobram 2 dezenas, que equivalem a 20 unidades.
- As 20 unidades com mais 5 unidades totalizam 25 unidades, que, divididas por 5, resultam em 5 unidades. O resto é 0.

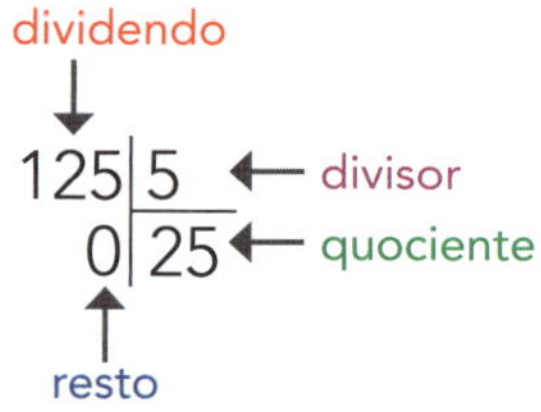

Quando o resto é 0 (zero), dizemos que é uma **divisão exata**.

Verificar

Podemos verificar se a divisão está correta efetuando a multiplicação 5 × 25. O resultado deve ser 125.

Indique a divisão e faça a verificação.

_______ ÷ _______ = _______

Responder

Escreva a resposta.

____

3 Agora, pense, calcule e responda.

a) Se 126 sachês de chá forem repartidos igualmente em 3 latas, então cada lata ficará com quantos sachês de chá?

____

b) Se 448 sachês de chá forem divididos igualmente em 4 caixas, então cada caixa ficará com quantos sachês de chá?

____

4 Uma aula de Educação Física durou 1 h 45 min e teve 3 atividades de mesma duração.
Quanto tempo durou cada atividade?

____

5 Se o preço de 7 bolas iguais é R$ 119,00, então qual é o preço de 5 dessas bolas?

____

6 Rafael comprou 2 camisetas iguais. Ele pagou com 3 notas de R$ 50,00 e recebeu R$ 36,00 de troco.
Quanto custou cada camiseta?

____

7 Uma costureira repartiu 3 m e 75 cm de tecido em 3 peças de mesmo comprimento. Com quantos centímetros cada peça ficou?

____

8 A IDEIA DE MEDIDA: QUANTOS CABEM? QUANTOS GRUPOS PODEM SER FORMADOS?

Na escola de Marcos foram promovidos 2 campeonatos: um de basquete e um de voleibol.

a) Do campeonato de basquete da escola vão participar 155 alunos. Quantas equipes poderão ser formadas?

Andrea Ebert/Arquivo da editora

Aqui queremos saber quantos grupos de 5 alunos podem ser formados com 155 alunos, ou seja, quantos grupos de 5 cabem em 155.

Para responder precisamos efetuar a divisão 155 ÷ 5.

As imagens não estão representadas em proporção.

```
  C D U
  1 5 5 | 5
- 1 5     -------
  ----- | 0 3 1
  0 0 5 | C D U
    - 5 |
    --- |
      0 |
```

Verificação ou prova

Em 31 grupos de 5 crianças, devemos ter 155 crianças. Fazemos 31 × 5 ou 5 × 31 e o resultado deve ser 155.

$$\begin{array}{r} 31 \\ \times\ 5 \\ \hline 155 \end{array}$$

Agora, complete a resposta do problema.

Com 155 alunos podem ser formadas ________ equipes de basquete.

b) Do campeonato de voleibol vão participar 132 crianças. Quantos times podem ser formados? Resolva e registre a resposta.

____

Atenção: antes de resolver este problema, você precisa saber quantos são os jogadores em um time de voleibol.

Estúdio Mil/Arquivo da editora

9 Jonas tem R$ 65,00 e pretende comprar pacotes de balões como este.

Paulo Manzi/Arquivo da editora

Pacote de balões.

a) Calcule e responda: Quantos pacotes ele poderá comprar no máximo? Sobrará algum dinheiro?

____

b) ATIVIDADE ORAL

- Nesta atividade temos uma **divisão não exata** (resto diferente de 0). Como podemos fazer a verificação dessa divisão?
- Qual pode ser o resto em uma divisão por 7?
- E em uma divisão por 11?

10 Pense, descubra e depois faça a divisão para conferir.
Qual é o número que dividido por 6 tem quociente 42 e resto 4? _______

11 Em uma fábrica de roupas, 338 blusas serão colocadas em pacotes com meia dúzia de blusas em cada um.
Quantos pacotes serão completados? _______________________

12 Escreva as sequências com os números naturais menores do que 30, com as seguintes regras.

a) Divididos por 5 têm resto 3. _____, _____, _____, _____, _____, _____.

b) Divididos por 7 têm resto 1. _______________________

13 DESAFIO

O dividendo é 50. O quociente e o divisor são números naturais iguais. Quais são o quociente, o divisor e o resto? _______________________

____

Relacionando a multiplicação e a divisão: operações inversas

1 Veja as operações que podemos efetuar usando apenas os números 8, 9 e 72.

$8 \times 9 = 72$ $9 \times 8 = 72$ $72 \div 9 = 8$ $72 \div 8 = 9$

Efetue todas as divisões e multiplicações possíveis usando apenas os números de cada item.

a) 7, 63 e 9. **b)** 6, 40 e 240. **c)** 200, 400 e 2.

______ ______ ______

______ ______ ______

2 Complete com os números que faltam.

a) 36 ÷ ____ = 9

b) ________ ÷ 5 = 80

c) ________ | 4 → 300

d) 6300 | ________ → 900

e) ____ × 9 = 72

f) 40 × ____ = 800

3 Calcule e responda.

a) Se Jair repartir igualmente entre seus 4 sobrinhos os gibis que tem, então cada um receberá 8 gibis. Quantos gibis ele tem? ____________

b) Adicionei um número com 12, achei o quíntuplo da soma e obtive 70. Qual foi o número inicial? ______

c) Em uma turma da escola há 12 meninos. Esse número corresponde à metade do número de meninas. Qual é o número total de alunos dessa turma?

____

Divisão por números com mais de 1 algarismo

1 DIVISÃO POR 10, 100 E 1000

ATIVIDADE EM GRUPO Observe as divisões exatas e suas justificativas, usando a operação inversa.

40 ÷ 10 = 4, pois 4 × 10 = 40

1 500 ÷ 10 = 150, pois 150 × 10 = 1 500

8 000 ÷ 100 = 80, pois 80 × 100 = 8 000

1 200 ÷ 100 = 12, pois 12 × 100 = 1 200

3 000 ÷ 1 000 = 3, pois 3 × 1 000 = 3 000

40 000 ÷ 1000 = 40, pois 40 × 1 000 = 40 000

Com os colegas, procure descobrir uma forma prática para efetuar as divisões exatas por 10, 100 e 1 000. Depois, complete o quadro abaixo com as conclusões.

Para efetuar uma divisão exata de um número natural:

- por **10**, basta eliminar __________ no final do número;
- por **100**, basta eliminar ________________________________;
- por **1000**, basta eliminar ________________________________.

2 Efetue as divisões e registre o resultado.

a) 9000 ÷ 10 = _______

b) 500 ÷ 100 = _______

c) 14 000 ÷ 1 000 = _______

d) 75 000 ÷ 100 = _______

e) 3 490 ÷ 10 = _______

f) 170 000 ÷ 1 000 = _______

3 Responda depressinha!

Maxpro/Shutterstock/Glow Images

Caderno.

a) Se o preço de 10 cadernos iguais é R$ 80,00, então qual é o preço de 4 cadernos? ____________________

b) Você já viu que 1 metro corresponde a 100 centímetros. Então, um fio de 2000 cm tem quantos metros?

____

c) 1 quilograma equivale a 1 000 gramas. Então, 6 000 g correspondem a quantos quilogramas? ____________________

Divisão: cálculo mental, arredondamentos e resultados aproximados

Estúdio Mil/Arquivo da editora

1 CÁLCULO MENTAL

Jaqueline quer distribuir igualmente 80 adesivos, dando 4 adesivos para cada criança. Quantas crianças ela pode presentear?

Para responder, você precisa descobrir quantas vezes o 4 cabe em 80, ou seja, fazer 80 ÷ 4.

Veja que pensar em dezenas pode facilitar.

80 ÷ 4 ⟶ 8 dezenas ÷ 4 = 2 dezenas = 20 unidades

Complete a divisão e escreva a resposta.

80 ÷ 4 = ______ Resposta: ______________________

2 ATIVIDADE ORAL EM GRUPO Divisões como a da atividade anterior podem ser feitas mentalmente. Analise mais alguns exemplos de divisões e converse com os colegas sobre elas. Depois, calcule o resultado das demais.

As imagens não estão representadas em proporção.

8 ÷ 4 = 2   80 ÷ 4 = 20

800 ÷ 4 ⟶ _____ centenas ÷ 4 = _____ centenas = _____ unidades   800 ÷ 4 = _____

8 000 ÷ 4 ⟶ 8 unidades de milhar ÷ 4 = 2 unidades de milhar = _____ unidades   8 000 ÷ 4 = _____

a) 16 ÷ 2 = ________

160 ÷ 2 = ________

1 600 ÷ 2 = ________

16 000 ÷ 2 = ________

b) 400 ÷ 2 = ________

c) 15 000 ÷ 3 = ________

d) 180 ÷ 9 = ________

e) 4 900 ÷ 7 = ________

Cuidado com estas!

f) 2 000 ÷ 5 = ________

g) 400 ÷ 8 = ________

h) 10 000 ÷ 2 = ________

3 As 3 caixas da figura são iguais e, juntas, pesam 120 kg. Quanto deve registrar cada balança?

A: ________

B: ________

Estúdio Mil/Arquivo da editora

4 Em uma escola há 210 alunos de 4º ano. Cada turma é formada por 30 alunos. Quantas são as turmas de 4º ano nessa escola?

Para responder, você precisa fazer a divisão 210 ÷ 30.

$$\begin{array}{r|l} 2\,1\,0 & 30 \\ \hline -2\,1\,0 & 7 \\ \hline 0\,0\,0 & \end{array}$$

5 × 30 = 150

6 × 30 = 180

7 × 30 = 210

Estúdio Mil/Arquivo da editora

Então, 210 ÷ 30 = 7, porque 7 × 30 = 210.

Nessa escola são 7 turmas de 4º ano.

a) **ATIVIDADE ORAL EM GRUPO** Observe mais alguns exemplos, troque ideias com os colegas e procure descobrir uma maneira de calcular mentalmente.

21 ÷ 3 = 7, porque 7 × 3 = 21.
210 ÷ 30 = 7, porque 7 × 30 = 210.
2 100 ÷ 300 = 7, porque 7 × 300 = 2 100.

Muita atenção nesta: 2 100 ÷ 30 = 70, porque 70 × 30 = 2 100.

Mais exemplos.

2 000 ÷ 40 = 50 | 100 ÷ 20 = 5 | 12 000 ÷ 400 = 30

b) Agora, calcule mentalmente e registre.

- 50 ÷ 10 = ________
  80 ÷ 10 = ________
  400 ÷ 10 = ________
  7 000 ÷ 10 = ________
- 400 ÷ 100 = ________
  7 000 ÷ 100 = ________
  80 000 ÷ 100 = ________
  1 200 ÷ 100 = ________
- 8 ÷ 2 = ________
  80 ÷ 20 = ________
  800 ÷ 200 = ________
  8 000 ÷ 2 000 = ________
  800 ÷ 20 = ________
- 60 ÷ 30 = ________
  6 000 ÷ 300 = ________
  600 ÷ 300 = ________
  60 ÷ 10 = ________
  600 ÷ 20 = ________
- 500 ÷ 50 = ________
- 6 000 ÷ 2 = ________
- 24 000 ÷ 80 = ________
- 1 200 ÷ 300 = ________
- 400 ÷ 50 = ________

5 CÁLCULO MENTAL

Calcule mais algumas divisões mentalmente e registre os resultados.

a) 12 ÷ 6 = ______

120 ÷ 60 = ______

1 200 ÷ 600 = ______

12 000 ÷ 600 = ______

12 000 ÷ 60 = ______

b) 45 ÷ 9 = ______

450 ÷ 90 = ______

4 500 ÷ 900 = ______

45 000 ÷ 9 000 = ______

4 500 ÷ 90 = ______

c) 80 ÷ 40 = ______

d) 600 ÷ 20 = ______

e) 7 000 ÷ 700 = ______

f) 60 000 ÷ 30 = ______

g) 18 000 ÷ 90 = ______

h) 280 ÷ 40 = ______

i) 100 ÷ 20 = ______

j) 900 ÷ 30 = ______

k) 2 000 ÷ 40 = ______

l) 80 000 ÷ 2 000 = ______

6 Responda depressinha!

Para obter a quantia de R$ 2 000,00, precisamos de quantas notas de R$ 50,00? ______________

As imagens não estão representadas em proporção.

Reprodução/Casa da Moeda do Brasil/Ministério da Fazenda

7 PROBLEMAS

Pense e resolva efetuando as operações mentalmente.

a) Se o dono de uma livraria comprar 200 livros de mesmo valor, então gastará R$ 1 600,00. Qual é o preço de cada livro? ______________

Chad Littlejohn/Shutterstock/Glow Images

Caixa para guardar clipes.

b) 3 000 clipes foram colocados em caixas com 100 clipes em cada uma. Quantas caixas foram usadas? ______________

c) Se eu tiver 5 notas de R$ 100,00 e 2 notas de R$ 50,00 e puder trocá-las por notas de R$ 20,00, então quantas notas terei?

____

8 ARREDONDAMENTO E RESULTADO APROXIMADO

Para decorar o salão para uma festa, Camila está fazendo arranjos com 5 flores em cada vaso. Ela quer saber: De quantos vasos vai precisar, aproximadamente, se tem 148 flores? Complete a operação e escreva a resposta.

Arredonde 148 para 150 e efetue 150 ÷ 5 = ______.

Vaso de flores.

As imagens não estão representadas em proporção.

Resposta: ______________________________

9 Faça arredondamentos, calcule mentalmente o valor aproximado e complete.

a) Repartindo igualmente R$ 1 182,00 entre 6 pessoas, cada uma receberá aproximadamente R$ ______.

Rolos de tecido.

b) Leonor recebeu em sua loja uma encomenda de 147 m de tecido, divididos em cortes de 3 m. Ela poderá vender aproximadamente ______ cortes de tecido.

10 CÁLCULO MENTAL

Calcule mentalmente as operações já estudadas.

a) 60 + 20 = ______

60 − 20 = ______

60 × 20 = ______

60 ÷ 20 = ______

b) 800 + 20 = ______

800 − 20 = ______

800 × 20 = ______

800 ÷ 20 = ______

c) 3 000 + 4 000 = ______

d) 15 000 ÷ 50 = ______

e) 80 × 1 000 = ______

f) 4 000 − 500 = ______

11 DESAFIO

Considerando que em cada metro quadrado cabem 4 pessoas, quantas pessoas caberão, aproximadamente, em uma praça com área de 1 980 metros quadrados?

____

12 QUEM SÃO ELES?

Descubra os 2 números de cada item fazendo os cálculos mentalmente e complete.

a) A soma dos 2 números é 100.

O quociente do primeiro pelo segundo é 4.

Os números são ______ e ______.

b) O produto dos 2 números é 40.

O quociente do primeiro pelo segundo é 10.

Os números são ______ e ______.

13 REGULARIDADE NA DIVISÃO

- Inicialmente, complete os itens **a** e **b**. Depois, descubra o segredo e complete os demais itens.

a) [24] $\xrightarrow{\div 2}$ [ ] $\xrightarrow{\div 3}$ [ ]

[24] $\xrightarrow{\div 6}$ [ ]

b) [30] $\xrightarrow{\div 2}$ [ ] $\xrightarrow{\div 5}$ [ ]

[30] $\xrightarrow{\div 10}$ [ ]

c) [45] $\xrightarrow{\div 3}$ [ ] $\xrightarrow{\div 3}$ [ ]

[ ] $\xrightarrow{\_\_\_\_}$ [ ]

d) [32] $\xrightarrow{\div 4}$ [ ] $\xrightarrow{\div 2}$ [ ]

[ ] $\xrightarrow{\_\_\_\_}$ [ ]

- **ATIVIDADE ORAL** A que conclusão podemos chegar? Justifique com um exemplo.

14

Complete: Se $60 \div 3 = 20$ e $20 \div 5 = 4$, então $60 \div$ ______ $= 4$.

Estratégias para efetuar a divisão

Livestockimages/Shutterstock/Glow Images

Cesta com cebolas.

1 Um quitandeiro vai colocar 276 cebolas em saquinhos com 1 dúzia de cebolas em cada um.
Quantos saquinhos serão usados?
Para responder, é preciso efetuar a divisão 276 ÷ 12.

a) Use a regularidade vista na página anterior e o fato de que 12 = 2 × 6 e resolva.

b) Agora, use novamente a regularidade vista na página anterior e o fato de que 12 = 3 × 4 e resolva.

c) Registre a resposta. ______________________________

2 **CALCULADORA**

Use a regularidade vista na página anterior e efetue estas divisões. Depois, use uma calculadora para conferir.

a) 1 150 ÷ 25 = ______

b) 385 ÷ 35 = ______

3 DIVISÃO PELO ALGORITMO DAS ESTIMATIVAS

a) Analise com atenção como Lucas e sua turma efetuaram a divisão 276 ÷ 12, vista na página anterior. Eles usaram o algoritmo das estimativas.

Ilustrações: Estúdio Mil/Arquivo da editora

```
  2 7 6 | 12
− 1 2 0 | 10
  1 5 6 |
```

```
  2 7 6 | 12
− 1 2 0 | 10
  1 5 6 | 10
− 1 2 0 |
  0 3 6 |
```

```
  2 7 6 | 12
− 1 2 0 | 10
  1 5 6 | 10
− 1 2 0 |  3 +
  0 3 6 | 23
  − 3 6 |
    0 0 |
```

Complete: 276 ÷ 12 = ______

b) Camila observou Lucas e sua turma efetuarem essa divisão pelo algoritmo das estimativas e percebeu uma coisa. Veja o que ela disse.

Estúdio Mil/Arquivo da editora

Comece estimando que 12 cabe 20 vezes em 276 e complete a divisão pelo algoritmo das estimativas.

```
2 7 6 | 12
      |
```

4 Veja mais um exemplo de divisão pelo algoritmo das estimativas. Depois, efetue a mesma divisão fazendo outras estimativas e registre o resultado.

$805 \div 23 =$ ______

805	23
− 460	20
345	10
− 230	3
115	2 +
− 69	35
046	
− 46	
0 0	

8 0 5	2 3

5 **PROBLEMAS**

Resolva os problemas usando o algoritmo das estimativas para efetuar as divisões.

a) Na festa de aniversário de Poliana, 682 brigadeiros foram repartidos igualmente em 22 bandejas. Quantos brigadeiros foram colocados em cada bandeja?

Filipe Matos Frazao/Shutterstock/Glow Images

Brigadeiros de festa.

____

b) Paulo trocou 10 moedas de 10 centavos e 6 moedas de 50 centavos por moedas de 25 centavos. Quantas moedas ele obteve?

____

6 DIVISÃO PELO ALGORITMO USUAL

Você já estudou no 3º ano e já usou nesta Unidade o algoritmo usual da divisão de números naturais até 999 por um número natural de 1 algarismo. Vamos retomar para depois ampliar o assunto.

● **ATIVIDADE ORAL EM GRUPO** Analise com os colegas os exemplos abaixo e justifiquem as passagens oralmente.

```
 C D U
 3 5 6 | 2
-2     | 1 7 8
 1 5   | C D U
-1 4
 0 1 6
  -1 6
   0 0
```

```
 C D U
 8 1 2 | 4
-8     | 2 0 3
 0 1   | C D U
 - 0
   1 2
  -1 2
   0 0
```

```
  4 1 8 | 5
- 4 0   | 0 8 3
  0 1 8
  - 1 5
    0 3
```

Estúdio Mil/Arquivo da editora

● Agora, efetue mais estas divisões pelo algoritmo usual.

a)
```
C D U
2 3 0 | 3
      | C D U
```

b)
```
C D U
2 1 8 | 2
      | C D U
```

c)
```
8 5 6 | 4
```

7 Leia, efetue a divisão pelo algoritmo usual e responda.

a) Uma torneira enche um tanque com capacidade de 520 litros em 4 horas.

Quantos litros de água ela despeja em 3 horas? ____________________

b) Quantas semanas completas temos em um período de 297 dias?

____

8 Agora vamos utilizar o algoritmo usual na divisão de um número natural maior do que 999 por um número natural de 1 algarismo.

O procedimento é o mesmo. Surgirão novas ordens, como a das unidades de milhar, das dezenas de milhar e outras.

- **ATIVIDADE ORAL EM GRUPO** Com os colegas, analise em detalhe os exemplos e justifiquem oralmente cada passagem.

$1\,134 \div 9$

Procuro dividir a unidade de milhar por 9.

UM C D U

1 1 3 4 | 9

0 (UM C D U)

Não é possível dividir 1 unidade de milhar por 9 e obter unidade de milhar.
Coloco 0.

Considero 11 centenas e divido por 9. Dá 1 centena.

UM C D U

1 1 3 4 | 9
− 9
2

Quociente: 0 1 (UM C D U)

Multiplico: $1 \times 9 = 9$
Subtraio: $11 - 9 = 2$
Sobram 2 centenas.

Completo a divisão como já vimos anteriormente.

UM C D U

1 1 3 4 | 9
− 9
0 2 3
− 1 8
0 5 4
− 5 4
0 0

Quociente: 0 1 2 6 (UM C D U)

$9\,356 \div 4 = ?$

UM C D U

9 3 5 6 | 4
− 8
1 3
− 1 2
0 1 5
− 1 2
0 3 6
− 3 6
0 0

Quociente: 2 3 3 9 (UM C D U)

- Agora, efetue estas divisões pelo algoritmo usual.

a) UM C D U

3 5 4 7 | 3

__ __ __ __ (UM C D U)

b) UM C D U

1 8 3 2 | 4

__ __ __ __ (UM C D U)

9 PROBLEMAS

Estúdio Mil/Arquivo da editora

a) Alguns lavradores colheram 1 143 quilogramas de feijão. Eles vão armazená-los, repartindo igualmente em 9 sacos.

Quantos quilogramas terá cada saco?

b) Quantas semanas completas há em 1 000 dias?

c) Sabrina recebeu R$ 3 420,00 por 3 meses de trabalho. Qual é o salário mensal de Sabrina?

As imagens não estão representadas em proporção.

d) Raul tem o triplo das figurinhas de Laura e, juntos, eles têm 512 figurinhas. Quantas figurinhas tem cada um deles?

Ah! Ilustração/Arquivo da editora

e) Maurício deu 6 voltas em uma praça e com isso percorreu 3 240 metros. Pedro vai dar 7 voltas nessa mesma praça. Quantos metros Pedro vai percorrer?

10 ALGORITMO USUAL NA DIVISÃO POR NÚMERO NATURAL DE 2 ALGARISMOS

Vamos retomar a divisão 276 ÷ 12, já efetuada na página 203.

Observe agora como Marina efetuou essa divisão pelo algoritmo usual. Em seguida, analise o algoritmo usual simplificado e indique a divisão efetuada.

C	D	U	
2	7	6	12
− 2	4		0 2 (C D U)
0	3		

- Não posso dividir 2 centenas por 12 e obter centenas.
  Coloco 0 nas centenas do resultado.
- Divido 27 dezenas por 12 e obtenho 2 dezenas (1 dezena é pouco, e 3 passam).
- Restam 3 dezenas (27 − 24 = 3).

$1 \times 12 = 12$

$2 \times 12 = 24$

$3 \times 12 = 36$

(passa de 27)

C	D	U	
2	7	6	12
− 2	4	↓	0 2 3 (C D U)
0	3	6	
	− 3	6	
	0	0	

- Troco 3 D por 30 U.
  30 U + 6 U = 36 U

- Divido 36 U por 12.
  36 ÷ 12 = 3, pois 3 × 12 = 36.
  Resto: 0

Algoritmo usual simplificado

2	7	6	12
− 2	4	↓	2 3
0	3	6	
	− 3	6	
	0	0	

_______ ÷ _______ = _______

11 Efetue mais estas divisões pelo algoritmo usual.

C D U

a) 3 8 5 | 11

c) 4 5 5 | 35

b) 1 3 5 | 15

d) 8 6 7 | 41

12 Em uma chácara foram plantados 2 556 tomateiros, distribuídos igualmente em 12 canteiros. Quantos tomateiros ficaram em cada canteiro?

Para responder à pergunta, precisamos fazer a divisão 2 556 ÷ 12.

```
   UM C  D  U
    2  5  5  6 | 12
  − 2  4       |------------
    0  1  5    | 0  2  1  3
     − 1  2    | UM C  D  U
       0  3  6
        − 3  6
          0  0
```

Estúdio Mil/ Arquivo da editora

- Não posso dividir 2 unidades de milhar por 12 e obter unidades de milhar. Coloco 0 no resultado.
- Troco 2 unidades de milhar por 20 centenas.
  20 centenas + 5 centenas = 25 centenas
- Divido então 25 centenas por 12 e obtenho 2 centenas.
  Resta 1 centena (25 − 24 = 1).
- Troco 1 centena por 10 dezenas.
  10 dezenas + 5 dezenas = 15 dezenas
- Divido então 15 dezenas por 12 e obtenho 1 dezena.
  Restam 3 dezenas.
- Troco 3 dezenas por 30 unidades.
  30 unidades + 6 unidades = 36 unidades
- Divido 36 unidades por 12 e obtenho 3 unidades.

Resposta: Ficaram 213 tomateiros em cada canteiro.

Agora, pratique um pouco efetuando estas divisões.

a) 2 9 6 8 | 14

d) 1 9 8 2 | 18

b) 2 8 7 3 | 13

e) 8 7 4 5 | 33

c) 6 8 3 5 | 22

f) 8 7 2 9 | 75

13 Resolva e responda.

Em uma fábrica são colocadas 24 borrachas em cada caixa. Quantas caixas são necessárias para embalar 5 304 borrachas? ______________

14 Veja outro exemplo de divisão por número natural de 2 algarismos.

UM	C	D	U	
1	2	7	6	25

- Não posso dividir 1 unidade de milhar por 25 e obter unidade de milhar. Coloco 0 nas unidades de milhar do resultado.
- Também não posso dividir 12 centenas por 25 e obter centenas. Coloco outro 0 nas centenas do resultado.
- Divido então 127 dezenas por 25 e obtenho 5 dezenas. Restam 2 dezenas (127 − 125 = 2).

```
UM C  D  U
 1  2  7  6 | 25
-1  2  5    | 0  0  5
 0  0  2    | UM C  D
```

4 × 25 = 100
5 × 25 = 125
6 × 25 = 150

→

- Troco 2 D por 20 U.

20 U + 6 U = 26 U

```
UM C  D  U
 1  2  7  6 | 25
-1  2  5    | 0  0  5  1
 0  0  2  6 | UM C  D  U
      - 2  5
        0  1
```

- Divido 26 U por 25.

26 ÷ 25 = 1, e resto 1

→

Algoritmo usual simplificado

```
 1276 | 25
-125    51
 0026
  -25
   01
```

1 276 ÷ 25 = 51 e resto 1

Agora é com você! Efetue estas divisões.

a) 1 234 ÷ 52 = ______________

c) 4 463 ÷ 53 = ______________

b) 2 549 ÷ 26 = ______________

d) Atenção!

2 609 ÷ 124 = ______________

15 **ATIVIDADE ORAL EM GRUPO** Analise com atenção mais alguns exemplos e troque ideias com os colegas sobre cada passagem.

Depois, efetue as demais divisões pelo algoritmo usual.

```
  8 3 2 8 |41           2 4 0 3 7 |12
- 8 2     |203        - 2 4       |2003
  0 1 2   |             0 0 0 3 7 |
    - 0   |                 - 3 6 |
    1 2 8 |                   0 1 |
  - 1 2 3 |
    0 0 5 |
```

a) 3 3 2 6 |11

b) 2 4 8 1 2 4 |62

16 **DESAFIO**

Efetue a divisão por 3 estratégias diferentes e registre o resultado.

2835 ÷ 21 = _______

17 Resolva pela estratégia que julgar mais conveniente.

O estacionamento de um *shopping* tem capacidade para 1 050 veículos e está dividido em 25 setores com a mesma quantidade de vagas em cada um.

Quantos veículos cabem em cada setor? __________________

BRINCANDO TAMBÉM APRENDO

JOGO PARA 2 PARTICIPANTES.

Jogo com números e operações

Material necessário

- 10 papéis com as letras **A** a **J**

Ilustrações: Banco de imagens/Arquivo da editora

Um jogador sorteia um papel e calcula mentalmente o valor do item correspondente (veja itens abaixo). Em seguida, o colega confere o resultado. Se o jogador tiver acertado o resultado, então ele marca 2 pontos na tabela de pontuação.

Em seguida, o outro jogador faz o mesmo.

Após a jogada dos 2 jogadores, quem acertou com resultado maior marca mais 1 ponto na tabela.

Vence a partida quem conseguir mais pontos após 5 rodadas.

A	O sucessor de 1 009.
B	O triplo de 305.
C	O antecessor de 900.
D	8 centenas + 9 unidades
E	A metade de 2 100.

F	4×210
G	O quociente de 4 000 por 4.
H	100 dúzias.
I	$9\,800 \div 10$
J	$1\,000 - 110$

Tabela de pontuação

Nome	Pontos														

Atividades e problemas com as 4 operações

1 Efetue a divisão 38 ÷ 5. Em seguida, dê o nome dos números envolvidos nessa divisão e faça a verificação.

2 **CÁLCULO MENTAL**
OPERAÇÕES DIFERENTES, RESULTADOS IGUAIS

Calcule mentalmente e complete.

a) A soma de 16 e 14 é igual ao produto de 5 e _______.

b) O quociente de 45 por 9 é igual à diferença entre _______ e 7.

c) $4 \times 5 = 60 \div$ _______

d) $85 + 15 =$ _______ ÷ _______

e) _______ + _______ = _______ − _______

Saiba mais

O Congresso Nacional é formado pela Câmara dos Deputados e pelo Senado.

Todos os 26 estados e o Distrito Federal possuem o mesmo número de senadores, em um total de 81 senadores.

Filipe Frazao/Alamy/Latinstock

Prédio do Congresso Nacional em Brasília, Distrito Federal. Foto de 2015.

3 Use as informações do **Saiba mais**, calcule e responda: Quantos senadores o Distrito Federal e cada um dos estados do Brasil possuem? _______________

4 Na Unidade anterior você viu como efetuar a adição, a subtração e a multiplicação com quantias em reais e centavos (páginas 179 e 180).
Use a mesma ideia e efetue estas divisões.

a) R$ 1,85 ÷ 5 = ________

b) R$ 54,60 ÷ 7 = ________

5 Vítor vai comprar canetas. O preço de 3 canetas iguais é R$ 4,20.
Calcule e complete.

a) O preço de 1 caneta é R$ ________.

b) O preço de 2 canetas é R$ ________.

Canetas.

6 **ESTIMATIVAS E USO DA CALCULADORA**

Em cada item, assinale apenas a alternativa que você julga ser a correta. Depois, efetue a operação com uma calculadora e confira se acertou na estimativa.

a) 47 + 54
- dá mais do que 100.
- dá 100.
- dá menos do que 100.

b) O resultado de 23 × 5 é um número de
- 2 algarismos.
- 3 algarismos.

c) 48 735 − 2 642 é um
- número par.
- número ímpar.

d) 483 ÷ 2
- é uma divisão exata.
- é uma divisão não exata.

e) 35 × 17 e 17 × 35 têm
- resultados iguais.
- resultados diferentes.

f) A metade de um número par
- é par.
- é ímpar.
- às vezes é par e às vezes é ímpar.

Explorar e Descobrir

CALCULADORA

ATIVIDADE EM DUPLA

- Apertem as teclas de uma calculadora na ordem indicada e registrem o número final que vai aparecer no visor.
  Durante o processo, procurem descobrir a **regularidade** em cada item.

Anneka/Shutterstock/Glow Images

Crianças efetuando cálculos na calculadora e fazendo registros nos cadernos.

a) 10 + 2 = = = [ ]

b) 9 − 2 = = = = [ ]

c) 2 × 10 = = = = [ ]

d) 80 ÷ 2 = = = = [ ]

- Agora façam as **estimativas** e registrem.
  Depois, façam as operações usando a calculadora, registrem o resultado e confiram as estimativas.

	Estimativa	Resultado na calculadora
a) 3 + 5 = = =		
b) 35 − 5 = = =		
c) 5 × 2 = = =		
d) 500 ÷ 5 = = =		
e) 7 × 1 = = =		

7 Descubra o número indicado pela seta e anote-o.
As graduações são sempre em partes iguais.

a)

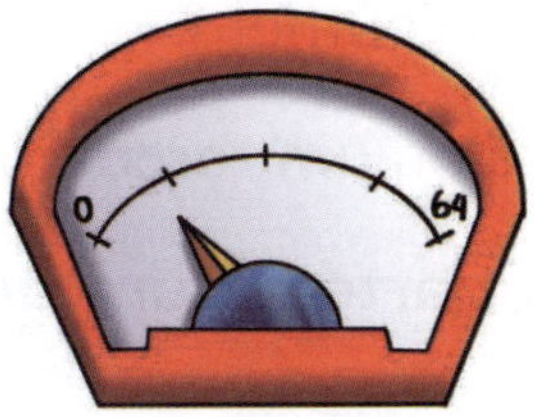

Estúdio Mil/Arquivo da editora

____

b)

____

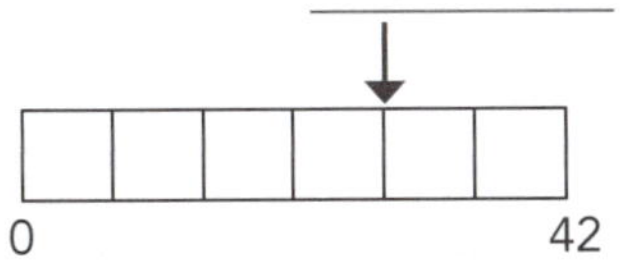

c)

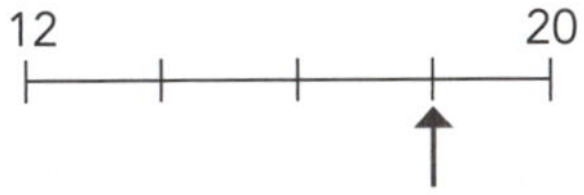

____

d)

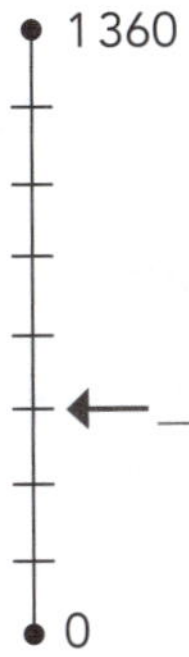

____

8 **DESAFIO**

Caique é uma pessoa muito esperta e observa todos os números ao seu redor. Ele percebeu que a disposição da numeração dos assentos em um ônibus de viagem era como a mostrada na figura abaixo.

As imagens não estão representadas em proporção.

Estúdio Mil/Arquivo da editora

Durante a viagem em um dos percursos, o sol batia do lado do motorista. Então, em um dia de calor, como Caique queria viajar na sombra e na janela, ele comprou a passagem para o assento número 19.

a) Como ele chegou a esse número?

____

____

b) Que outros números de assentos ele poderia pedir?

____

9 Você já viu alguns nomes quando temos uma divisão exata (resto 0) de um número.

- Quando dividimos por 2, descobrimos a **metade** do número.
- Quando dividimos por 3, descobrimos a **terça parte** ou **um terço** do número.
- Quando dividimos por 4, descobrimos a **quarta parte** ou **um quarto** do número. E assim por diante.

Descubra e registre quantos reais cada criança tem.

Marcos R$ 128,00	**Paula** R$ 4,00 a menos do que Marcos. ____________	**Laura** Metade de Paula. ____________
Aldo O triplo de Laura. ____________	**Rafael** R$ 17,00 a mais do que Marcos. ____________	**Cláudia** A quinta parte de Rafael. ____________
Rui R$ 14,00 a mais do que Aldo. ____________	**Marina** A décima parte de Rui. ____________	

10 **DESAFIO**

Uma corrida foi disputada em 2 etapas com 162 atletas.

Na 1ª etapa houve desistência da terça parte dos atletas.

Na 2ª etapa houve desistência da quarta parte dos que ficaram após a 1ª etapa.

Quantos atletas terminaram a corrida? ________________

11 CALCULADORA

As calculadoras são úteis nos cálculos que envolvem "números grandes". Faça arredondamentos, estime o resultado aproximado e registre. Depois, descubra o resultado exato usando uma calculadora.

Veja o exemplo.

> 199 856 + 60 284 ⟶ 200 000 + 60 000 = 260 000
> Com a calculadora: 199 856 + 60 284 = 260 140

a) 1 502 107 − 29 945 ⟶ ______________________

Com a calculadora: 1 502 107 − 29 945 = ______________

b) 3 998 × 502 ⟶ ______________________

Com a calculadora: 3 998 × 502 = ______________

c) 70 358 + 69 426 ⟶ ______________________

Com a calculadora: 70 358 + 69 426 = ______________

d) 3 847 167 ÷ 9 941 ⟶ ______________________

Com a calculadora: 3 847 167 ÷ 9 941 = ______________

12 CALCULADORA E NÚMEROS CRUZADOS

Efetue as operações indicadas nas horizontais (**A**, **B**, **C** e **D**) e preencha o quadro com os resultados (1 algarismo em cada quadrinho).

Para conferir, você efetua as operações das verticais (**E**, **F**, **G** e **H**) com uma calculadora.

A: 366 + 1 827 = ______________

B: 7 865 − 2 615 = ______________

C: 15 × 292 = ______________

D: 14 118 ÷ 3 = ______________

E: 27 984 ÷ 11 = ______________

F: 583 + 654 = ______________

G: 10 × 958 = ______________

H: 5 943 − 2 937 = ______________

	E ↓	F ↓	G ↓	H ↓
A →				
B →				
C →				
D →				

VAMOS VER DE NOVO?

1 Identifique os números que aparecem em cada situação e como cada um está sendo usado. Escreva: **contagem**, **medida**, **ordem** ou **código**.

a) O Brasil ocupa a 72ª posição no *ranking* mundial de investimento em saúde. (Fonte: OMS.) ______________

b) Em 2013, o Brasil já tinha mais de 105 milhões de pessoas com acesso à internet. (Fonte: Ibope.) ______________

c) 

Antonio Robson/Arquivo da editora ______________

As imagens não estão representadas em proporção.

d) O Brasil tem um dos conjuntos de fauna e flora mais ricos do mundo: são estimadas cerca de 50 mil espécies vegetais e 140 mil espécies animais. (Fonte: Ministério do Meio Ambiente.) ______________

e) O lago Paranoá é um lago artificial de Brasília (DF). Ele tem 40 quilômetros quadrados de superfície e 48 metros de profundidade. ______________

Ismar Ingber/Pulsar Imagens

Lago Paranoá, em Brasília, Distrito Federal. Foto de 2016.

2 Escreva o nome do sólido geométrico que obtemos ao montar cada planificação.

a) 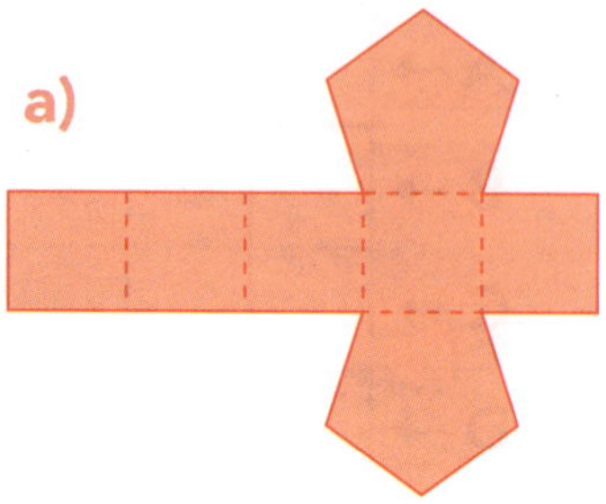

b) 

c) 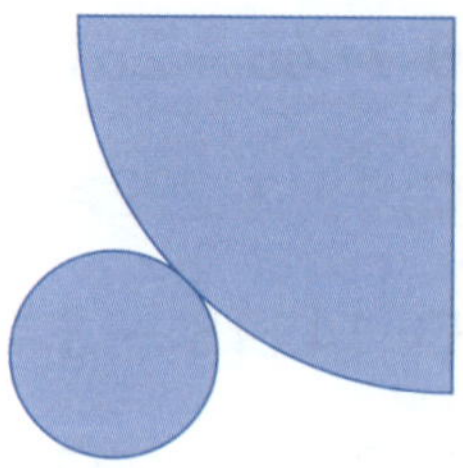

Ilustrações: Banco de imagens/Arquivo da editora

______________ ______________ ______________

3 Caio entra em aula às 7 h 10 min. Ele chegou à escola 15 minutos antes do início da aula. A que horas ele chegou? ______________

O QUE ESTUDAMOS

Exploramos as ideias da divisão.

- Repartir igualmente.
  Separando igualmente 10 alunos em 2 grupos, cada grupo terá 5 alunos.

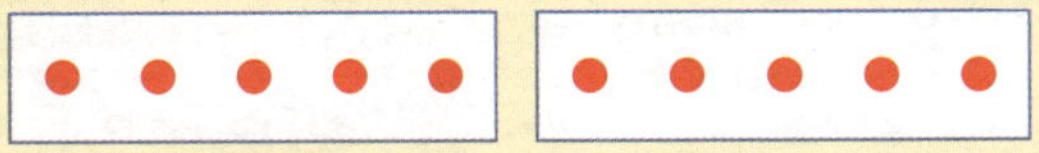

$10 \div 2 = 5$

- Quantos cabem?
  Separando 12 alunos em grupos de 3 alunos, serão formados 4 grupos.

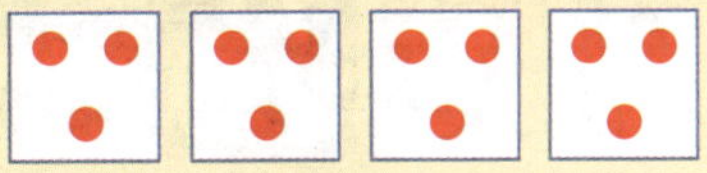

$12 \div 3 = 4$

Banco de imagens/Arquivo da editora

Usamos diferentes processos para efetuar a divisão.

360 ÷ 15 pelo algoritmo das estimativas.

```
  3 6 0 |15
- 1 5 0 |10
  2 1 0 |10
- 1 5 0 | 4+
  0 6 0 |24
  - 6 0 |
    0 0 |
```

360 ÷ 15 pelo algoritmo usual.

```
  3 6 0 |15
- 3 0   |24
  0 6 0 |
  - 6 0 |
    0 0 |
```

360 ÷ 15 pela decomposição do 15 em 3 × 5.

```
  3 6 0 |3          1 2 0 |5
- 3     |120      - 1 0   |24
  0 6   |           0 2 0 |
  - 6   |           - 2 0 |
    0 0 |             0 0 |
```

Logo: $360 \div 15 = 24$.

Resolvemos problemas envolvendo a divisão.
Em uma escola foi gasto um total de R$ 3 420,00 na compra de 2 computadores iguais.
Qual foi o preço de cada computador?
R$ 1 710,00

$3420 \div 2 = 1710$

Computador.

Denis Rozhnovsky/Shutterstock/Glow Images

- Você conseguiu resolver todas as atividades desta Unidade?
- Revise seu livro e seu caderno e veja se há alguma atividade que gerou dúvida ou que precisa ser corrigida. Convide um colega para fazer essa revisão com você!
- Você tem ajudado nas atividades em grupo? Como você acha que devem ser divididas as tarefas nessas atividades?

Unidade 7

Comprimento e superfície

Maisa Shigematsu/Arquivo da editora

- O que mostra esta cena?
- O mapa desta cena mostra qual região do Brasil?
- Você conhece o mapa da região onde mora?
- Em que situações do dia a dia você já viu um mapa? Conte para os colegas.

Para iniciar

As imagens não estão representadas em proporção.

Para responder às questões propostas pelas crianças, precisamos usar medida de comprimento e medida de superfície (área).

O estudo dessas medidas será o assunto desta Unidade.

- Analise a cena das páginas de abertura desta Unidade. Converse com os colegas e respondam às questões a seguir.

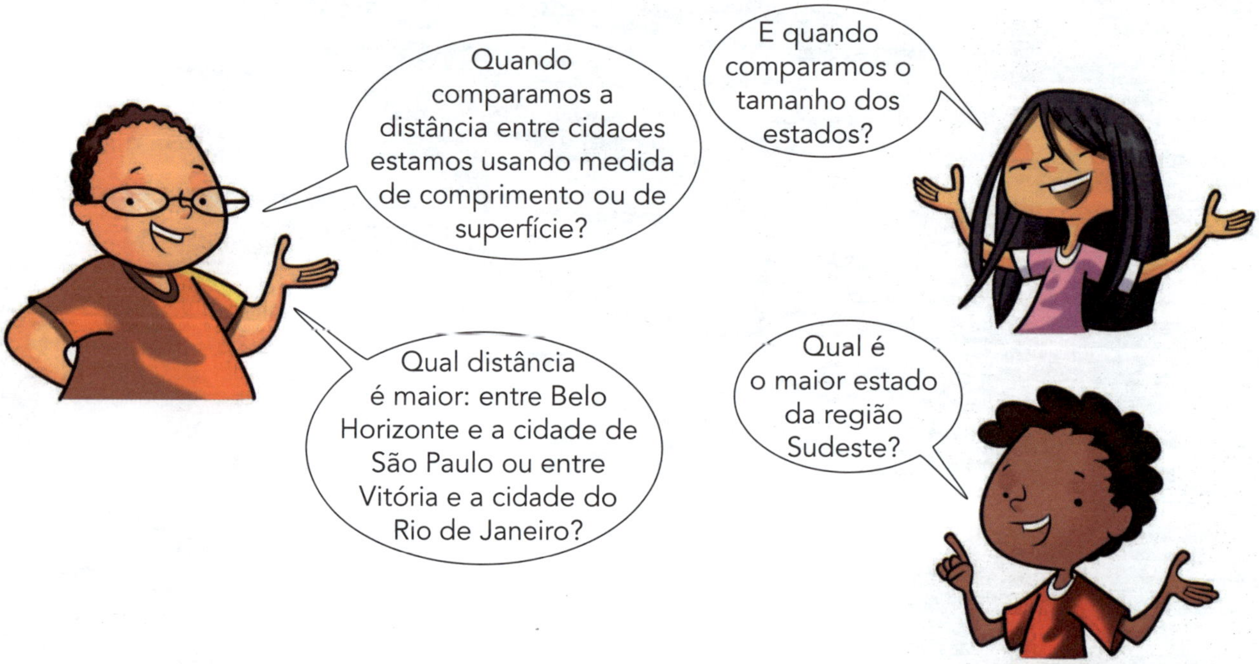

Ilustrações: Estúdio Mil/Arquivo da editora

- Agora, converse com os colegas sobre mais estas questões.

a) Quantos palmos seus tem o lado maior de sua carteira escolar?

b) A medida de sua altura é maior ou menor do que a medida da altura da porta da sala de aula?

c) As 2 questões anteriores se referem à medida de qual grandeza?

d) Para cobrir totalmente a superfície da sua carteira é preciso mais ou menos do que 3 folhas de papel sulfite?

e) Comparando o chão e o teto da sala de aula, qual tem medida de superfície (área) maior?

Medida de comprimento e perímetro

As imagens não estão representadas em proporção.

1 Mariana quer enfeitar seu cartaz colocando fita colorida ao redor dele. Para isso, ela o contornou com seu palmo e descobriu que a volta toda tem 18 palmos. Mariana obteve uma **medida de comprimento** igual a 18 palmos. Ela usou uma unidade não padronizada de medida.

Estúdio Mil/Arquivo da editora

a) Qual foi essa unidade de medida?

____

b) Ela poderia ter usado uma unidade padronizada de medida. Qual unidade seria mais adequada? ____________

2 Maria está representando figuras geométricas com palitos. Veja o que ela fez e complete.

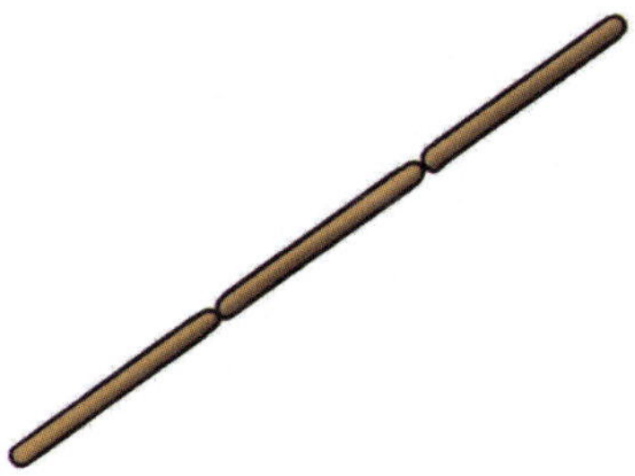

Um **segmento de reta**.
A medida do seu comprimento é ______ palitos.

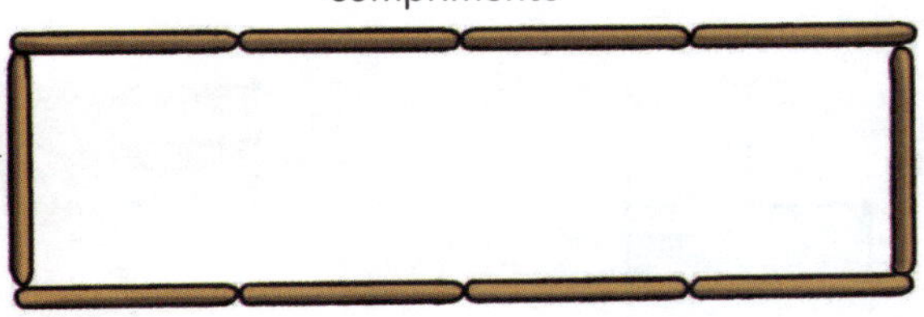

Ilustrações: Banco de imagens/Arquivo da editora

Um **retângulo**.
Medida do comprimento: ______ palitos.
Medida da largura: ______ palito.
Medida do contorno todo: ______ palitos.

A medida do comprimento de um contorno chama-se **perímetro**.

3 Veja agora o triângulo construído por José e complete.

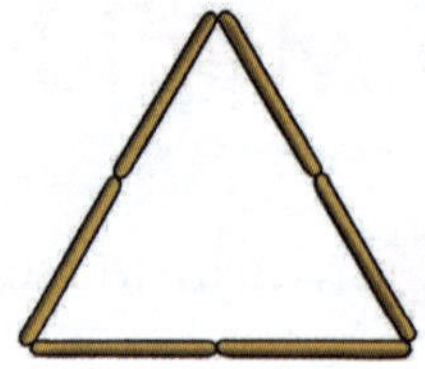
Estúdio Mil/Arquivo da editora

a) Há _______ palitos em cada lado.

b) O perímetro é _______ palitos.

4 Escreva o perímetro de cada contorno construído com palitos.

a)

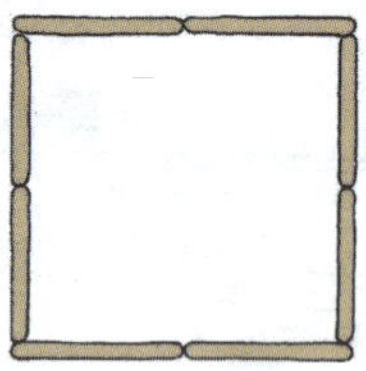

____

b)

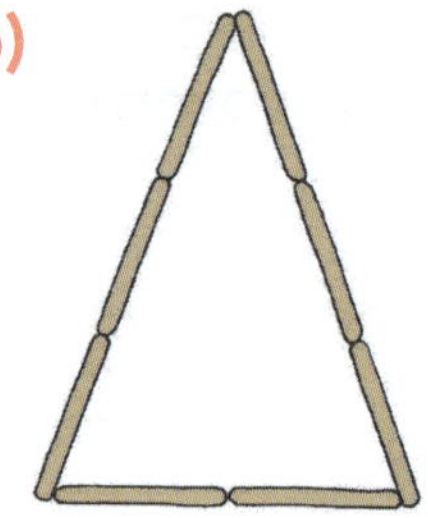

____

c)

____

Ilustrações: Estúdio Mil/Arquivo da editora

Explorar e Descobrir

Construa, sem quebrar palitos, todos os retângulos possíveis com perímetro de 14 palitos.

Em seguida, esboce o desenho dos retângulos na malha quadriculada. Considere o lado do quadrinho como 1 palito.

5 Descubra quais dos contornos das regiões planas abaixo têm perímetro igual e assinale.

A

☐

B

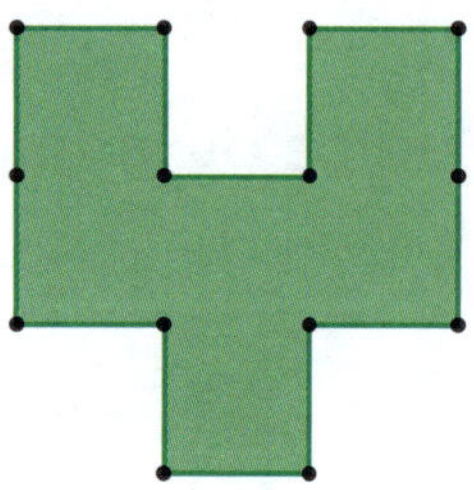

☐

C

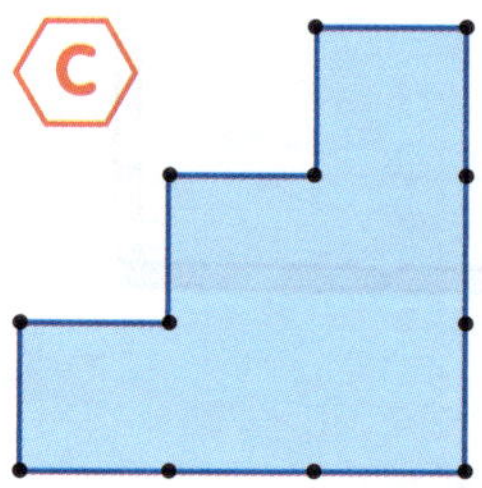

☐

D

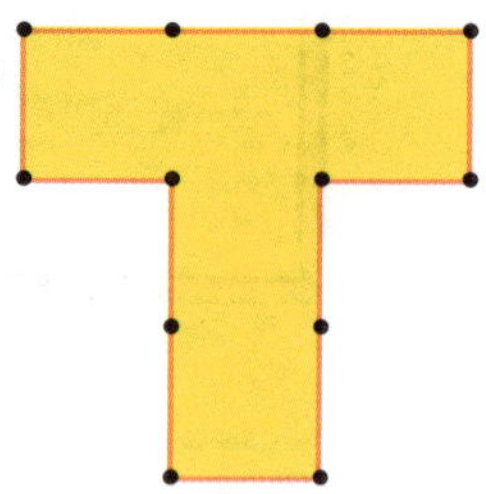

☐

Ilustrações: Banco de imagens/Arquivo da editora

6 DESLOCAMENTO

As imagens não estão representadas em proporção.

Observe os comandos dados à tartaruga e veja o caminho que ela percorreu.

- Avance 3 lados de quadradinho.
- Vire à direita e avance 3.
- Vire à direita e avance 5.
- Vire à esquerda e avance 4.
- Vire à esquerda e avance 2.

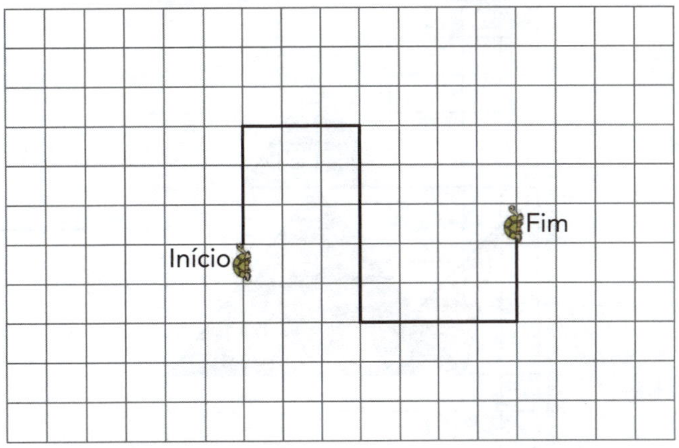

Ilustrações: Estúdio Mil/Arquivo da editora

a) Leia novos comandos dados à tartaruga e trace na malha quadriculada este outro caminho que ela percorreu.

- Avance 2 lados de quadradinho.
- Vire à direita e avance 3.
- Vire à esquerda e avance 2.
- Vire à direita e avance 4.
- Vire à direita e avance 5.
- Vire à esquerda e avance 3.
- Vire à esquerda e avance 4.

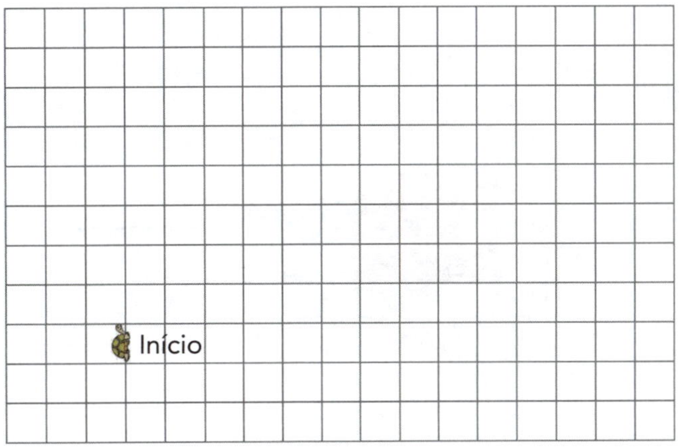

Estúdio Mil/Arquivo da editora

b) Agora faça o contrário: examine o caminho que a tartaruga fez abaixo e escreva os comandos dados a ela.

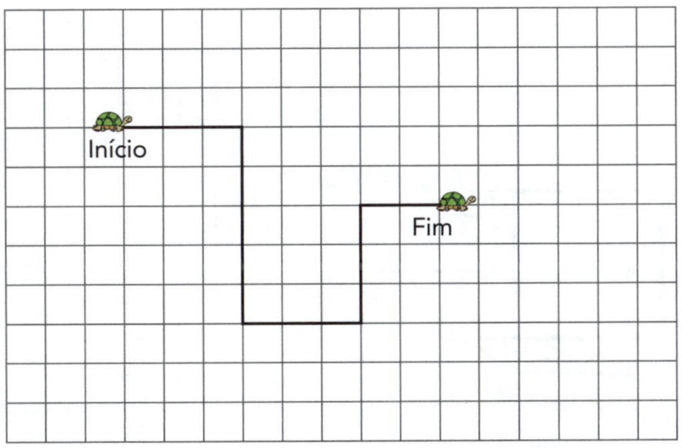

Estúdio Mil/Arquivo da editora

Reproducção, ampliação e redução de figuras

1 Usando uma régua, reproduza a figura na malha quadriculada da direita.

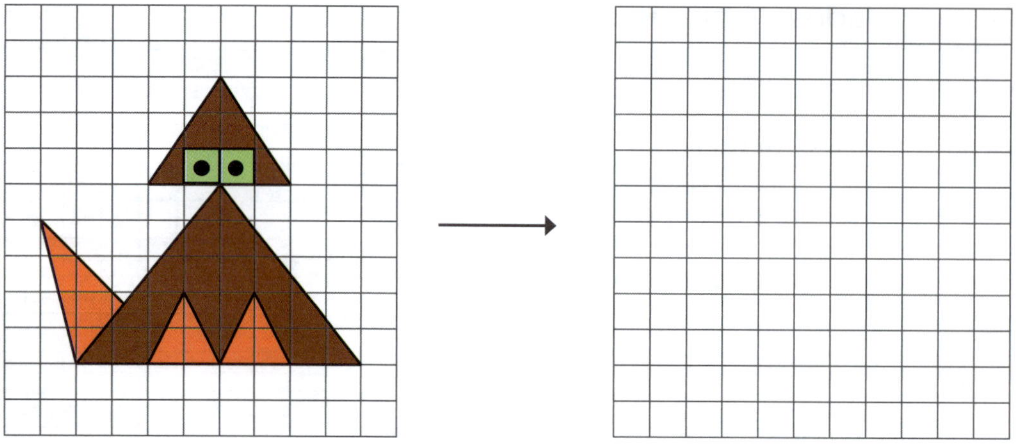

Ilustrações: Banco de imagens/Arquivo da editora

2 Amplie a figura na malha quadriculada da direita, de modo que a medida do comprimento de cada segmento de reta na figura ampliada tenha o dobro da medida do segmento de reta da figura original.

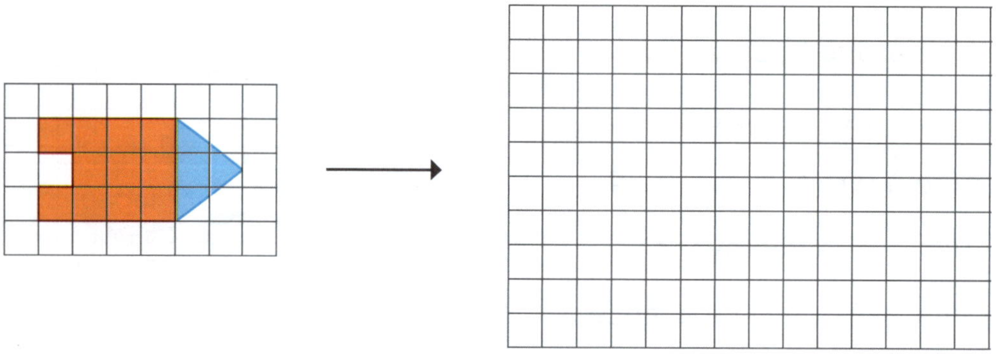

Ilustrações: Banco de imagens/Arquivo da editora

3 Na malha quadriculada da direita, escreva a palavra ECO reduzindo as letras, de modo que a medida do comprimento de cada segmento de reta seja dividida por 2 (metade da medida original).

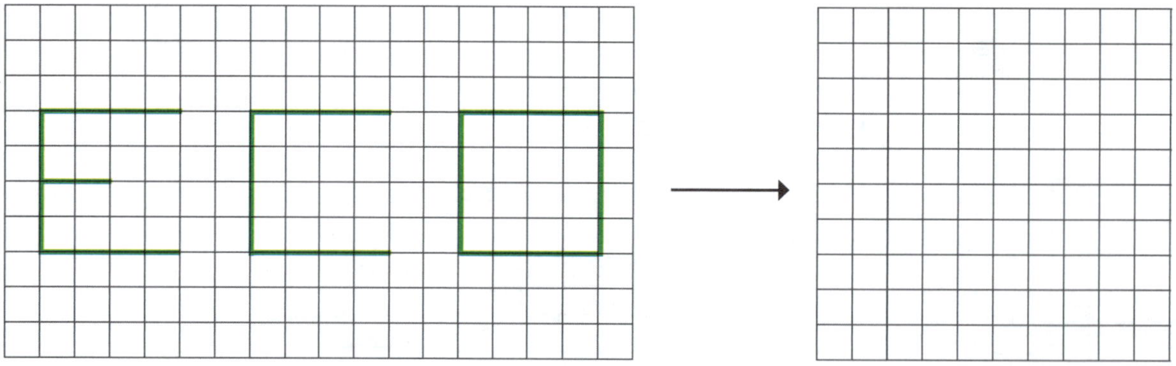

Ilustrações: Banco de imagens/Arquivo da editora

Medida de comprimento com unidades padronizadas de medida

O centímetro (cm)

1 O **centímetro (cm)** é uma unidade padronizada de medida de comprimento. Os segmentos de reta desenhados abaixo, em diversas posições, têm todos medida de comprimento igual a 1 centímetro (1 cm).

Agora, use uma régua e desenhe mais 3 segmentos de reta de 1 cm cada um.

2 A régua é um instrumento de medida de comprimento.
Observe e complete.
A foto do lápis tem 7 cm.

A foto do parafuso tem _____ cm.

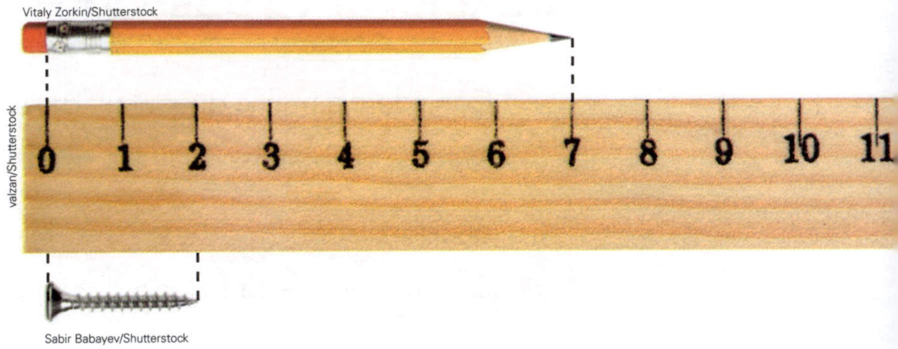

3 **ESTIMATIVAS**

Estime e registre a medida do comprimento de cada foto, em centímetros.
Depois, meça com a régua e escreva a medida real.

As imagens não estão representadas em proporção.

a) Estimativa: _____ cm

Medida: _______ cm

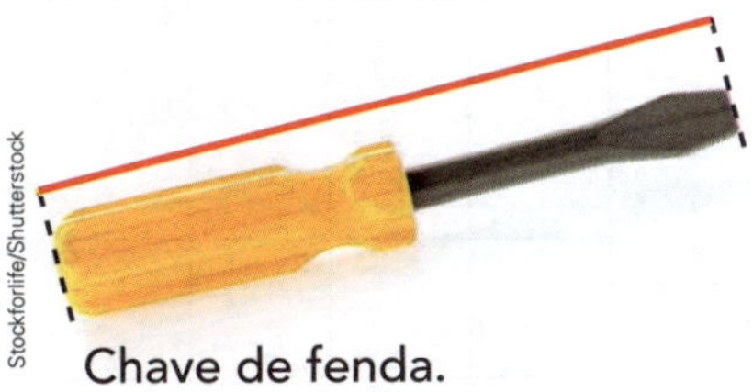

Chave de fenda.

b) Estimativa: _________

Medida: _________

Clipe.

c) Estimativa: ________

Medida: _________

Cadeado.

Charles Schulz. **Snoopy** – Posso fazer uma pergunta, professora? Porto Alegre: L&PM, 2009. p. 94.

4 CÁLCULO DO PERÍMETRO, EM CENTÍMETROS

Meça o comprimento dos lados e depois calcule o perímetro de cada polígono, em centímetros. Indique essas medidas e como você calculou.

a)

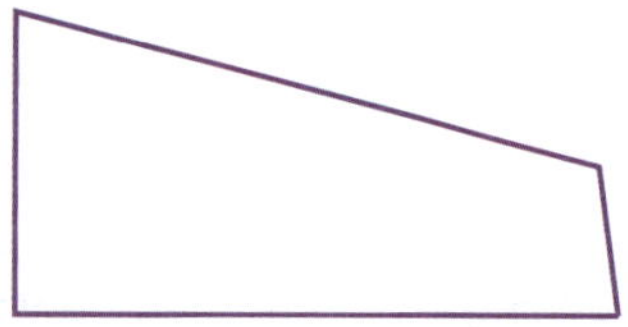

____

____

b)

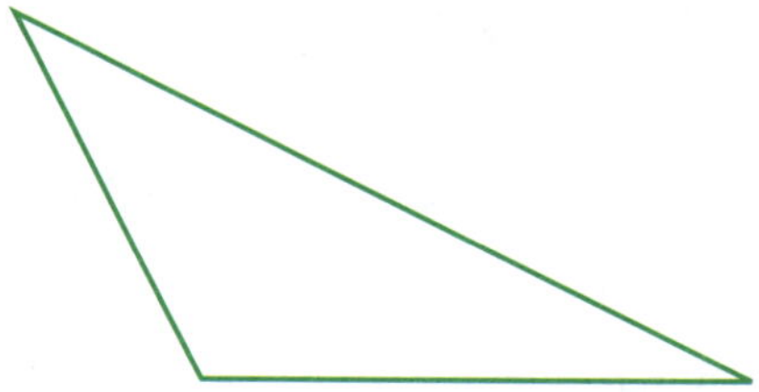

____

____

Ilustrações: Banco de imagens/Arquivo da editora

Explorar e Descobrir

Considere a malha quadriculada abaixo. Use uma régua para fazer o que se pede.

- Meça e responda: qual é a medida do lado de cada quadradinho desta malha quadriculada? ________
- Quanto medirá cada lado de um quadrado com perímetro de 8 cm? Responda e, depois, desenhe-o na malha quadriculada. ________
- Quanto medirá a altura de um retângulo com comprimento de 4 cm e perímetro de 10 cm? Responda e, depois, desenhe-o na malha quadriculada. ________

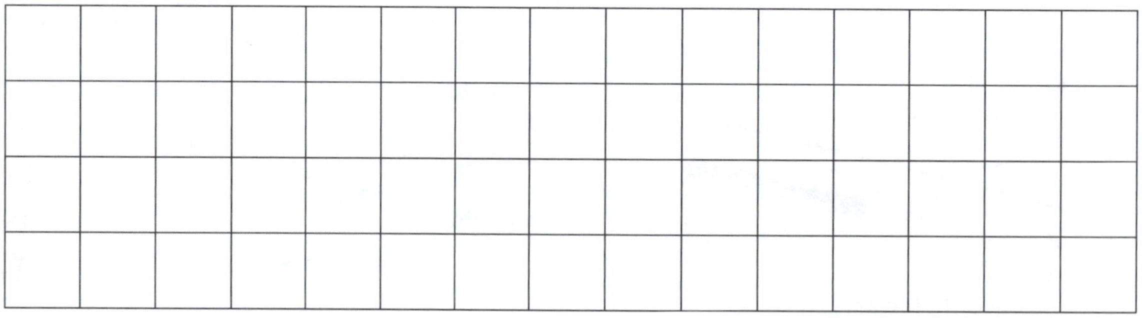

Estúdio Mil/Arquivo da editora

5 ATIVIDADE ORAL EM GRUPO Lúcia tem uma mesa circular e comprou uma toalha para ela, também circular.

Ela quer colocar uma fita de renda em volta da toalha.

Converse com os colegas e responda: Como podemos fazer para descobrir o perímetro da toalha e de outros objetos circulares, como um CD, uma tampa de panela e outros?

O milímetro (mm)

1 O **milímetro (mm)** é outra unidade padronizada de medida de comprimento. Ele é usado para medir pequenos comprimentos ou fazer medições com maior precisão.

As imagens não estão representadas em proporção.

a) Observe a régua e complete.

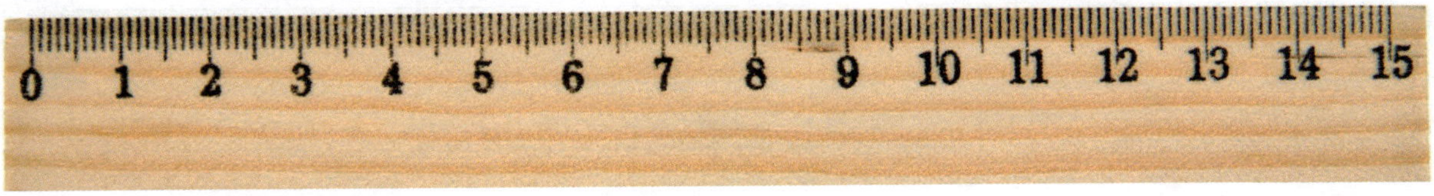

valzan/Shutterstock

Há _______ partes entre cada número.

1 cm = _______ mm

b) A fita azul tem medida de comprimento exata em centímetros? _________

elisekurenbina/Shutterstock

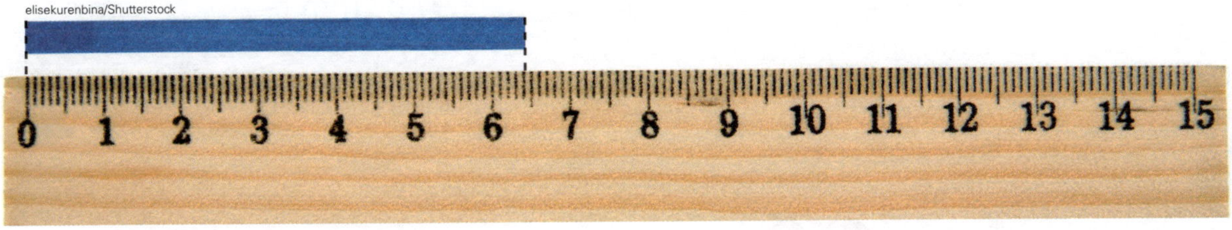

valzan/Shutterstock

c) Meça a fita azul, em milímetros, e complete.

A fita azul mede _______ mm ou _______ cm e _______ mm.

d) Agora, escreva a medida de comprimento de cada fita abaixo.

elisekurenbina/Shutterstock

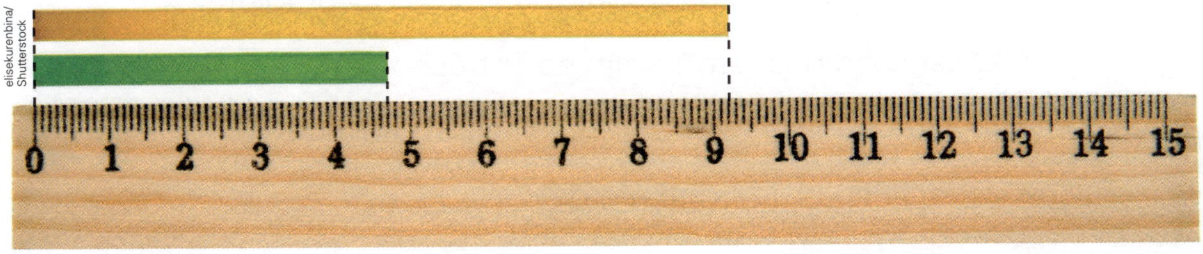

valzan/Shutterstock

Fita amarela: _______ mm ou _______ cm e _______ mm

Fita verde: _________ ou __________________

2 Observe a foto da nota de R$ 100,00. Meça com a régua, em milímetros, e registre.

a) A largura desta foto. _____________

b) O comprimento desta foto. _____________

Reprodução/Casa da Moeda do Brasil/Ministério da Fazenda

3 Trace, com a régua, os segmentos de reta $\overline{AB}$ de 15 mm, $\overline{CD}$ de 25 mm e $\overline{EF}$ de 4 cm e 3 mm. Em seguida, complete as medidas.

15 mm ou _____ cm e _____ mm

25 mm ou _____ cm e _____ mm

4 cm e 3 mm ou _____ mm

4 Lembre-se: 1 cm = 10 mm. Complete.

a) 6 cm = _____ mm

b) 40 mm = _____ cm

c) 3 cm e meio = _____ mm

d) 85 mm = _____

e) 2 cm e 7 mm = _____ mm

f) 83 mm = _____ cm e _____ mm

5 Para ir até o doce a formiga tem 2 caminhos, cada um deles com 2 trechos. Veja a figura abaixo.

As imagens não estão representadas em proporção.

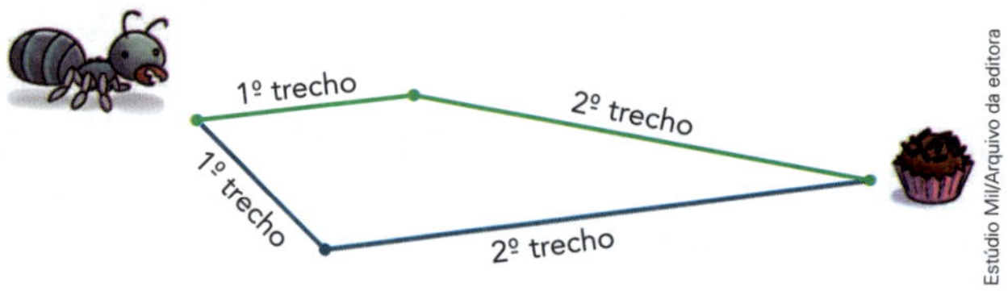

a) Use uma régua para descobrir as medidas e complete.

- O caminho que tem 15 mm no 1º trecho tem _____ mm no 2º trecho.
- O outro caminho tem _____ mm no 1º trecho e _____ mm no 2º trecho.
- O caminho mais longo é o de cor _____.

b) Complete a tabela colocando os valores encontrados em centímetros e milímetros.

Medida de comprimento dos caminhos

Caminho	1º trecho	2º trecho	Total
Azul	_____ cm e _____ mm	_____	_____
Verde	_____	_____	_____

Tabela elaborada para fins didáticos.

O metro (m)

Explorar e Descobrir

As imagens não estão representadas em proporção.

ATIVIDADE EM DUPLA Leila e Mateus mediram a largura da porta e viram que era de aproximadamente **1 metro (m)**.

Estúdio Mil/Arquivo da editora

O **metro (m)** é a unidade fundamental para medir comprimento.

Agora, como no 3º ano, vocês vão construir uma tira de papel com comprimento de 1 metro e utilizá-la para fazer algumas medidas em metros.

- Peguem uma folha de papel sulfite e recortem 4 faixas da largura de sua régua. Colem as faixas uma na outra, como mostra a figura.

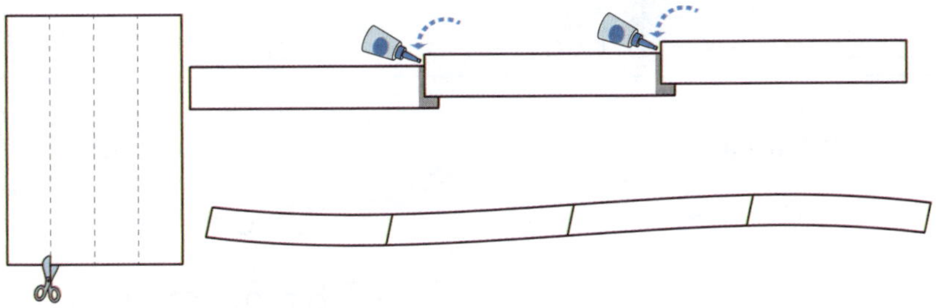
Estúdio Mil/Arquivo da editora

Usando a régua, numerem a tira até 100 centímetros. Cortem o que sobrou. Pronto! Vocês construíram uma fita cujo comprimento mede 1 metro, graduada em centímetros.

- Agora, completem.

1 m = ________ cm

1 ESTIMATIVAS DE MEDIDAS DE COMPRIMENTO

ATIVIDADE EM DUPLA Façam a estimativa da medida, registrem e depois meçam para conferir.

Registrem também a medida real.

a) Medida do comprimento da lousa da sala de aula. ________________

b) Medida da altura da porta da sala de aula. ________________

c) Perímetro do tampo da mesa da professora. ________________

2 Uma armação de arame tem a forma de um paralelepípedo com dimensões de 30 cm, 15 cm e 10 cm.

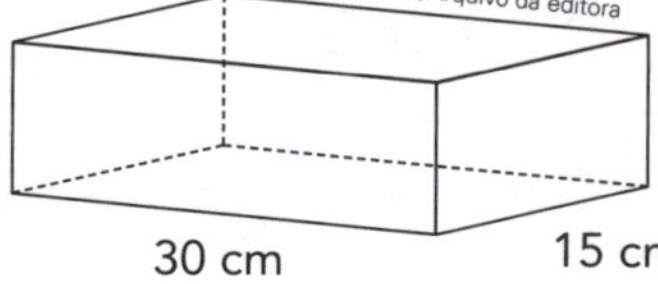

a) Quantos centímetros de arame foram gastos para construir essa armação?

______

b) Foram gastos mais ou menos do que 2 metros? ______

3 Faça as medições necessárias e calcule o perímetro do tampo de sua carteira. Registre a medida de 3 maneiras diferentes.

______ m e ______ cm	______ cm	______ mm

4 Complete.

1 m = ______ cm	1 cm = ______ mm	1 m = ______ mm

5 Continue completando.

a) 3 cm = ______ mm

b) 400 cm = ______ m

c) 1 m e 8 cm = ______ cm

d) 375 cm = ______ m e ______ cm

e) 8 cm e meio = ______ mm

f) 9 m = ______ mm

6 Em uma fazenda, para cercar um curral foram usadas estacas fincadas de 2 em 2 metros, uma porteira entre 2 das estacas e 3 fios de arame, conforme mostra a figura.

Estúdio Mil/Arquivo da editora

a) Quantas estacas foram usadas? ______

b) Quantos metros de arame foram usados? ______

7 **DESAFIO**

Dois caracóis caíram no fundo de um poço sem água, de 10 m de profundidade. Durante o dia, eles subiam 2 m pela parede, mas à noite, dormindo, escorregavam 1 m. Quantos dias eles levaram para sair do poço? ______

O quilômetro (km)

As imagens não estão representadas em proporção.

Estúdio Mil/Arquivo da editora

1 **ATIVIDADE EM DUPLA** Inicialmente, leiam e analisem o texto abaixo.

Lucas mora a 1 quilômetro da escola em que estuda. O **quilômetro (km)** é uma unidade padronizada de medida de comprimento usada para medir grandes distâncias.

a) Completem, cada um em seu livro.

1 quilômetro = _________ metros	ou	1 km = _________ m

b) **ATIVIDADE ORAL** Agora, procurem se lembrar de 2 locais conhecidos de uma mesma rua da sua cidade que, na opinião de vocês, ficam a cerca de 1 quilômetro um do outro. Depois, contem para a turma quais foram os locais escolhidos. Todos concordam?

Em caso positivo, cada um registra em seu livro. _______________

c) Finalmente, cada um escreve em seu livro se a distância de sua casa à escola é **igual**, **maior** ou **menor** do que 1 quilômetro. _______________

Saiba mais

O litoral brasileiro tem uma extensão de 7 367 km, sendo banhado pelo oceano Atlântico.

Brasil político

Banco de imagens/Arquivo da editora

Fonte de consulta: **Atlas geográfico escolar**. 6. ed. Rio de Janeiro: IBGE, 2012.

2 É **mais** ou **menos** do que 1 quilômetro?

As imagens não estão representadas em proporção.

a) Distância de uma esquina a outra de um mesmo quarteirão. ________

b) Caminhada de 20 quarteirões. ________

c) Distância entre a Terra e a Lua. ________

d) Perímetro da sua sala de aula. ________

3 Use os símbolos do quilômetro (km), metro (m), centímetro (cm) e milímetro (mm) para completar as igualdades.

a) 1 ______ = 10 ______

b) 1 ______ = 100 ______

c) 1 ______ = 1 000 ______

d) 1 ______ = 1 000 ______

4 **ATIVIDADE ORAL EM GRUPO** O pai de Ivo percorreu 5 quilômetros com seu carro e perguntou ao filho: "Ivo, quantos metros há em 5 quilômetros?".
Converse com os colegas e registre.

Estúdio Mil/Arquivo da editora

a) Qual deveria ser a resposta de Ivo?

____

b) Como se chega a essa resposta? ________________________

Estúdio Mil/Arquivo da editora

5 Cláudia andou durante 2 horas. Na primeira hora andou 3 quilômetros; na segunda, 2 500 metros.

a) Quantos metros ela andou ao todo?

____

b) Isso representa quantos quilômetros?

____

6 Complete mais algumas medidas correspondentes.

a) 18 km = ______ m

b) 100 000 m = ______ km

c) meio quilômetro = ______ m

d) 3 km e 18 m = ______ m

e) 7 400 m = ______ km e ______ m

f) 5 km e 5 m = ______ m

BRINCANDO TAMBÉM APRENDO

JOGO PARA 2 PARTICIPANTES.

Jogo dos perímetros

Material necessário

- 2 lápis de cores diferentes

Cada participante deve usar um lápis de uma cor.

A	B	C	D	E	F	G	H	I	J	K	L

Em uma rodada, cada participante escolhe um polígono, circula a letra correspondente e, com auxílio de uma régua, mede seus lados e calcula o perímetro. Feito isso, os jogadores elaboram uma tabela com seus nomes e pontos de acordo com estes critérios.

- Quando errar o cálculo, marca **0 (zero) ponto**.
- Quando acertar e o perímetro der menos do que 10 cm ou mais do que 14 cm, marca **1 ponto**.
- Quando acertar e o perímetro der entre 10 cm e 14 cm, marca **2 pontos**.
- Quando acertar e o perímetro der 10 cm ou 14 cm, marca **3 pontos**.

Calculados todos os perímetros, os pontos devem ser somados. O vencedor será aquele que fizer mais pontos.

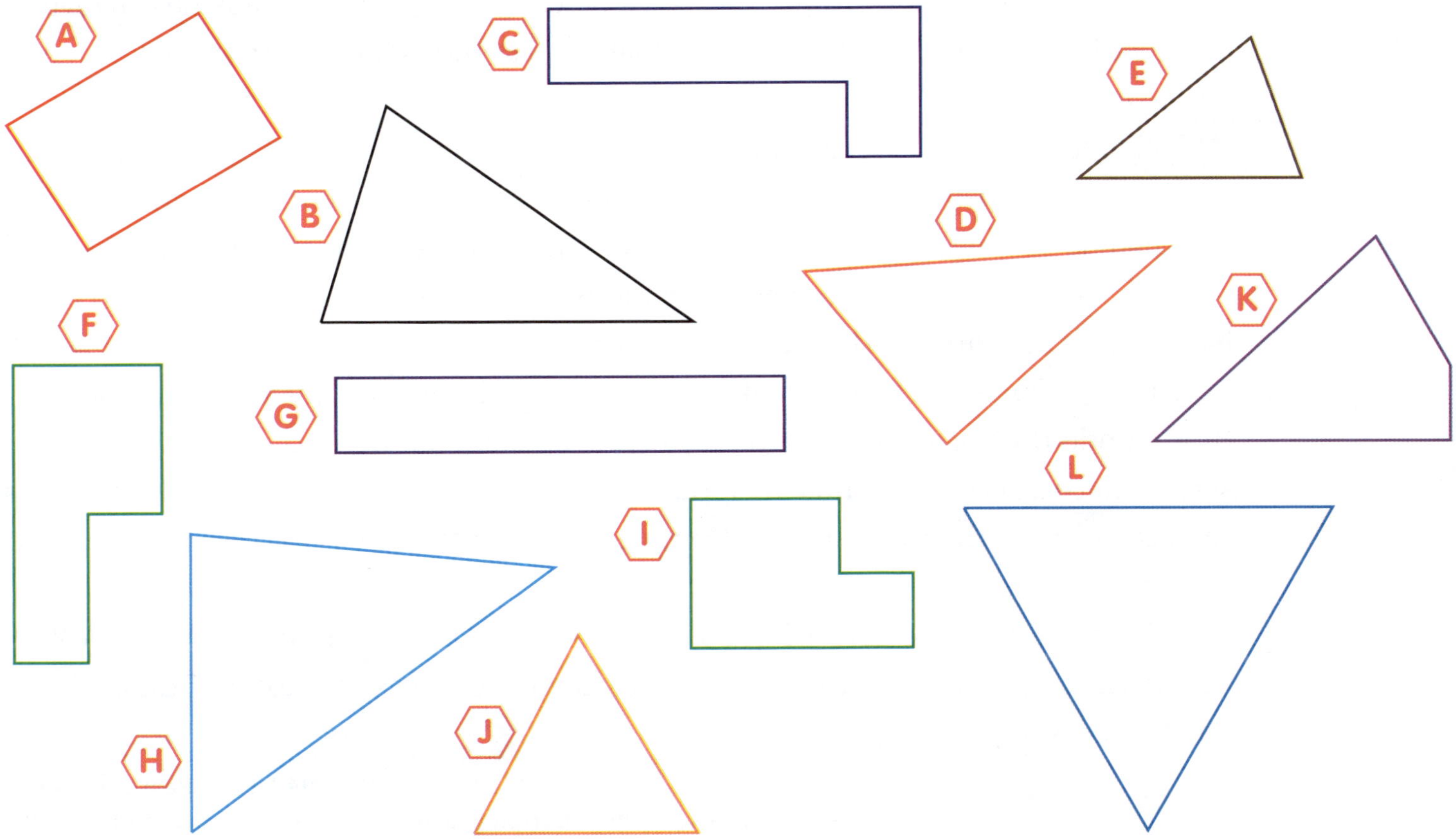

Ilustrações: Banco de imagens/Arquivo da editora

TECENDO SABERES

Lula Sampaio/Opção Brasil Imag

Lixo em Igarapé em Manaus, Amazonas. Foto de 2016.

PET, para que te quero?

Conheça as vantagens e as desvantagens desse material comum em garrafas de bebidas

Não precisa procurar muito, pois é bem fácil encontrá-lo: o PET – sigla para polietileno tereftalato – é usado na fabricação de uma porção de coisas, como garrafas de refrigerantes, águas, sucos, óleos comestíveis, medicamentos, produtos de higiene e limpeza e de cosméticos, além de ser usado para a fabricação de fibras têxteis.

Revista **Ciência Hoje das Crianças**. Disponível em: <http://chc.org.br/?s=pet%2C+para+que+te+quero>. Acesso em: 18 jul. 2017.

Casa feita com garrafas PET

Depoimento de Antônio Duarte, 34 anos, eletricista, Espírito Santo, Rio Grande do Norte (25/3/2010)

"Não sou engenheiro nem arquiteto, mas criei uma casa de garrafa PET que custa apenas R$ 8 mil. Como? Troquei os tijolos de cerâmica pelas garrafas descartáveis e assim reduzi o custo da construção. Se tivesse feito tudo da maneira tradicional, teria gasto o dobro!

Trabalho como eletricista em uma empresa e não tive condições de fazer faculdade. Mas isso nunca me impediu de ser uma pessoa criativa e preocupada com o meio ambiente. Um dia, quando estava voltando para casa, notei um bocado de garrafas de refrigerante na beira do rio que corta minha cidade, Espírito Santo, no interior do Rio Grande do Norte. Fiquei 'encucado': que fim dar a esse lixo todo?

[...] Mas não desisti e pedi o apoio de pesquisadores da Universidade Federal do Rio Grande do Norte. Depois dos testes, fiz as contas e descobri quantas garrafas seriam necessárias para uma casa de 46 metros quadrados com dois dormitórios, sala, cozinha, banheiro e varanda. Comprei 2 700 garrafas PET dos catadores e comecei a construção.

Foi 1 mês de trabalho duro até que a primeira casa ficasse pronta, em dezembro de 2009. Algum tempo depois, passei a conseguir construir a mesma casa em apenas 5 dias, já levando as paredes de garrafas prontas."

PORTAL DO MEIO AMBIENTE DA UFRN. **Personalidades**. Disponível em: <www.meioambiente.ufrn.br/?p=3647>. Acesso em: 18 jul. 2017.

1 Após a leitura do texto, responda aos itens a seguir. Se necessário, pesquise e troque ideias com os colegas.

a) Quais são os produtos vendidos em embalagem PET que você e sua família consomem? ______

b) O que significa reciclar?

______

c) Você e sua família têm o hábito de separar materiais que podem ser reciclados? Quais? E para onde eles são encaminhados?

______

2 **CALCULADORA** Use as informações do texto, calcule e responda.

a) Quanto Antônio teria gasto para construir uma casa de maneira tradicional?

______

b) Qual é a diferença entre a quantidade de dias que Antônio levou para construir a primeira casa e a quantidade de dias que ele passou a demorar para fazer a mesma construção? ______

c) Com o mesmo projeto, quantas casas podem ser construídas com R$ 64 000,00? Nesse caso, quantas garrafas serão necessárias? Use uma calculadora. ______

As imagens não estão representadas em proporção.

3 Vânia trabalha com artesanato, fazendo banquinhos com garrafas PET. Ela usa 32 garrafas de 2 litros para fazer cada banquinho.

Vânia pretende fazer 1 dezena e meia de banquinhos para vender e já tem a metade das garrafas necessárias para realizar o trabalho. Quantas garrafas faltam para a confecção dos bancos?

______

João Prudente/Pulsar Imagens

Banquinho feito com garrafas PET.

Danilo Verpa/Folhapress

Luminária com flores feitas de garrafas PET.

Medida de superfície (área)

Unidades não padronizadas de medida

As imagens não estão representadas em proporção.

Estúdio Mil/Arquivo da editora

1 Jairo está cobrindo o tampo da mesa com folhas de papel sulfite. Observe e responda.

a) Quantas folhas ele vai usar no total? ______________

A medida que Jairo está obtendo é chamada **medida de superfície** ou **área**.

b) Jairo está usando uma unidade não padronizada de medida. Qual é ela?

____

Dizemos que o tampo da mesa representa uma superfície e que a medida dessa superfície (área) é 16 folhas de papel sulfite.

Estúdio Mil/Arquivo da editora

2 Observe e complete.

a) O pai de Lucas azulejou a parede da pia. Ele usou

________ azulejos, ou seja, a área dessa parede é

________ azulejos.

Estúdio Mil/Arquivo da editora

b) Já o tio de Lucas cobriu o tampo da mesa usando o mesmo tipo de azulejo.

A área do tampo da mesa é de ________ azulejos.

Explorar e Descobrir

ATIVIDADE EM DUPLA Determinem e registrem, cada um em seu livro.

- A área da lousa usando uma folha dupla de jornal. ______________
- A área do tampo da sua carteira usando uma folha de papel sulfite.

  ____
- A área do tampo da sua carteira usando uma folha de papel quadrada, com lados de 10 cm. ______________

3 É HORA DE PINTAR REGIÕES PLANAS!

Considere o ☐ como unidade de medida de superfície.

a) Pinte de [hexágono azul] as regiões planas que têm área de 8 unidades, de [hexágono verde] as que têm área de 9 unidades e de [hexágono laranja] as demais regiões planas.

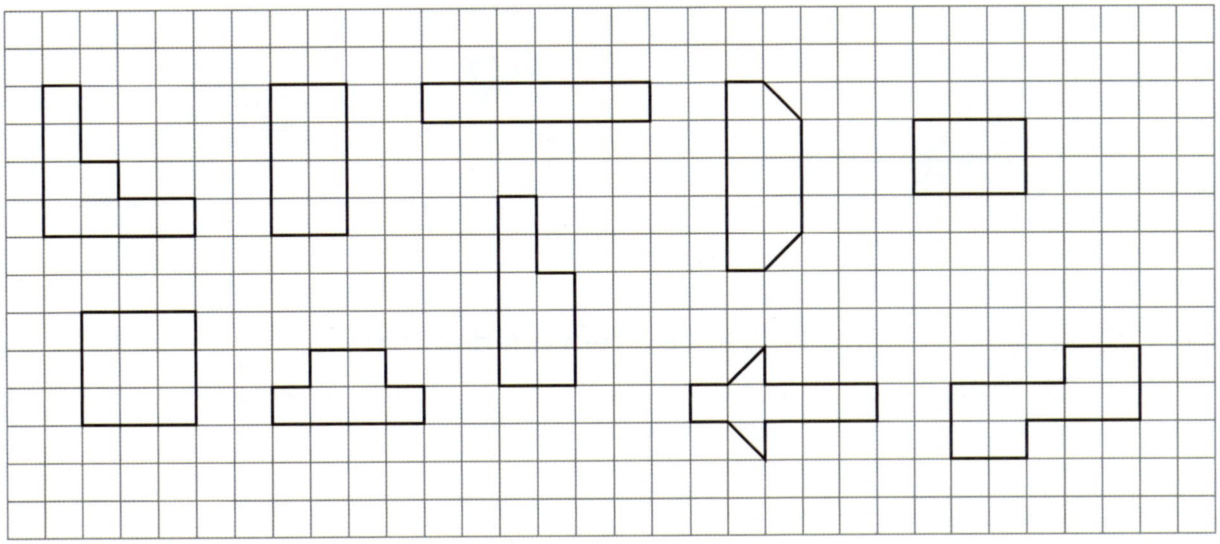

Banco de imagens/Arquivo da editora

b) Agora, complete: Cada região laranja tem área de _______ unidades.

4 Fernando quer decorar esta parede de seu quarto. Ele tem 2 tipos de placa.

Ilustrações: Banco de imagens/Arquivo da editora

a) Usando só a placa **A**, de quantas placas ele precisará? ________________

b) Usando só a placa **B**, quantas ele colocará? ________________

c) Por que a quantidade de placas necessárias em cada caso foi diferente?

____

d) Complete: A área da parede é de _____ unidades **A** ou de _____ unidades **B**.

5 **ATIVIDADE ORAL EM DUPLA** Troque ideias com um colega sobre os resultados que vocês obtiveram na atividade anterior.

Unidades padronizadas de medida

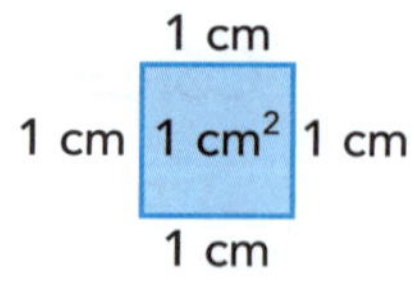

1 Dizemos que uma região quadrada com lados de 1 cm tem área de **1 centímetro quadrado (1 cm²)**.
Indique qual é a área das figuras seguintes, em centímetros quadrados (cm²).

Banco de imagens/ Arquivo da editora

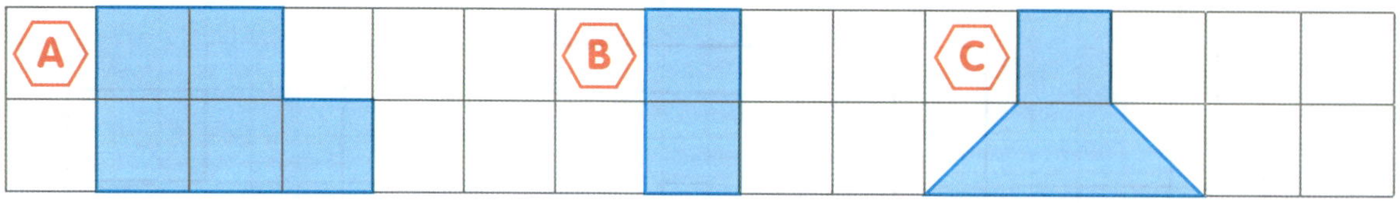

__________ __________ __________

2 A malha quadriculada abaixo tem quadradinhos com 1 cm de lado. Desenhe nela 3 regiões planas diferentes, cada uma com área de 4 cm².

Banco de imagens/Arquivo da editora

3 **SIMETRIA E ÁREA**

a) Construa a simétrica de cada figura em relação ao eixo dado.

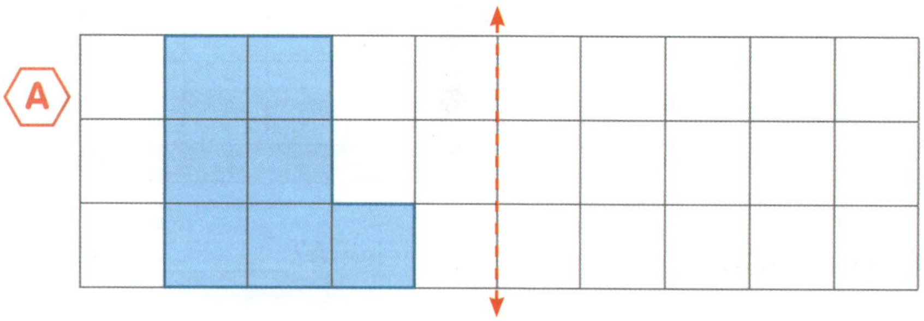

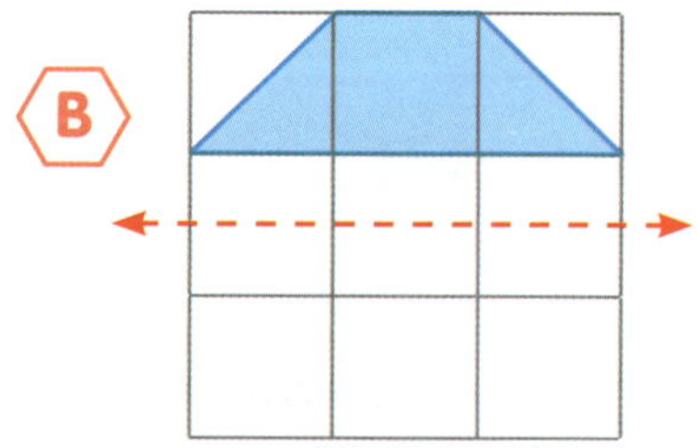

Ilustrações: Banco de imagens/ Arquivo da editora

b) Agora, responda: Cada figura e sua simétrica têm a mesma área? E têm a mesma forma? ________________

c) Registre a área das figuras e confira sua resposta.

Área de **A**: __________ Área de **B**: __________

Área da simétrica de **A**: __________ Área da simétrica de **B**: __________

Explorar e Descobrir

As imagens não estão representadas em proporção.

ATIVIDADE EM DUPLA Dizemos que uma região quadrada com lados de 1 m tem área de **1 metro quadrado (1 m²)**. Sabendo disso, colem 4 folhas duplas de jornal. Em seguida, façam as medições e os recortes necessários para obter uma região plana com área de 1 metro quadrado.

Depois, usem o material construído para determinar a área de um local da escola a ser escolhido juntamente com o professor.

Estúdio Mil/Arquivo da editora

4 FAÇA DO SEU JEITO!

O quarto de Ana tem o piso com forma retangular, com 5 m de comprimento e 3 m de largura.

Calcule e responda. Depois, veja como os colegas calcularam.

Qual é a área desse piso, em metros quadrados? __________

5 CALCULADORA

É IMPORTANTE PRESERVAR O VERDE!

A Organização Mundial da Saúde (OMS) recomenda que cada cidade tenha, no mínimo, 12 m² de área verde por habitante.

Lula Sampaio/Opção Brasil Imag.

Parque Municipal do Mindu e parque Dez de Novembro, em Manaus, Amazonas. Foto de 2016.

Use a calculadora e responda.

a) Quantos metros quadrados de área verde deve ter, no mínimo, uma cidade com 180 000 habitantes? ______________

b) Uma cidade com 468 000 m^2 de área verde e 52 000 habitantes está de acordo com essa recomendação? Por quê?

____

____

c) **ATIVIDADE ORAL EM GRUPO** Qual é a importância das áreas verdes nas cidades? Converse com os colegas sobre isso.

Saiba mais

1 quilômetro quadrado (1 km^2) é a área de uma região quadrada com 1 km de lado.

A área total do Brasil é de aproximadamente 8 515 767 km^2.

O maior estado brasileiro é o Amazonas, com área de aproximadamente 1 559 149 km^2.

O menor estado brasileiro é Sergipe, com área de aproximadamente 21 918 km^2.

O Distrito Federal tem área aproximada de 5 780 km^2.

Fonte de consulta: IBGE. **Área territorial oficial**. Disponível em: <www.ibge.gov.br/home/geociencias/areaterritorial/principal.shtm>. Acesso em: 26 dez. 2016.

Brasil político

Allmaps/Arquivo da editora

Adaptado de: **Atlas geográfico escolar**. 6. ed. Rio de Janeiro: IBGE, 2012.

6 Arredonde os números que aparecem no **Saiba mais** e registre as áreas em km^2.

a) Área do Brasil (para a centena de milhar mais próxima). ______________

b) Área do Amazonas (para a dezena de milhar mais próxima). ______________

c) Área de Sergipe (para a unidade de milhar mais próxima). ______________

d) Área do Distrito Federal (para a centena mais próxima). ______________

7 Os estados brasileiros estão distribuídos em 5 regiões, como estão mostradas neste mapa.

Observe-o e responda.

a) Qual região tem a maior área?

____

b) Qual região tem a menor área?

____

c) Agora, consulte também o mapa da página anterior. Quantos estados a região Sul tem? _______________

d) Quais são eles?

____

Brasil: divisão regional

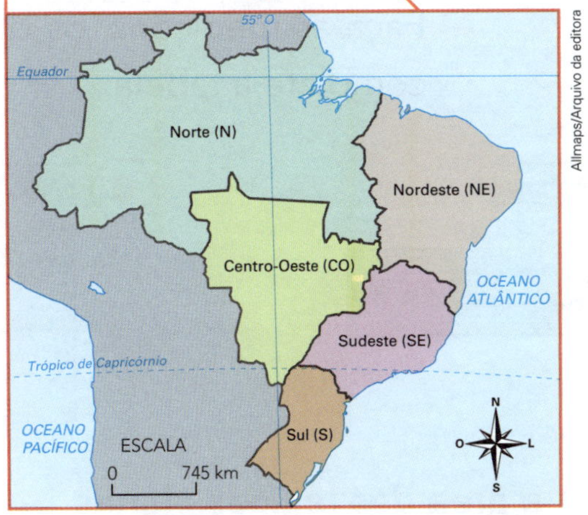

Fonte de consulta: **Atlas geográfico escolar**. 6. ed. Rio de Janeiro: IBGE, 2012.

8 **DESAFIO COM A CALCULADORA**

Com base nestas informações, use uma calculadora para descobrir a área do Rio Grande do Sul e registre aqui. _______________

- Área do Paraná: 199 308 km²
- Área de Santa Catarina: 95 736 km²
- Área da região Sul: 576 774 km²

9 Observe as áreas indicadas em quilômetros quadrados.

27 779 km²	340 112 km²
1 247 955 km²	564 733 km²

Elas são as áreas aproximadas dos 4 estados citados abaixo.

Consulte o mapa da página anterior e registre a área de cada um.

Goiás: _______________ Pará: _______________

Bahia: _______________ Alagoas: _______________

Perímetro e área

1 PERÍMETRO E ÁREA

a) Faça as medições, os quadriculados e os cálculos necessários e, depois, complete a tabela.

Ilustrações: Banco de imagens/Arquivo da editora

Perímetro e área das regiões planas

	Perímetro (em cm)	**Área** (em cm²)
A		
B		
C		

Tabela criada para fins didáticos.

b) Finalmente, responda: Quais são as 2 regiões planas de perímetro igual? Suas áreas também são iguais?

____

____

2

Descubra e complete: As figuras ______ e ______ têm perímetro igual (______ cm) e área igual (______ cm²).

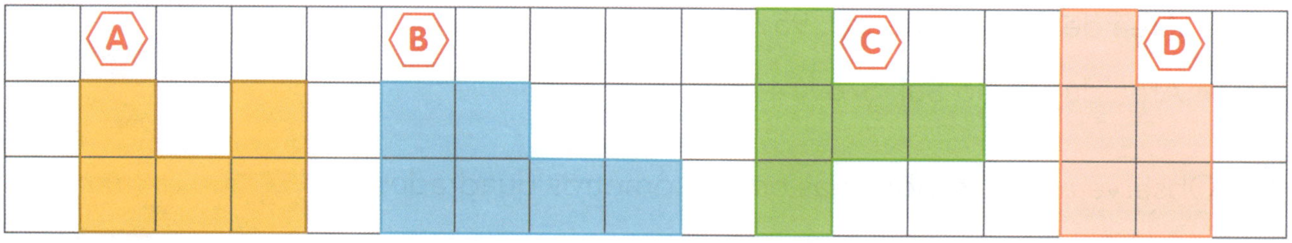

Ilustrações: Banco de imagens/Arquivo da editora

3 DESAFIO

Complete e pinte as regiões planas de acordo com as medidas indicadas.

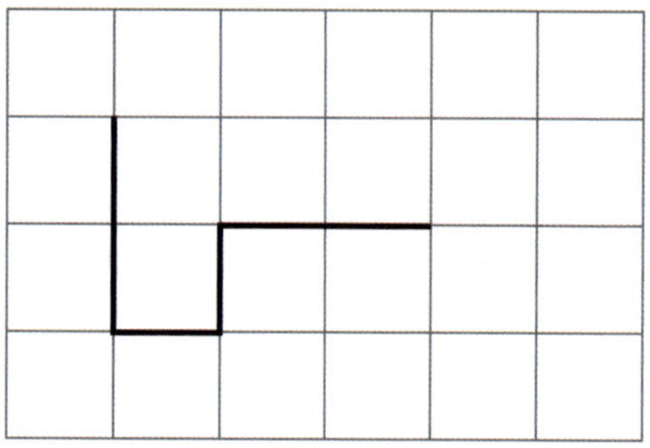

Perímetro: 12 cm

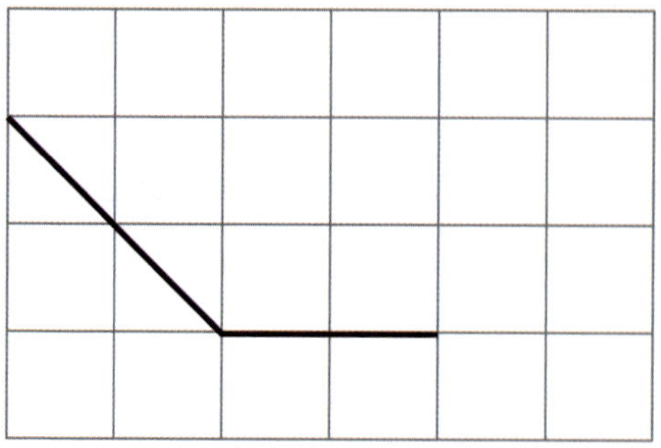

Área: 12 cm²

Ilustrações: Banco de imagens/Arquivo da editora

4 CALCULADORA E MEDIDAS AGRÁRIAS

Além do metro quadrado (m^2) e do quilômetro quadrado (km^2), é comum o uso do **hectare (ha)** como unidade de medida de superfície (área) de terrenos e propriedades rurais.

Ernesto Reghran/Pulsar Imagens

Plantação de café em Santa Mariana, Paraná. Foto de 2017.

> 1 hectare corresponde à área de uma região quadrada com lados de 100 metros. Por isso:
>
> $$1 \text{ ha} = 10\,000 \text{ m}^2$$

No Brasil, também são usadas unidades regionais de área, ou seja, unidades específicas para certas regiões. Conheça algumas delas.

- Alqueire paulista: $24\,200 \text{ m}^2$
- Alqueire baiano: $96\,800 \text{ m}^2$
- Alqueire mineiro: $48\,400 \text{ m}^2$
- Alqueire do Norte: $27\,225 \text{ m}^2$

Use essas informações e, com a ajuda de uma calculadora, descubra e complete.

a) Uma propriedade rural de 12 hectares tem ________ metros quadrados.

b) $5\,000 \text{ m}^2 =$ ________ ha e 1 hectare e meio = ________ m^2

c) 5 alqueires paulistas têm ________ metros quadrados.

d) Uma propriedade rural com $145\,200 \text{ m}^2$ de área tem ________ alqueires mineiros.

e) 1 alqueire baiano tem ________ m^2 a mais do que 1 alqueire do Norte.

f) 1 alqueire baiano corresponde ao ________ de 1 alqueire mineiro e ao ________________ de 1 alqueire paulista.

Mais atividades e problemas

1 Observe a região poligonal e responda.

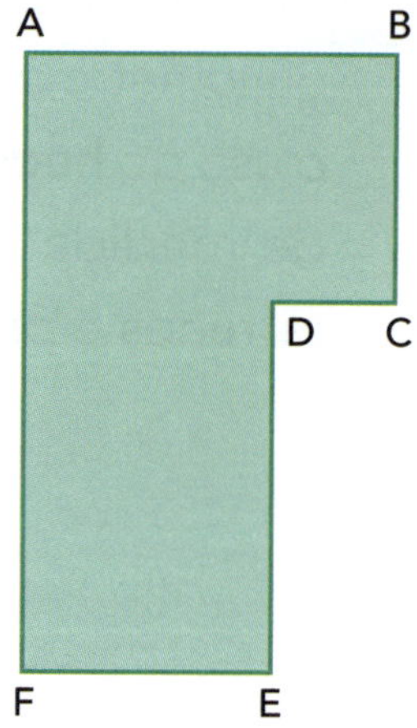

Banco de imagens/Arquivo da editora

a) Quantos lados ela tem? ______________

b) Que nome é dado ao seu contorno? ______________

c) Qual é seu lado maior? Quantos centímetros ele tem?

____

d) Qual é seu lado menor? Quantos milímetros ele tem?

____

e) Qual é o perímetro dessa região poligonal, em centímetros? ______________

f) Qual é sua área, em centímetros quadrados? ______________

2 Observe os quadros pintados e as medidas de comprimento indicadas.

meio quilômetro	um metro e meio	dois metros
a quarta parte do metro	um quilômetro	meio centímetro

Estúdio Mil/Arquivo da editora

150 cm	200 cm	100 000 centímetros
5 mm	25 cm	500 metros

3 ESTIMATIVA

a) Responda ao que Marta está perguntando.

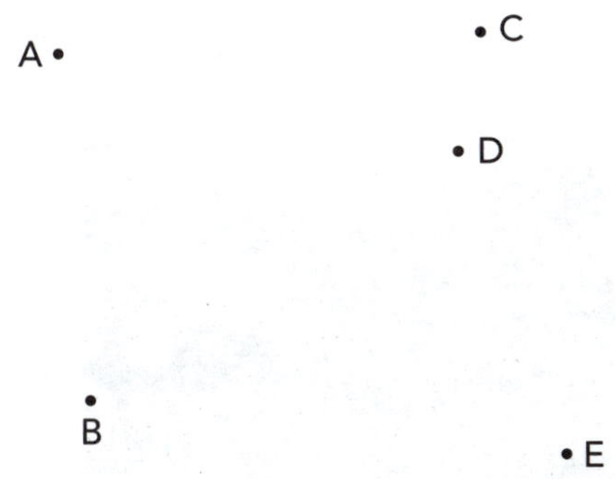

____

Estúdio Mil/Arquivo da editora

b) Agora, faça as medições, registre e confira sua estimativa.

____

4 DESLOCAMENTOS

A figura abaixo mostra 3 caminhos ligando a casa de algumas crianças que moram no mesmo bairro de Lara.

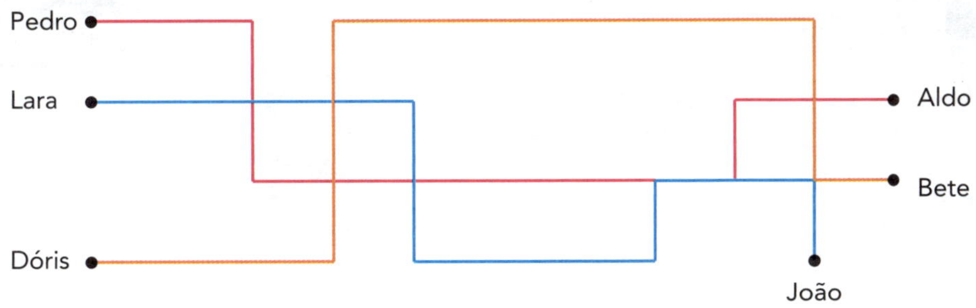

a) Complete considerando as medidas no desenho.

- No desenho, o caminho da casa de Pedro à casa de Aldo tem _____ cm.
- No desenho, o caminho que tem 15 cm vai da casa de __________ à casa de __________.
- O caminho que vai da casa de __________ à casa de João tem _____ cm.

b) Agora, responda: Se cada centímetro no desenho corresponde a 50 m na realidade, então qual é a distância real entre a casa de Dóris e a casa de Bete? __________

5 Observe o mapa com as cidades de Cuiabá, Goiânia, Campo Grande e Coxim e as distâncias em linha reta dadas em valores aproximados.

As imagens não estão representadas em proporção.

Mario Friedlander/Pulsar Imagens

Vista aérea de Cuiabá, Mato Grosso. Foto de 2014.

João Prudente/Pulsar Imagens

Vista aérea de Goiânia, Goiás. Foto de 2015.

Allmaps/Arquivo da editora

Eduardo Bampi/Acervo do fotógrafo

Vista aérea de Coxim, Mato Grosso do Sul. Foto de 2015.

Reprodução/Arquivo Midiamax

Vista aérea de Campo Grande, Mato Grosso do Sul. Foto de 2015.

Fonte de consulta: **Atlas geográfico escolar**. 6. ed. Rio de Janeiro: IBGE, 2012.

a) Qual foi a escala usada no mapa? Explique. ______________________

b) Use uma régua e meça a distância de Campo Grande a Goiânia no mapa.

Registre: ________

c) Agora, calcule e registre as distâncias, em quilômetros.

- Distância entre Campo Grande e Goiânia (use a escala):

  ______ cm ⟶ ______ km; então, ______ cm ⟶ ______ km

- Distância entre Cuiabá e Campo Grande, passando por Coxim: ________
- Distância do trajeto Cuiabá-Goiânia-Campo Grande-Coxim-Cuiabá:

  ____

6 DESAFIO

a) Qual é a área desta região triangular?

Dica: com essa região triangular, forme outra região plana cuja área você saiba determinar.

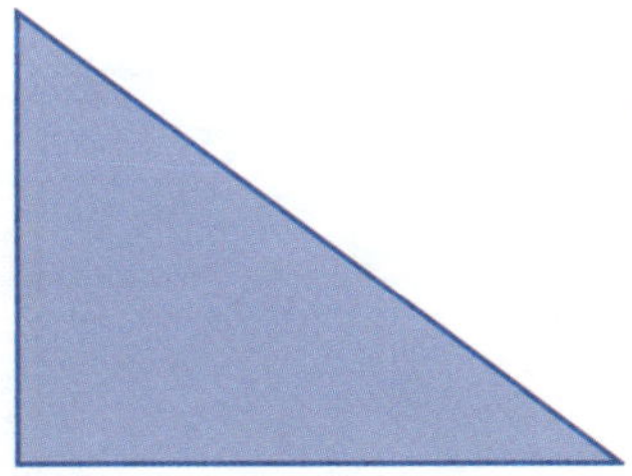

Banco de imagens/Arquivo da editora

Área: ________

b) E qual é o perímetro desta região triangular? ________

7 Um campo de futebol tem 110 metros de comprimento por 80 metros de largura.

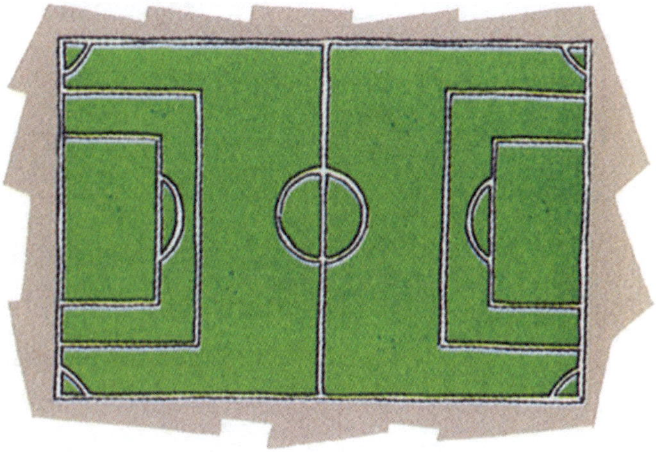

Estúdio Mil/Arquivo da editora

a) Qual é o perímetro desse campo? ________

b) Dando 3 voltas no campo, um jogador percorre mais ou menos do que 1 quilômetro?

____

c) No campo de futebol há uma linha que o divide em 2 partes iguais. Indique na figura onde ela fica.

d) O perímetro de cada uma dessas partes é a metade do perímetro do campo todo? ________

e) E a área de cada uma dessas partes é a metade da área do campo todo?

____

8 Use o centímetro quadrado (cm^2) como unidade.

a) Calcule a área de cada região plana.

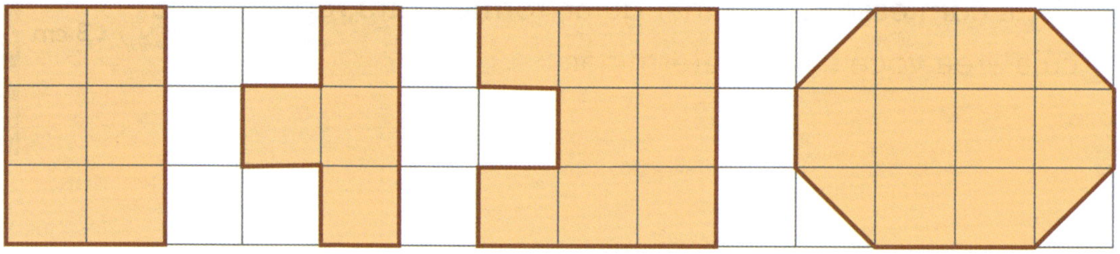

Banco de imagens/Arquivo da editora

______ ______ ______ ______

b) Represente na malha quadriculada 2 regiões planas diferentes, cada uma com área de 5 cm^2.

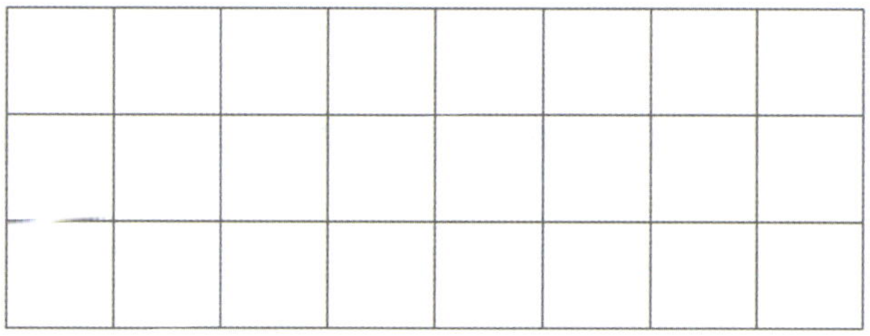

Banco de imagens/Arquivo da editora

9 A sala da casa de Artur tem o piso retangular de 5 m por 3 m. Nessa sala há um tapete quadrado com lados de 2 m.

a) Faça um desenho na malha quadriculada representando o piso da sala (em marrom) e o tapete sobre o piso (em amarelo).
Use a seguinte escala: 1 cm no desenho para cada metro na sala real.

Banco de imagens/Arquivo da editora

b) Agora, indique as medidas em metros ou em metros quadrados.

- O perímetro do piso. ______
- O perímetro do tapete. ______
- A área do piso. ______
- A área do tapete. ______
- A área do piso que não ficou coberta pelo tapete. ______

VAMOS VER DE NOVO?

1 Calcule e responda.

As imagens não estão representadas em proporção.

Ao colocar estas moedas no cofre, Romilda ficará com R$ 20,00. Quanto ela tem no cofre? ______________

Reprodução/Casa da Moeda do Brasil/Ministério da Fazenda

2 No início de maio Júlio tinha um saldo de R$ 2 345,00 em sua conta bancária. Durante o mês ele fez uma retirada de R$ 250,00, pagou as contas em um total de R$ 325,00 e fez um depósito de R$ 280,00.

Qual foi o saldo de sua conta no final do mês? ______________

Estúdio Mil/Arquivo da editora

3 Assinale os itens que apresentam simetria em todas as letras da palavra, em relação ao eixo dado.

a) 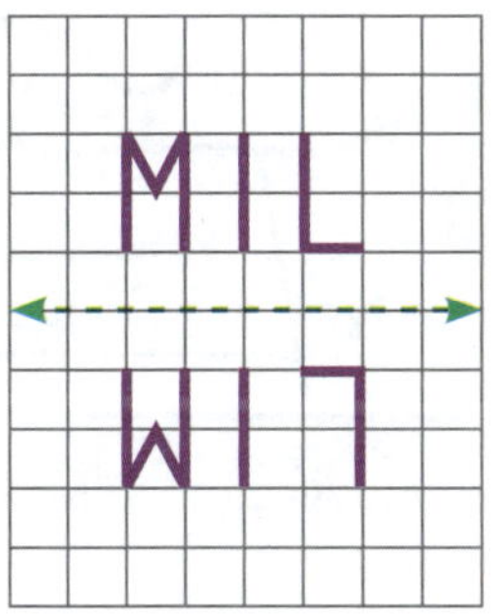

☐

b) 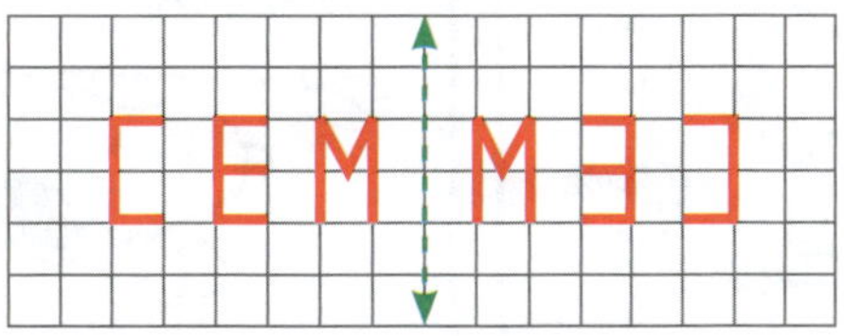

☐

c) 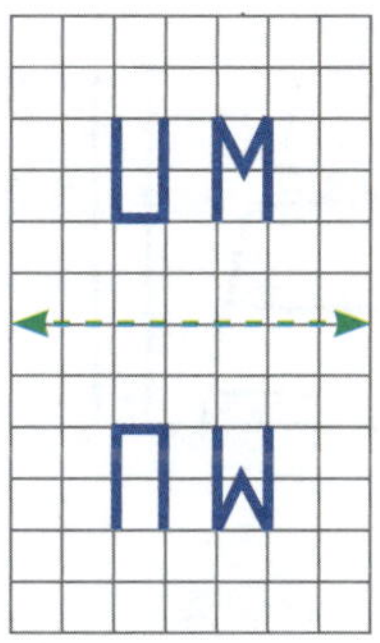

☐

ifong/Shutterstock

Torneira.

4 PROPORCIONALIDADE

Calcule e complete.

a) Quando dá 2 voltas em uma praça, Marcelo percorre 100 metros. Então, quando dá 8 voltas ele percorre ____________ metros.

b) 4 lápis custam R$ 10,00. Então, com R$ 30,00 é possível comprar ________ lápis.

c) Em 3 minutos uma torneira bem aberta despeja 50 litros de água. Então, em 9 minutos ela despeja ____________ litros de água.

d) Em 6 caixas há 300 clipes. Marcelo comprou 3 caixas de clipes e já usou 30 clipes. Então, ele ainda tem ________ clipes.

5 Em uma granja foram distribuídas 504 caixas de ovos para 3 supermercados.

O supermercado **A** recebeu um terço dessa quantidade. O supermercado **B** recebeu a quarta parte. As caixas restantes foram para o supermercado **C**.

Quantas caixas recebeu o supermercado **C**?

____

Worachat Sodsri/Shutterstock

Granja.

6 Leia a tirinha.

Charles Schulz/2011 United Media/Ipress

Charles Schulz. **Peanuts completo – diárias e dominicais:** 1950 a 1952. Porto Alegre: L&PM, 2009. p. 66.

Considerando que a porta citada na tirinha tem a forma retangular, calcule o perímetro dessa porta, em centímetros. ________

O QUE ESTUDAMOS

As imagens não estão representadas em proporção.

Retomamos a ideia de medida de comprimento, utilizando as unidades não padronizadas e, depois, as unidades padronizadas de medida.

- O desenho ao lado indica que a medida do comprimento (distância) entre uma árvore e a outra é 15 passos do menino.

Estúdio Mil/Arquivo da editora

- A medida do comprimento de uma caneta é cerca de 13 cm.

Exploramos a ideia de perímetro como a medida do comprimento de um contorno.

O perímetro desse triângulo é 13 cm.

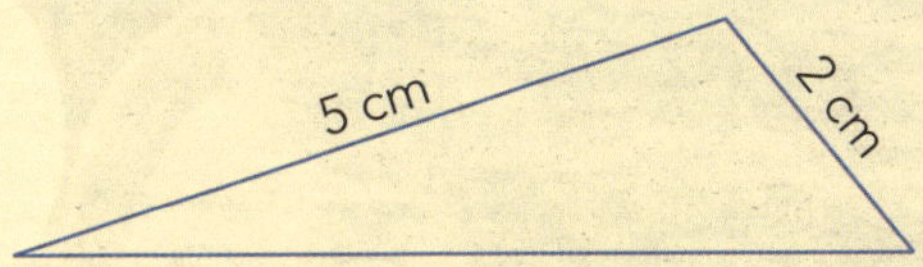

$5 + 2 + 6 = 13$

Banco de imagens/Arquivo da editora

Introduzimos a ideia de área como medida de uma superfície e conhecemos algumas unidades padronizadas de medida de superfície.

- Centímetro quadrado (cm^2).
- Metro quadrado (m^2).
- Quilômetro quadrado (km^2).

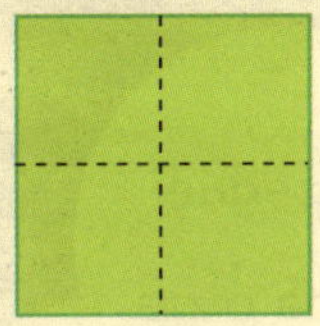

Banco de imagens/Arquivo da editora

Esta região quadrada tem área de 4 cm^2.

Resolvemos atividades envolvendo medida de comprimento e área.

Quais são o perímetro e a área de um canteiro retangular de 5 m por 2 m?

Perímetro: 14 m

$5 + 2 + 5 + 2 = 14$

Área: 10 m^2

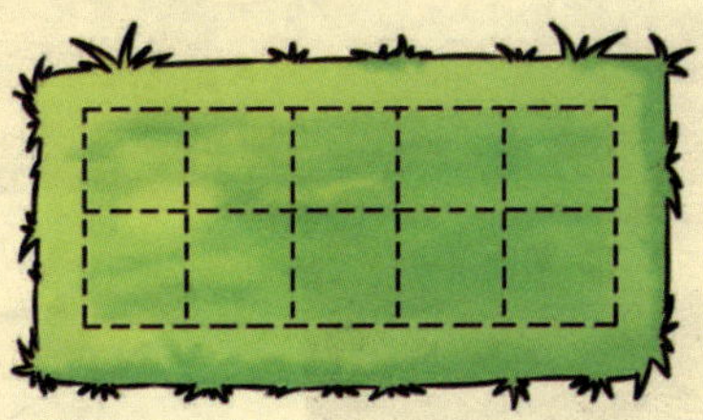

Estúdio Mil/Arquivo da editora

- Você tem cuidado bem de seu material escolar, como a mochila, os lápis, a borracha, os cadernos, a régua?
- E dos livros, você tem cuidado?

Unidade 8

Frações

Marisa Shigematsu

- O que mostra esta cena?
- Quem já se serviu de *pizza*?
- Em sua casa você tem o costume de fazer as refeições com seus familiares?

Para iniciar

Nas falas da cena da abertura, aparecem os números $\frac{1}{8}$, $\frac{2}{8}$ e $\frac{5}{8}$, que são exemplos de **frações**.

Nesta Unidade teremos o primeiro contato com as frações: seus significados, onde são usadas e como são representadas e lidas.

- Analise a cena das páginas de abertura desta Unidade. Converse com os colegas e respondam às questões a seguir.

Ilustrações: Estúdio Mil/Arquivo da editora

As imagens não estão representadas em proporção.

- Converse com os colegas sobre mais estas questões.

Jaroslaw Grudzinski/Shutterstock

Maçã verde.

a) Como você faz para obter metade de uma maçã?

b) Quanto vale a terça parte do número 150?

c) E quanto vale 2 vezes a terça parte de 150?

d) Dizemos que a parte pintada de verde desta figura corresponde a $\frac{4}{9}$ (quatro nonos) da região quadrada. Você sabe justificar essa afirmação?

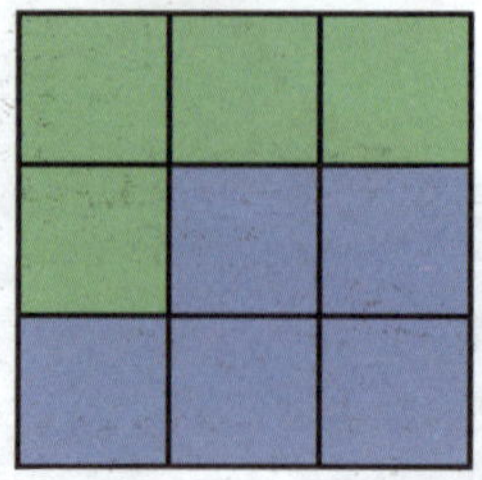

Banco de imagens/Arquivo da editora

e) E a parte pintada de azul corresponde a $\frac{2}{9}$ (dois nonos), $\frac{5}{9}$ (cinco nonos) ou $\frac{7}{9}$ (sete nonos)?

Situações que envolvem frações

Explorar e Descobrir

- Destaque e monte as figuras da página 37 do **Ápis divertido**.
- O círculo azul não está dividido. Ele representa **um inteiro** ou **uma unidade**.
  Observe os 2 exemplos em que temos a fração de uma figura.
  Depois, complete os demais quadros.

Ilustrações: Banco de imagens/Arquivo da editora

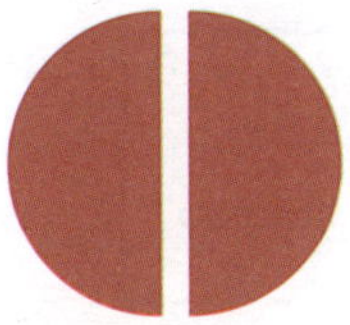

O círculo foi dividido em 2 partes iguais.

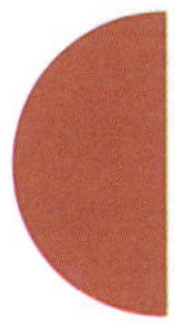

Cada uma dessas partes é metade ou **um meio** do círculo. Representação: $\frac{1}{2}$

O círculo foi dividido em 3 partes iguais.

Cada uma dessas partes é a terça parte ou **um terço** do círculo. Representação: $\frac{1}{3}$

O círculo foi dividido em _____ partes iguais.

Cada uma dessas partes é a quarta parte ou **um quarto** do círculo. Representação: _____

O círculo foi dividido em _____ partes iguais.

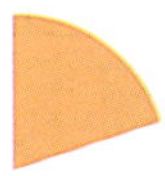

Cada uma dessas partes é a quinta parte ou **um quinto** do círculo. Representação: _____

As imagens não estão representadas em proporção.

1 Observe a figura ao lado e responda.

a) Em quantas partes iguais a *pizza* foi dividida?

____

b) Que fração representa 1 fatia dessa *pizza*? __________

c) Como se lê essa fração? ____________________

Tobik/Shutterstock

Pizza dividida em partes iguais.

2 Dona Maria dividiu um sanduíche em 2 partes iguais e deu 1 metade para cada um de seus filhos, Marcos e Leila.

Estúdio Mil/Arquivo da editora

O sanduíche todo é a **unidade** ou o **inteiro**.

O sanduíche, a unidade, foi dividido em 2 partes iguais.

Cada filho ficou com 1 parte: **metade** ou **um meio** do sanduíche.

A fração que indica essa parte é $\frac{1}{2}$.

numerador → 1 → número de partes para cada um
denominador → 2 → número de partes iguais em que o sanduíche foi dividido

Agora, leia e complete com o que falta.

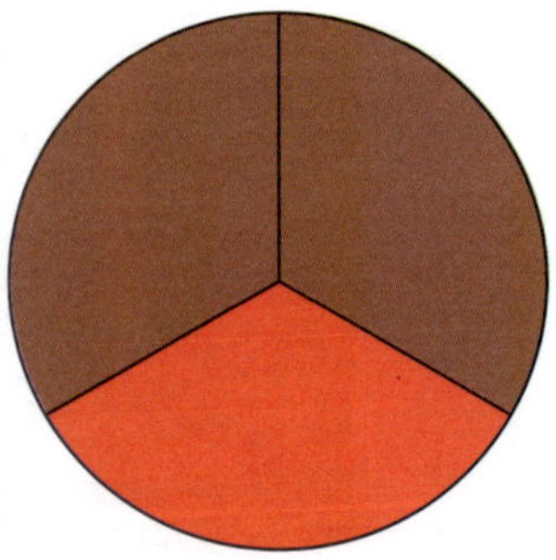
Ilustrações: Banco de imagens/Arquivo da editora

a) O círculo foi dividido em 3 partes iguais.

Foram pintadas 2 partes de marrom.

A fração que indica o que foi pintado de marrom do círculo é $\frac{2}{3}$. ← numerador ← denominador

Sua leitura é: dois terços.

A fração que indica o que não foi pintado de marrom é _____.

b) A região retangular foi dividida em 5 partes iguais e foram pintadas 3 partes de amarelo.

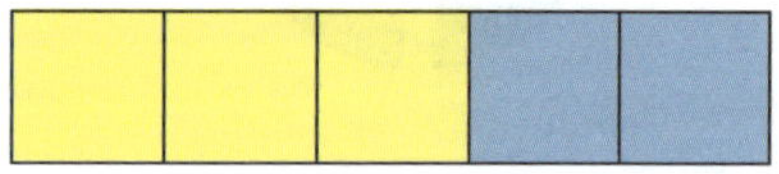

A fração $\frac{3}{5}$ indica o que foi pintado de amarelo.

Sua leitura é: três quintos.

A fração que indica o que não foi pintado de amarelo é _____. Sua leitura é _________________.

c) A região quadrada está dividida em _____ partes iguais.

Estão pintadas _____ partes de verde.

Fração: _____ Leitura: _________________

d) Divida a figura ao lado e risque $\frac{2}{6}$ (dois sextos) da região retangular.

Explorar e Descobrir

- Desenhe, pinte e recorte em uma folha de papel sulfite uma faixa igual a esta, que será a unidade.

- Faça dobraduras com ela para dividi-la em 4 partes iguais.
- Em seguida, recorte-a em 2 pedaços, de modo que um deles corresponda a $\frac{3}{4}$ da faixa.
- Cole os 2 pedaços aqui e escreva a fração correspondente a cada um.

3 Indique a fração correspondente ao que foi pintado de verde e ao que foi pintado de azul em cada região plana.

Ilustrações: Banco de imagens/Arquivo da editora

a) 

Verde: _____ Azul: _____

b) 

Verde: _____ Azul: _____

c) 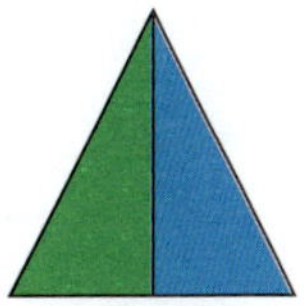

Verde: _____ Azul: _____

d) 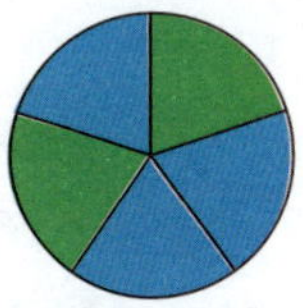

Verde: _____ Azul: _____

4 Escreva a fração corresponde e a sua leitura.

a) Numerador 3 e denominador 7: _____ → ______________________

b) Denominador 5 e numerador 4: _____ → ______________________

c) Denominador 4 e numerador 3: _____ → ______________________

d) Numerador 1 e denominador 9: _____ → ______________________

5 FRAÇÕES E MEDIDAS

Complete.

a) A medida do comprimento do barbante vermelho é _____ vezes a medida do barbante amarelo. Logo, a medida do comprimento do amarelo é _____ da medida do vermelho.

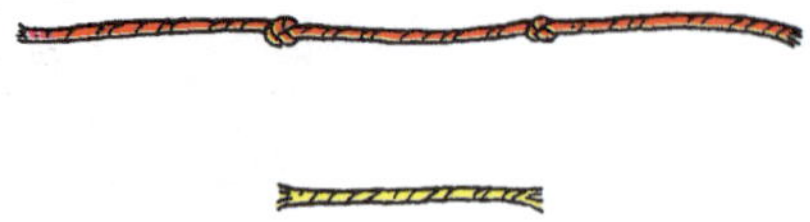

Ilustrações: Estúdio Mil/Arquivo da editora

b) O tamanho da folha dupla é _____ vezes o tamanho da folha simples.

Então, o tamanho da folha simples corresponde a _____ do tamanho da folha dupla.

c) A pilha tem _____ tijolos. Então, cada tijolo corresponde a _____ da pilha.

Tijolos.

Eduardo Santaliestra/Arquivo da editora

d) Cada semana tem _____ dias.

Logo, cada dia corresponde a _____ da semana.

e) 1 cm = _____ mm 1 mm = _____ do cm

f) 1 dia = _____ horas 1 hora = _____ do dia

As imagens não estão representadas em proporção.

g) 

Reprodução/Casa da Moeda do Brasil/Ministério da Fazenda

1 real = _____ centavos 1 centavo = _____ do real

h) 1 t = _________ kg 1 kg = _________ da t

6 Com base no que você viu na atividade anterior, complete com a fração correspondente.

a) 3 dias = _____ da semana

b) 7 mm = _____ do cm

c) 25 centavos = _____ do real

d) 7 horas = _____ do dia

7 **ATIVIDADE ORAL EM GRUPO (TODA A TURMA)** Frações com denominador 10 são lidas como **décimos**, com denominador 100 como **centésimos** e com denominador 1 000 como **milésimos**. Frações como essas são chamadas **frações decimais**.

Escreva as frações decimais que aparecem nas atividades 5 e 6 e faça a leitura delas com os colegas. ______

8 Neste aquário há 9 peixinhos.

Dos 9 peixinhos, 4 são vermelhos (4 em 9).

Então, quatro nonos $\left(\frac{4}{9}\right)$ dos peixinhos são vermelhos.

Estúdio Mil/Arquivo da editora

$\frac{4}{9}$ ← 4: número de peixinhos vermelhos; 9: número total de peixinhos

a) Quantos peixinhos cinza há neste aquário? ______

b) Que fração do total eles representam? ______

c) E que fração do total os peixinhos amarelos representam? ______

9 Escreva a fração que indica a quantidade citada em relação ao total.

a) Lápis apontados. ______

Eduardo Santaliestra/Arquivo da editora

As imagens não estão representadas em proporção.

d) Balões verdes. ______

Boule/Shutterstock

b) Triângulos. ______

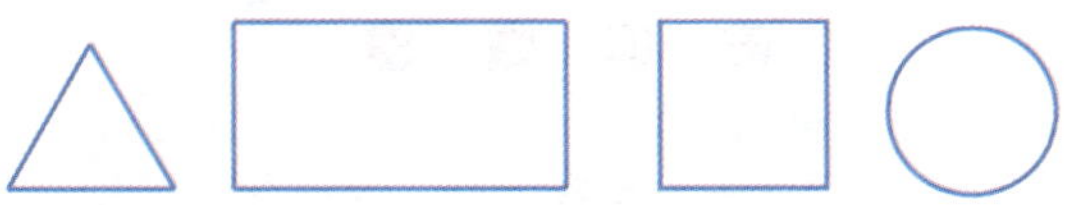
Banco de Imagens/Arquivo da editora

e) Copos vazios. ______

Ilya Akinshin/Shutterstock/Glow Images

c) Meses que começam pela letra **J**, em relação ao total de meses do ano. ______

10 Leia, pense e resolva.

Na equipe de Renata há 3 meninos e 4 meninas.

Que fração da equipe representa os meninos? E as meninas? ______

11 FRAÇÃO DE UM NÚMERO

Claudete tinha 6 balas. Ela deu $\frac{1}{3}$ das balas a sua irmã Neusa. Quantas balas Neusa ganhou?

Estúdio Mil/Arquivo da editora

É preciso descobrir quanto é $\frac{1}{3}$ de 6.

$$\frac{1}{3} \text{ de } 6 = ?$$

Complete.

O denominador indica que você precisa separar as 6 balas em ____ grupos com quantidades iguais.

Isto é, fazer ____ ÷ ____ = ____.

O numerador indica que Neusa ganhou ____ desses grupos, ou seja, ____ balas.

Estúdio Mil/Arquivo da editora

Logo: $\frac{1}{3}$ de 6 = ____, pois 6 ÷ 3 = ____

Resposta: Neusa ganhou ____ balas.

As imagens não estão representadas em proporção.

12 Faça os agrupamentos de modo conveniente, calcule e complete as afirmações.

a) 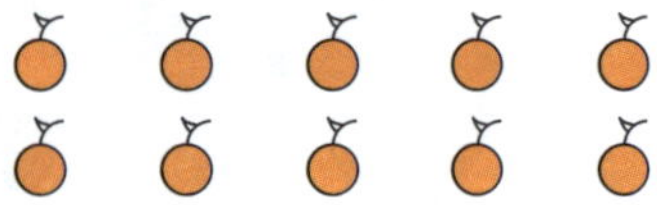

$\frac{1}{2}$ de 10 = ________________

b) 

$\frac{1}{4}$ de 12 = ________________

c) 

$\frac{1}{3}$ de 9 = ________________

d) 

$\frac{1}{2}$ de 8 = ________________

Ilustrações: Banco de imagens/Arquivo da editora

13 Calcule.

a) $\frac{1}{3}$ de 12 = ____

b) $\frac{1}{6}$ de 18 = ____

c) $\frac{1}{5}$ de 5 = ____

d) $\frac{1}{4}$ de 20 = ____

14 Caio tem 15 figurinhas. Rui tem $\frac{1}{3}$ da quantidade de figurinhas que Caio tem. Quantas figurinhas os dois têm juntos? ________________

15 Dona Gilda usou $\frac{2}{3}$ de 1 dúzia de ovos para fazer um bolo. Quantos ovos ela usou?

Já sabemos: 1 dúzia = 12 ovos

Complete.

Mazzzur/Shutterstock/Glow Images

Ovos.

As imagens não estão representadas em proporção.

$\frac{2}{3}$ de 12 = ?

$\frac{1}{3}$ de 12 = ____, pois ____ ÷ ____ = ____

$\frac{2}{3}$ de 12 = ____, pois 2 × ____ = ____

Logo: $\frac{2}{3}$ de 12 = ____, pois ____ ÷ ____ = ____ e 2 × ____ = ____

Resposta: Dona Gilda usou ____ ovos.

16 Agora, observe as figuras e registre o que está indicado.

Ilustrações: Estúdio Mil/Arquivo da editora

a) $\frac{1}{5}$ de 15 maçãs = ________

b) $\frac{3}{5}$ de 15 maçãs = ________

c) $\frac{1}{3}$ de 9 árvores = ________

d) $\frac{2}{3}$ de 9 árvores = ________

e) $\frac{1}{4}$ de 20 estrelas = ________

f) $\frac{3}{4}$ de 20 estrelas = ________

17 **PROBLEMAS**

a) Silas comprou 52 balões. Um quarto deles era vermelho. Quantos balões vermelhos Silas comprou?

____

b) Na turma de Gina há 20 meninas e 16 meninos. Dois terços dos alunos participaram de uma excursão. Quantos alunos foram à excursão?

____

18 FRAÇÕES NA RETA NUMERADA

Em cada figura temos a parte da reta numerada que vai do 0 até o 1.

a) Indique a fração correspondente a cada ponto indicado com ●, como na primeira figura.

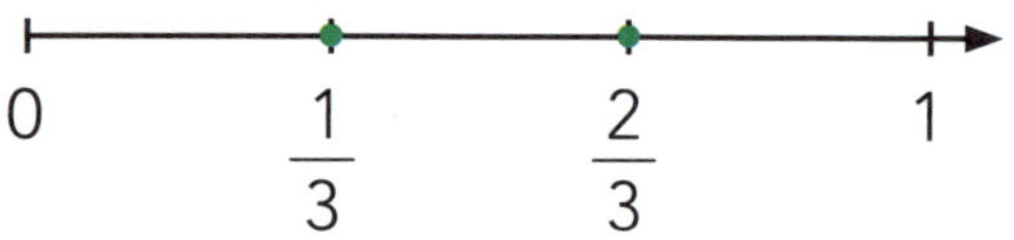

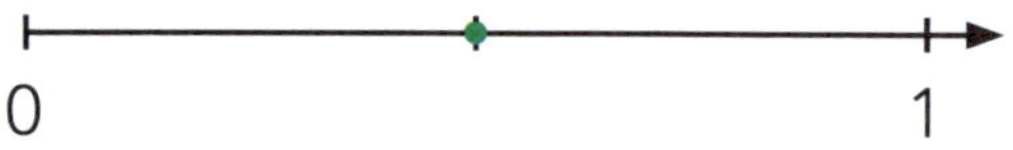

b) Agora, localize a fração $\frac{5}{6}$ nesta parte da reta numerada.

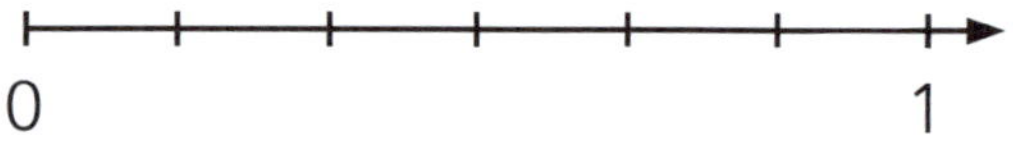

19 REPRODUÇÃO, AMPLIAÇÃO E REDUÇÃO DE FIGURAS

a) Na primeira malha quadriculada abaixo, construa uma figura **A** com a mesma forma e as mesmas medidas da figura ao lado.

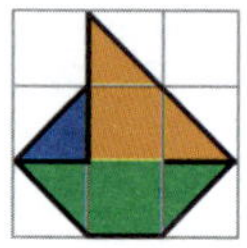

Banco de imagens/Arquivo da editora

b) Na malha quadriculada do meio, construa uma figura **B** com a mesma forma de **A** mas triplicando as medidas de comprimento dela.

c) Na última malha quadriculada, construa uma figura **C** com a mesma forma de **B** mas considerando $\frac{2}{3}$ das medidas de comprimento dela.

A

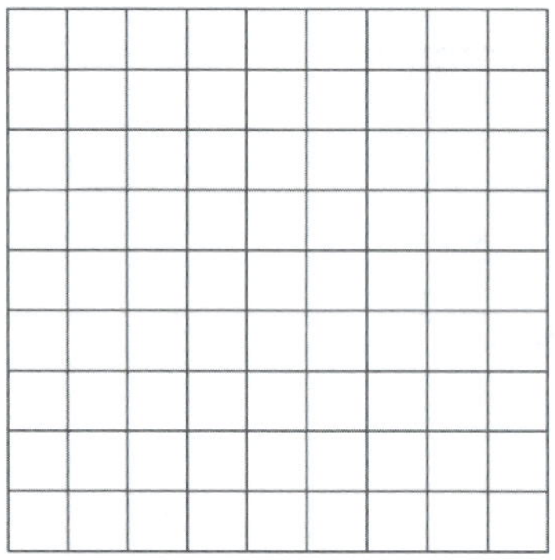

B

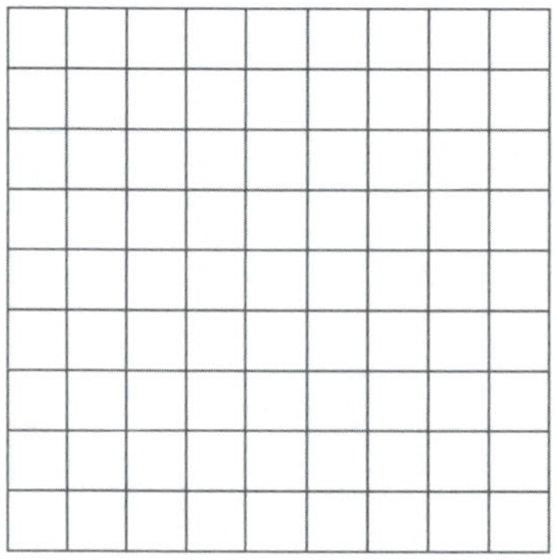

C

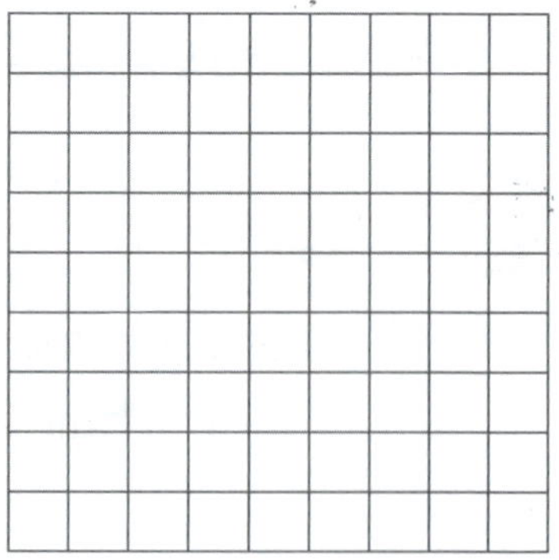

d) Agora, complete com uma fração.

As medidas de comprimento da figura **A** correspondem a $\frac{\square}{\square}$ das medidas de comprimento da figura **C**.

Comparação de frações

1 Use o círculo como unidade.

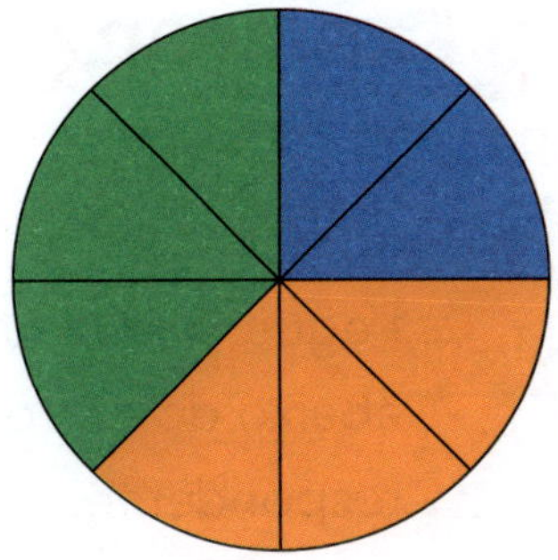

a) Indique a fração correspondente às partes pintadas de cada cor.

Verde: ____ Azul: ____ Laranja: ____

b) Agora, faça a comparação duas a duas colocando >, < ou = entre as frações correspondentes.

____ ____ ____

↑ fração correspondente à parte verde ↑ sinal ↑ fração correspondente à parte azul

Azul e laranja: ________

Verde e laranja: ________

2 Observe que, no exemplo e em cada item, o total a que as frações se referem é sempre o mesmo.
Veja o exemplo e complete os demais.

> $\frac{3}{5}$ de 10 = 6 e $\frac{2}{5}$ de 10 = 4.
>
> Logo, $\frac{3}{5} > \frac{2}{5}$.

a) $\frac{4}{7}$ de 21 = ____ e $\frac{6}{7}$ de 21 = ____.

Logo, $\frac{4}{7}$ ____ $\frac{6}{7}$.

b) $\frac{1}{10}$ de 50 = ____ e $\frac{4}{10}$ de 50 = ____.

Logo, ________.

3 **ATIVIDADE ORAL** Observe novamente as comparações de frações da atividade anterior. Quando comparamos 2 frações de denominadores iguais, qual delas é a maior?

4 Agora, compare as frações em relação a uma mesma unidade, usando >, < ou =.

a) $\frac{3}{5}$ ____ $\frac{1}{5}$ b) $\frac{2}{7}$ ____ $\frac{3}{7}$ c) $\frac{4}{9}$ ____ $\frac{5}{9}$ d) $\frac{2}{3}$ ____ $\frac{1}{3}$

Explorar e Descobrir

Vamos usar novamente os círculos do **Ápis divertido**.

- Pegue um pedaço de cada cor e contorne-os em uma folha de papel sulfite, um abaixo do outro, do menor para o maior pedaço. Depois, pinte com as cores correspondentes.
- Ao lado de cada pedaço, registre a fração que o representa.
- Agora, observando o tamanho de cada pedaço, complete.

_____ < _____ < _____ < _____ < _____

- **ATIVIDADE ORAL** Quando comparamos frações com o mesmo numerador, qual delas é a maior?

5 Considerando que a unidade é sempre a mesma região circular, escreva a fração correspondente ao que não foi pintado de cinza em cada uma.

Ilustrações: Banco de imagens/Arquivo da editora

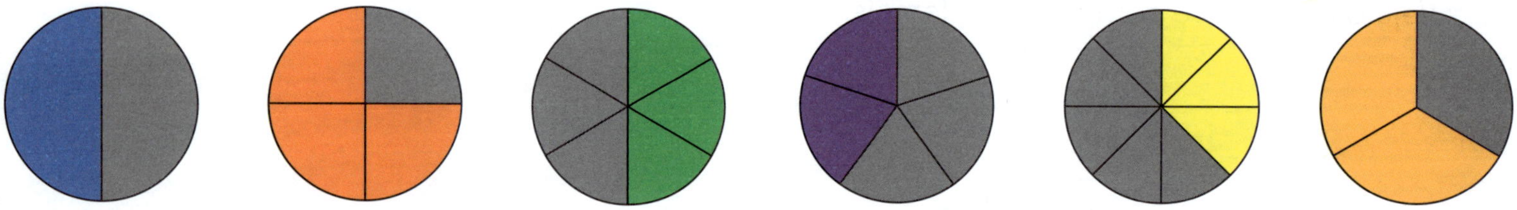

$\frac{1}{2}$ _____ _____ _____ _____ _____

6 Considere as frações da atividade anterior e escreva o que se pede.

a) As que representam a metade da região circular. __________

b) As que representam menos do que a metade. __________

c) As que representam mais do que a metade. __________

d) A maior fração entre $\frac{3}{4}$ e $\frac{2}{5}$. _____

e) A menor fração entre $\frac{1}{2}$ e $\frac{2}{3}$. _____

7 Em cada item, assinale qual das 3 alternativas corresponde à fração dada.

a) $\frac{3}{10}$
- ☐ metade (da unidade)
- ☐ mais do que a metade
- ☐ menos do que a metade

b) $\frac{5}{6}$
- ☐ metade (da unidade)
- ☐ mais do que a metade
- ☐ menos do que a metade

c) $\frac{4}{8}$
- ☐ metade (da unidade)
- ☐ mais do que a metade
- ☐ menos do que a metade

d) $\frac{5}{12}$
- ☐ metade (da unidade)
- ☐ mais do que a metade
- ☐ menos do que a metade

8 **ATIVIDADE ORAL EM GRUPO** Tomando metade da unidade como referência, podemos fazer algumas comparações de frações com denominadores diferentes. Observe o exemplo e complete os itens com >, < ou =. Troque ideias com os colegas.

$$\frac{1}{2} > \frac{2}{6}$$

metade ← $\frac{1}{2}$; $\frac{2}{6}$ → menos do que a metade

a) $\frac{4}{10}$ ____ $\frac{5}{9}$ **b)** $\frac{4}{8}$ ____ $\frac{3}{6}$ **c)** $\frac{1}{5}$ ____ $\frac{1}{2}$ **d)** $\frac{6}{7}$ ____ $\frac{5}{10}$

9 Leia a tirinha com atenção.

Charles M. Schulz. **Que saudade, Snoopy!** São Paulo: Conrad, 2004. p. 20.

Agora, escreva as frações citadas na tirinha e compare-as, em relação a uma mesma unidade. ____________________

10 **FAÇA DO SEU JEITO!**

Em relação à mesma unidade, qual das frações é maior: $\frac{2}{3}$ ou $\frac{3}{5}$? Responda e depois veja como os colegas fizeram. ____

Adição e subtração de frações

Explorar e Descobrir

Vamos usar novamente os círculos do **Ápis divertido** e uma folha de papel sulfite.

- Pegue o círculo laranja.

  a) Em quantas partes iguais ele está dividido? ______

  b) Que fração correspondente a cada parte? ______

  c) Pegue 2 partes e desenhe-as juntas na folha de papel sulfite. Que fração representa essas partes? ______

  d) Pegue mais 1 parte e desenhe-a junto às partes que você já desenhou. Quantas partes você tem agora? ______

  e) Que fração essas partes representam? ______

  f) Vamos registrar: $\frac{\_\_}{5} + \frac{\_\_}{5} = \frac{\_\_}{5}$

- Agora, pegue o círculo verde.

  a) Em quantas partes iguais ele está dividido? ______

  b) Junte $\frac{1}{4}$ com $\frac{2}{4}$ e desenhe. Depois, registre: $\frac{\_\_}{4} + \frac{\_\_}{4} = \frac{\_\_}{4}$

1 Alfredo plantou tomate e alface em um terreno de seu sítio.

a) Indique as frações correspondentes considerando o terreno todo como unidade.

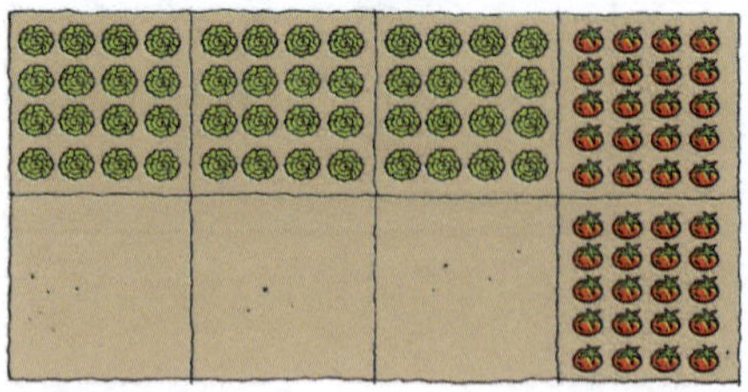

Estúdio Mil/Arquivo da editora

- Parte na qual foram plantados tomates: ______
- Parte na qual foram plantadas alfaces: ______

b) No total, que parte do terreno Alfredo usou? Indique com uma adição.

______

c) Quanto do terreno a parte com alface tem a mais do que a parte com tomate? Indique com uma subtração. ______

2 Faça o que se pede.

- Considerando esta região retangular, indique com frações as partes indicadas de cada cor.

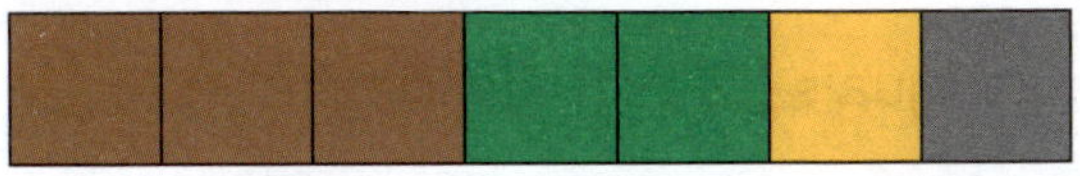

Banco de imagens/Arquivo da editora

Marrom: ____ Verde: ____ Amarela: ____

- Agora, indique a fração correspondente a cada item e também a operação que você efetuou.

  a) As partes marrom e verde juntas. ____________________

  b) Quanto a parte amarela é menor do que a verde. ____________________

  c) As partes marrom, verde e amarela juntas. ____________________

  d) O que falta para a parte amarela ter o mesmo tamanho da marrom.

  ____

  e) A parte pintada de cinza. ____________________

3 **ATIVIDADE ORAL** Nas adições e subtrações do **Explorar e descobrir** e das atividades 1 e 2 as frações têm **denominadores** iguais. O que aconteceu com o resultado dessas operações?

4 Efetue as adições e subtrações de frações em relação à mesma unidade.

a) $\frac{2}{5} + \frac{1}{5} =$ ____

b) $\frac{5}{7} - \frac{2}{7} =$ ____

c) $\frac{3}{4} - \frac{2}{4} =$ ____

d) $\frac{1}{6} + \frac{1}{6} =$ ____

e) $\frac{7}{10} + \frac{2}{10} =$ ____

f) $\frac{5}{9} - \frac{4}{9} =$ ____

5 Complete com o que falta para que as operações fiquem corretas.

a) $\frac{2}{6} + \frac{\_\_}{6} = \frac{5}{6}$

b) $\frac{\_\_}{9} + \frac{3}{9} = \frac{8}{9}$

c) $\frac{7}{8} - \frac{\_\_}{8} = \frac{5}{8}$

Explorar e Descobrir

Vamos continuar usando os círculos do **Ápis divertido**.

- Pegue o círculo verde.
  - **a)** Em quantas partes iguais ele está dividido? __________
  - **b)** Quantos quartos formam 1 inteiro ou 1 unidade? __________
  - **c)** Junte $\frac{1}{4}$ com $\frac{3}{4}$ e complete. _____ + _____ = _____ = 1
- Agora, pegue o círculo amarelo.
  - **a)** Em quantas partes iguais ele está dividido? __________
  - **b)** Quantos terços formam 1 inteiro ou 1 unidade? __________
  - **c)** Junte $\frac{2}{3}$ com $\frac{1}{3}$ e complete: _____ + _____ = _____ = 1

6 SOMA 1

Observe as figuras e complete.

Ilustrações: Banco de imagens/Arquivo da editora

a)

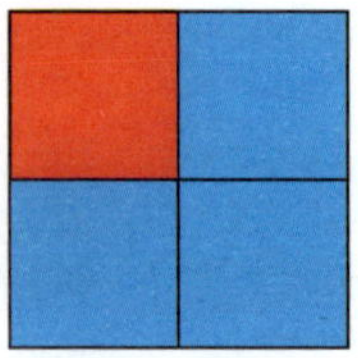

Figura toda: $\frac{4}{4}$ ou 1

Vermelho: $\frac{1}{4}$

Azul: $\frac{3}{4}$

$\frac{1}{4} + \frac{3}{4} =$ _____ = _____

b)

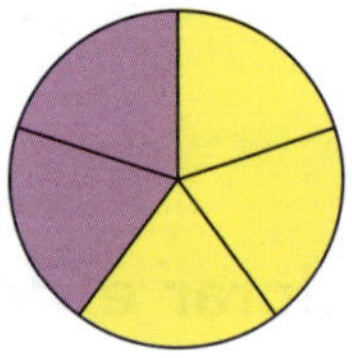

Figura toda: _____

Amarelo: _____

Lilás: _____

_____ + _____ = _____ = _____

c)

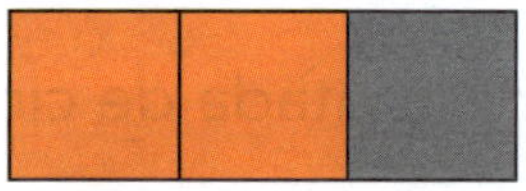

Figura toda: _____

Laranja: _____

Cinza: _____

_____ + _____ = _____ = _____

7 Responda depressinha!

Lúcia leu $\frac{3}{7}$ das páginas de um livro de manhã e $\frac{4}{7}$ à tarde.

Com isso ela leu o livro todo? __________

Estúdio Mil/Arquivo da editora

Probabilidade

Explorar e Descobrir

- Pegue uma caixa de sapatos e coloque nela 1 bola vermelha e 3 azuis. Retire 1 bola sem olhar e registre a cor. Em seguida, devolva a bola para a caixa. ______
- Repetindo isso 20 vezes, que cor teria maior chance de ser a mais tirada?
  ______
- Faça isso concretamente e verifique se a previsão se confirmou ou não.
  ______

1 **ATIVIDADE ORAL** Girando o ponteiro desta roleta, em qual cor há maior chance de o ponteiro parar? Por quê?

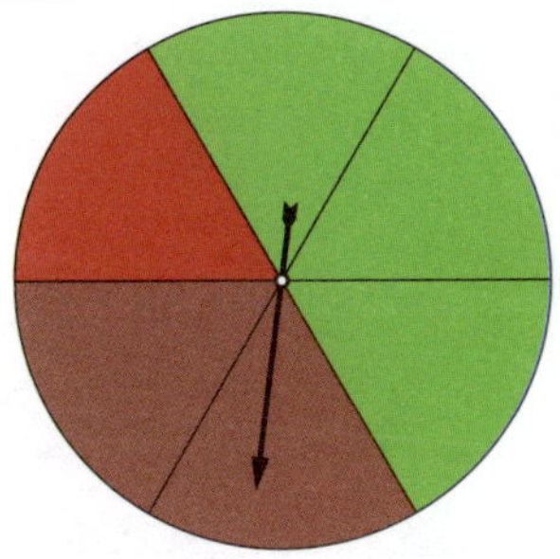

Banco de imagens/Arquivo da editora

2 Em casos como o da atividade 1, é possível registrar a medida da chance, que é chamada **probabilidade**.
A probabilidade de o ponteiro parar no marrom é $\frac{2}{6}$ (2 em 6).

a) Qual é a probabilidade de o ponteiro parar no verde? ______

b) Qual é a probabilidade de parar no vermelho? ______

c) E qual é a probabilidade de não parar no vermelho? ______

3 As letras da palavra MATEMÁTICA foram escritas separadamente em 10 cartões. Um desses cartões será sorteado.

M Á A I T A C M E T

a) Qual é a probabilidade de sair a letra **E**? ______

b) Para quais letras a probabilidade de sair é $\frac{2}{10}$? ______

c) Qual é a probabilidade de sair uma vogal? ______

d) A probabilidade de sair a letra **M** é maior ou menor do que a de sair a letra **I**? ______

e) Qual probabilidade é maior: a de sair uma consoante ou a de sair uma vogal? ______

Porcentagem

1 **ATIVIDADE ORAL** Quando dizemos "cem por cento", estamos usando uma **porcentagem** que representa o total, a unidade, o inteiro, tudo. Ela é indicada assim: 100%.

E a porcentagem 50% (cinquenta por cento), o que ela representa?

2 **ATIVIDADE ORAL EM GRUPO (TODA A TURMA)** Um aluno lê, e o outro responde. Os demais alunos da turma conferem.

a) O que significa dizer que 100% dos alunos compareceram às aulas?

b) O que significa dizer que João gastou 50% da quantia que tinha?

c) A porcentagem 25% corresponde a $\frac{1}{2}$, $\frac{1}{4}$ ou $\frac{1}{10}$?

d) Em qual figura Ana pintou 50% do círculo de azul?

A
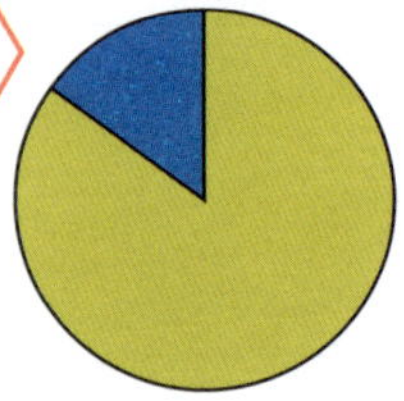

B
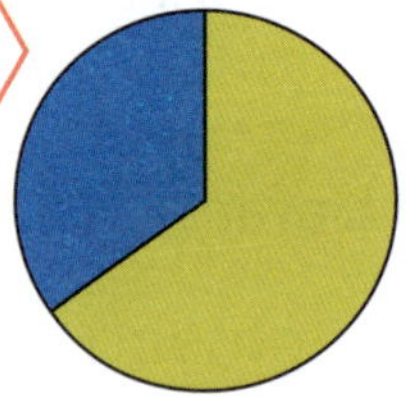

C
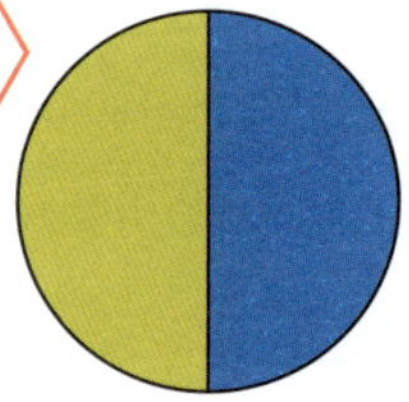

Ilustrações: Banco de imagens/Arquivo da editora

Explorar e Descobrir

- Desenhe 1 quadrado com lados de 2 cm.
- Pinte 50% da região quadrada de vermelho, 25% da região quadrada de azul e o restante de cinza.
- Complete com porcentagem.
  A parte pintada de vermelho e de azul é __________ da região quadrada.

Reprodução/Casa da Moeda do Brasil/Ministério da Fazenda

3 João tinha R$ 60,00 e gastou 50% dessa quantia.

a) Quanto ele gastou? __________

b) Com quanto ainda ficou? __________

4 **PROBABILIDADE E PORCENTAGEM**

Complete com porcentagens. Quando lançamos uma moeda, a probabilidade de sair cara é __________ e a probabilidade de sair coroa é __________.

Mais atividades e problemas

1 Na ilustração abaixo um rato está andando em linha reta, indo da pedra até o pedaço de queijo. Ele já percorreu $\frac{4}{5}$ do trajeto.

Meça o comprimento da linha e localize nela a posição do rato. Atenção para a medida do trajeto.

As imagens não estão representadas em proporção.

Douglas Galindo/Arquivo da editora

2 Pinte $\frac{1}{8}$ do círculo e $\frac{3}{8}$ da região quadrada de verde.
O restante de cada figura você escolhe a cor para pintar.

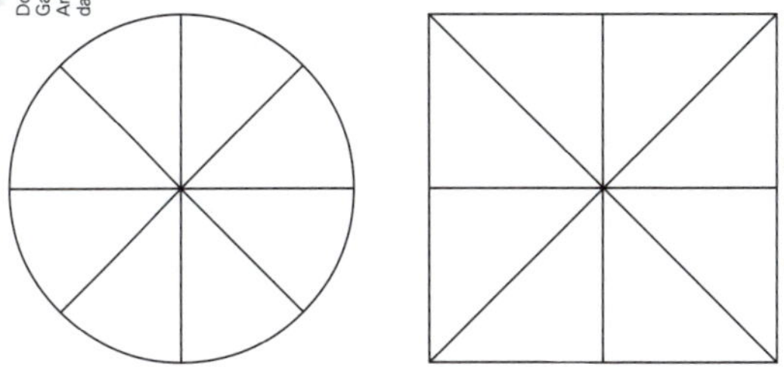

Ilustrações: Banco de imagens/Arquivo da editora

3 Em uma partida de basquete, Marcos acertou 7 lances livres e errou 3. Que fração indica os acertos de Marcos em relação ao número total de lances livres? ________

4 Calcule e complete.

a) $\frac{3}{4}$ de 1 hora são ________ minutos.

b) $\frac{1}{5}$ de 1 metro são ________ centímetros.

c) $\frac{1}{2}$ de 1 quilograma são ________ gramas.

d) $\frac{4}{5}$ de 1 centímetro são ________ milímetros.

e) $\frac{5}{6}$ de 1 ano são ________ meses.

f) ________ de 1 minuto são 15 segundos.

5 Desenhe o sólido geométrico que se obtém mantendo a forma do sólido geométrico dado, mas reduzindo à metade $\left(\frac{1}{2}\right)$ a medida do comprimento de todas as arestas.

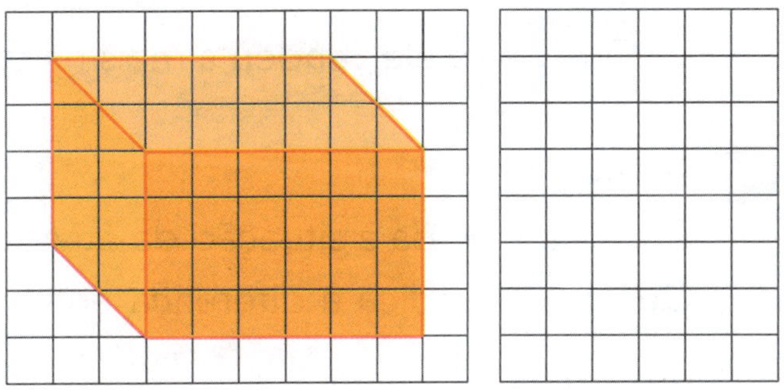

Ilustrações: Banco de imagens/Arquivo da editora

6 Escreva o que se pede.

a) Uma fração de denominador 12 que é menor do que a metade. ______

b) Uma fração com denominador 8 que é maior do que a metade. ______

7 Meça o comprimento do segmento de reta $\overline{MN}$. Em seguida, construa os segmentos de reta descritos.

Banco de imagens/Arquivo da editora

a) $\overline{AB}$ cujo comprimento é $\frac{3}{4}$ de $\overline{MN}$.

b) $\overline{CD}$ cujo comprimento é $\frac{2}{3}$ de $\overline{AB}$.

Estúdio Mil/Arquivo da editora

8 Um feirante vendeu todo seu estoque de laranjas em 3 dias. Ele vendeu $\frac{3}{10}$ na terça-feira, $\frac{2}{10}$ na quarta-feira e $\frac{1}{2}$ na quinta-feira.
Use o que você aprendeu sobre comparação e operações com frações e responda.

a) Ele vendeu mais laranjas na terça ou a quarta-feira? ______

b) Ele vendeu mais na terça ou na quinta-feira? ______

c) Que parte do estoque ele vendeu na terça e na quarta-feira juntas? ______

d) Que parte ele vendeu a mais na terça do que na quarta-feira? ______

9 **DESAFIO**

Considere ainda a situação da atividade anterior.
Que fração indica a diferença entre o que o feirante vendeu na quinta e na terça-feira? ______

Saiba mais

Cerca de três quartos da superfície da Terra são cobertos por água.

Neo Edmund/Shutterstock

Imagem de satélite da Terra vista do espaço.

10 Registre considerando a informação do **Saiba mais**.

As imagens não estão representadas em proporção.

a) Usando fração: _____ da superfície da Terra são cobertos por água; portanto, _____ da superfície da Terra não é coberta por água.

b) Usando porcentagem: ________ da superfície da Terra são cobertos por água e ________ da superfície da Terra não são cobertos por água.

11 Em uma caixa há 3 lápis vermelhos, 5 azuis e 2 verdes. Imagine a retirada de 1 desses lápis ao acaso.

Ah! Ilustração/Arquivo da editora

a) Qual é a cor com maior probabilidade de sair? ________

b) Qual é a probabilidade de o lápis ser vermelho? ________

c) Qual é a cor cuja probabilidade de sair é $\frac{2}{10}$? ________________

d) Qual é a probabilidade de sair um lápis que não seja vermelho? ________

e) Qual é a probabilidade de o lápis ser amarelo? ________

f) Qual é a probabilidade de o lápis não ser preto? ________

12 **ATIVIDADE ORAL EM GRUPO** O que houve de diferente nas respostas dos itens **e** e **f** da atividade anterior?

13 Na turma de Lucas há 36 alunos e $\frac{5}{9}$ são meninos.

a) Calcule e complete.

Número de meninos: ________ Número de meninas: ________

Fração que representa a quantidade de meninas: ________

Douglas Galindo/Arquivo da editora

b) Uma pesquisa foi feita nessa turma com a seguinte pergunta.

"Qual esporte você prefere: natação, futebol ou voleibol?"

Analise as informações, faça os cálculos necessários e preencha a tabela com os números correspondentes.

- $\frac{1}{4}$ dos meninos da turma prefere natação.
- $\frac{3}{5}$ dos meninos preferem futebol.
- $\frac{1}{2}$ das meninas prefere natação.
- $\frac{3}{8}$ das meninas preferem voleibol.

Preferências da turma

Aluno \ Esporte	Natação	Futebol	Voleibol
Meninos			
Meninas			

Tabela elaborada para fins didáticos.

c) Agora, use os dados da tabela e responda. Qual foi o esporte mais votado entre os meninos? ________________

d) O número total de votos dados a voleibol corresponde a $\frac{1}{3}$, $\frac{1}{4}$ ou $\frac{1}{6}$ do número total de votos da turma? ________

e) O número de votos dados a futebol corresponde a 50%, mais do que 50% ou menos do que 50% do total de votos da turma? ________________

f) Sorteando um dos alunos que preferem natação, qual é a probabilidade de ser uma menina? ________

14 Em cada item, complete ou responda.

Banco de imagens/Arquivo da editora

a) A parte verde indica _____ desta figura e a parte amarela indica _____ dela.

b) Em um grupo com 3 meninos e 4 meninas, as meninas representam _____ do grupo.

c) José tinha R$ 40,00 e gastou $\frac{2}{5}$ do que tinha. Então, ele ainda ficou com R$ __________, pois gastou R$ __________.

d) Qual fração indica metade de $\frac{1}{3}$ de um todo? ____________________

e) $\frac{3}{5} + \frac{1}{5} =$ _____ $\qquad \frac{6}{7} - \frac{2}{7} =$ _____ $\qquad 2 \times \frac{1}{9}$ _____ + _____ = _____

f) $\frac{3}{4}$ de 12 = _______ $\qquad \frac{1}{2}$ de _______ = 10 $\qquad$ _____ de 20 = 4

g) Sorteando 1 letra da palavra BRASIL, a probabilidade de sair uma vogal é dada pela fração _____.

Banco de imagens/Arquivo da editora

h) A parte pintada de verde desta figura corresponde a __________ % dela.

i) A probabilidade de sair um número menor do que 3 no lançamento de um dado comum é igual à probabilidade de sair um número maior do que 3?

____

j) Nesta parte da reta numerada, o ponto **A** indica a fração _____ e, o ponto **B**, a fração _____.

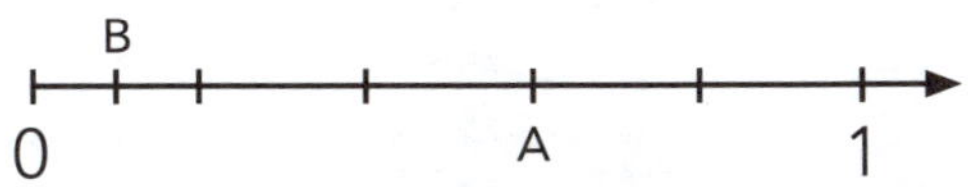

k) Marcos, Ana e Lauro repartiram 30 figurinhas: Marcos ficou com $\frac{1}{6}$ do total, Ana ficou com $\frac{2}{5}$ do total e Lauro ficou com as figurinhas restantes.

Com quantas figurinhas Lauro ficou? ____________________

VAMOS VER DE NOVO?

1 NÚMEROS CRUZADOS

Preencha nas linhas horizontais do quadro os resultados das operações de **A**, **B** e **C**. Confira, calculando os resultados das verticais (**D**, **E** e **F**).

Se preferir, você pode fazer ao contrário: preencher nas verticais e conferir nas horizontais.

	D ↓	E ↓	F ↓
A →			
B →			
C →			

A: 348 + 516
B: 700 − 132
C: 10 000 ÷ 20

D: 15 × 57
E: 7 260 ÷ 11
F: 726 − 246

2 DESLOCAMENTO, LOCALIZAÇÃO E MEDIDA

Juliana vai à padaria, e Ivo vai à farmácia, ambos de bicicleta.
Observe a figura e a legenda e responda.

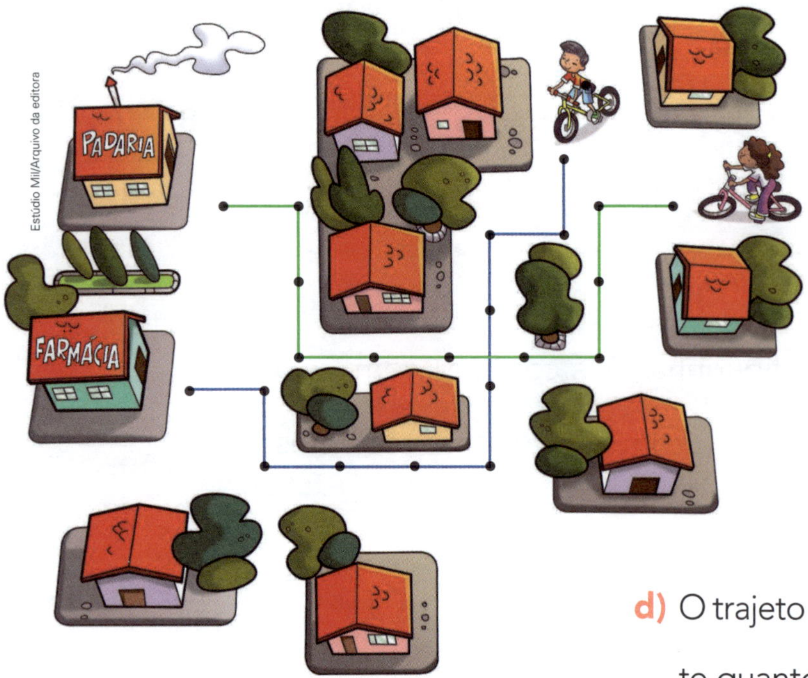

Estúdio Mil/Arquivo da editora

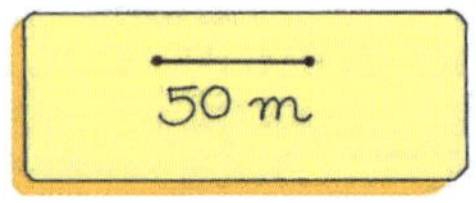

a) Quantos metros Juliana vai percorrer? ______

b) Quantos metros Ivo vai percorrer? ______

c) Se Juliana fizer seu trajeto (ida e volta) em 3 dias consecutivos, então quantos quilômetros ela vai percorrer? ______

d) O trajeto da padaria à farmácia tem aproximadamente quantos metros? ______

O QUE ESTUDAMOS

Exploramos a ideia de fração de uma figura.

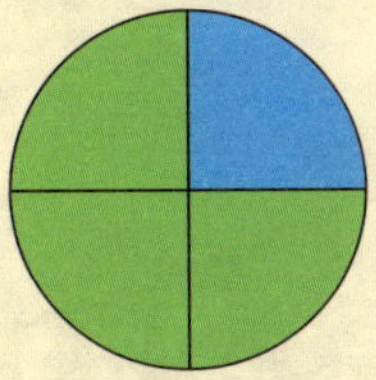

Parte azul do círculo: $\frac{1}{4}$

Parte verde do círculo: $\frac{3}{4}$

Exploramos também a ideia de fração de uma quantidade.

$\frac{3}{5}$ de 10 = ?

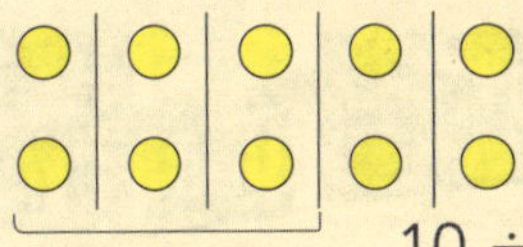

$\frac{3}{5}$ de 10 = 6

10 ÷ 5 = 2

3 × 2 = 6

Ilustrações: Banco de imagens/Arquivo da editora

Fizemos comparação de frações, identificando, entre duas delas, qual é a maior, qual é a menor ou se são iguais, em relação à mesma unidade.

$\frac{2}{5}$ 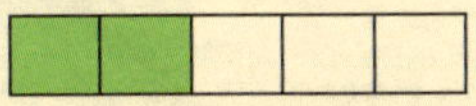 $\frac{2}{5} < \frac{4}{5}$

ou

$\frac{4}{5}$  $\frac{4}{5} > \frac{2}{5}$

Vimos adição e subtração de frações com denominadores iguais.

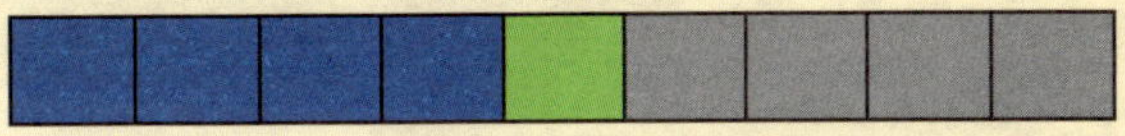

Azul: $\frac{4}{9}$ Verde: $\frac{1}{9}$

Azul e verde juntos: $\frac{5}{9} \rightarrow \frac{4}{9} + \frac{1}{9} = \frac{5}{9}$

Azul tem $\frac{3}{9}$ a mais do que verde: $\frac{4}{9} - \frac{1}{9} = \frac{3}{9}$

Introduzimos a ideia de probabilidade como a medida da chance de algo ocorrer.

Retirando 1 bola do vidro, sem olhar, a probabilidade de ela ser azul é $\frac{3}{7}$ (3 em 7).

Trabalhamos com as porcentagens 100%, 50% e 25% usando frações.

O círculo todo corresponde a 100% (unidade).

A parte verde, a 50% $\left(\frac{1}{2}\right)$.

A parte azul, a 25% $\left(\frac{1}{4}\right)$.

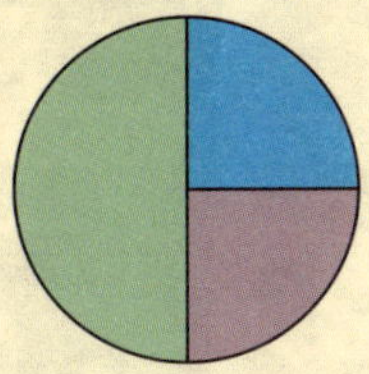

Resolvemos problemas que envolvem fração e probabilidade.

Jairo tinha R$ 30,00 e gastou $\frac{2}{5}$. Com quanto Jairo ainda ficou? R$ 18,00

$$\frac{2}{5} \text{ de } 30 = 12, \text{ pois } 30 \div 5 = 6 \text{ e } 2 \times 6 = 12$$

$$30 - 12 = 18$$

- Você revisou os assuntos desta Unidade em sua casa?
- Você está satisfeito com seu desempenho escolar? Acha que precisa melhorar algo? Converse com o professor a respeito.

Unidade 9

Números decimais

Maisa Shigematsu/Arquivo da editora

- O que mostra esta cena?
- Sobre quais assuntos são os livros em oferta?
- Você tem o hábito de ler livros fora da escola?
- Qual foi o último livro que você leu? Conte para os colegas um resumo da história.

Para iniciar

Veja os preços dos livros em oferta na livraria. Neles aparecem números com vírgula, chamados **decimais**.

Nesta Unidade vamos conhecer esses números e várias de suas aplicações no dia a dia.

- Analise a cena das páginas de abertura desta Unidade. Converse com os colegas e respondam às questões a seguir.

Ilustrações: Estúdio Mil/Arquivo da editora

- Agora, converse com os colegas sobre mais estas questões.
  - **a)** Em que situações você já viu números representados com vírgula?
  - **b)** Quando dividimos um todo em 10 partes iguais, como é chamada cada uma das partes? E qual fração representa essa parte?
  - **c)** A metade desta região circular tem quantos décimos?
  - **d)** Responda com **1 décimo** ou com **1 centésimo**.
    - 1 centavo corresponde a quanto de 1 real?
    - 1 milímetro corresponde a quanto de 1 centímetro?
    - 1 ano corresponde a quanto de 1 século?

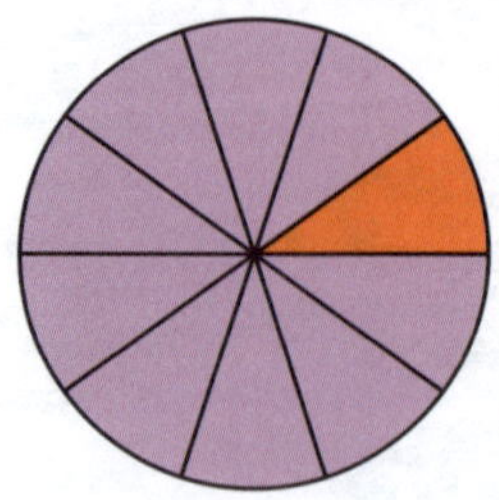

Banco de imagens/Arquivo da editora

Decimais

Você viu, na abertura da Unidade, que os números representados com vírgula são chamados **decimais**.

Os decimais são usados, muitas vezes, no lugar das frações decimais, ou seja, frações de denominador 10 (décimos), 100 (centésimos), 1 000 (milésimos), e assim por diante.

Vamos começar pelos décimos.

Décimos

1 unidade ou 1 inteiro

Ilustrações: Banco de imagens/Arquivo da editora

Analise o exemplo com atenção.

O círculo todo representa 1 unidade ou 1 inteiro.

Observe abaixo essa unidade dividida em 10 partes iguais com 1 das partes destacada em laranja.

A parte pintada de laranja indica **um décimo** do círculo. Essa parte pode ser representada por uma fração ou um decimal.

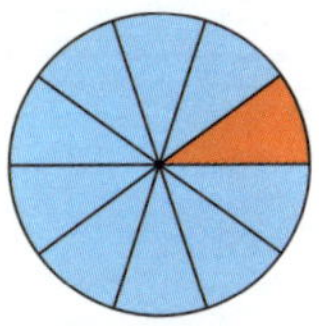

Parte pintada de laranja: $\frac{1}{10}$ ou 0,1 do círculo.

Um décimo

Representação fracionária ⟶ $\mathbf{\frac{1}{10}}$

Representação decimal ⟶ **0,1**

Unidade	Décimo
U,	d
0,	1

A parte pintada de azul nessa figura corresponde a $\frac{9}{10}$ ou 0,9.

Veja outros exemplos em que está representada a parte pintada de verde, em relação à região plana inteira.

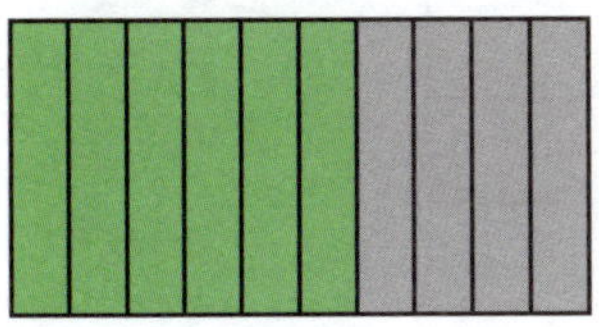

$\frac{6}{10}$ ou 0,6

Lê-se: seis décimos.

$\frac{2}{10}$ ou 0,2

Lê-se: dois décimos.

$\frac{3}{10}$ ou 0,3

Lê-se: três décimos.

Ilustrações: Banco de imagens/Arquivo da editora

A fração $\frac{10}{10}$ e o decimal 1,0 representam **1 unidade** ou **1 inteiro**. Ou seja, 10 décimos correspondem a 1 unidade.

1 Complete o quadro com o que falta.

Fração decimal	Decimal	Representação gráfica	Leitura
$\frac{4}{10}$		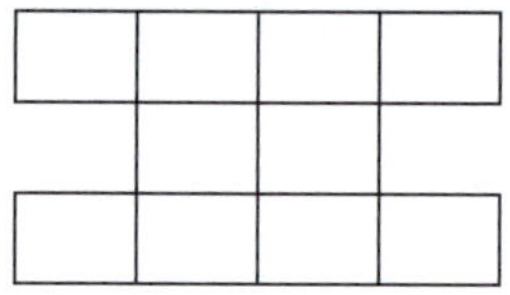	
		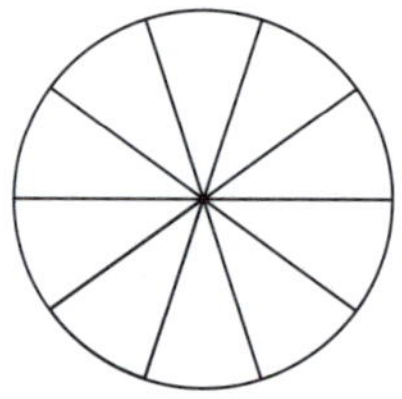	Oito décimos.
	0,7	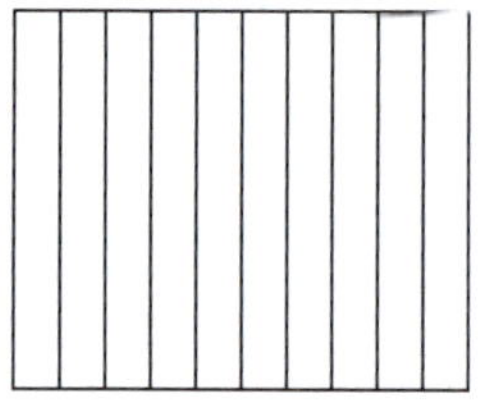	
		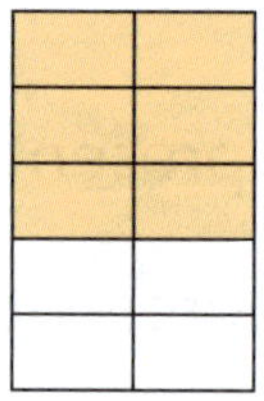	

Ilustrações: Banco de imagens/Arquivo da editora

2 Pinte em cada figura a parte correspondente ao decimal.

a) 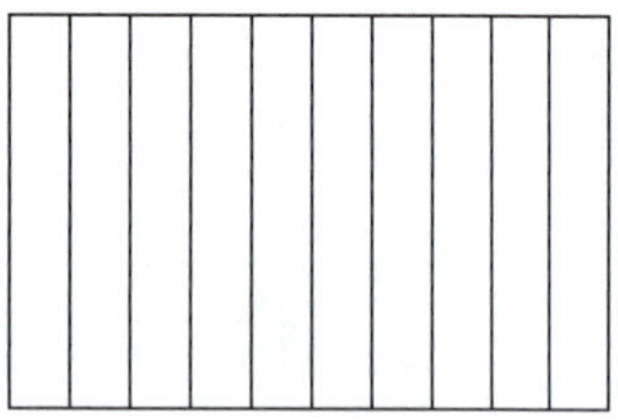

0,5

b) 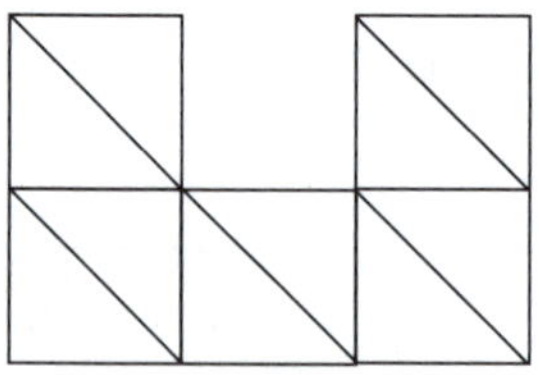

0,3

c) 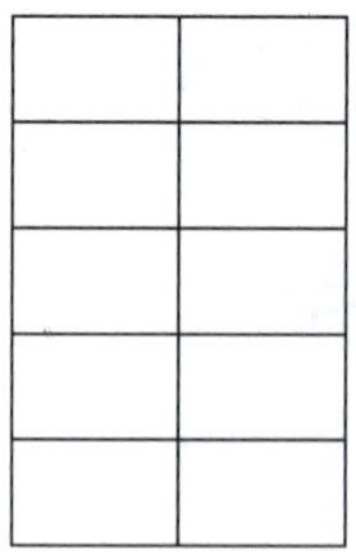

0,9

d) 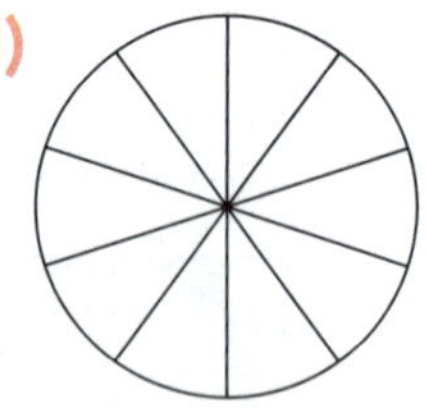

0,1

Ilustrações: Banco de imagens/Arquivo da editora

3 Responda considerando os decimais das atividades 1 e 2.

a) Qual dos números indica metade da figura? ________

b) Quais indicam mais do que a metade da figura? ________________

c) E quais indicam menos do que a metade? ________________

4 Observe a figura.

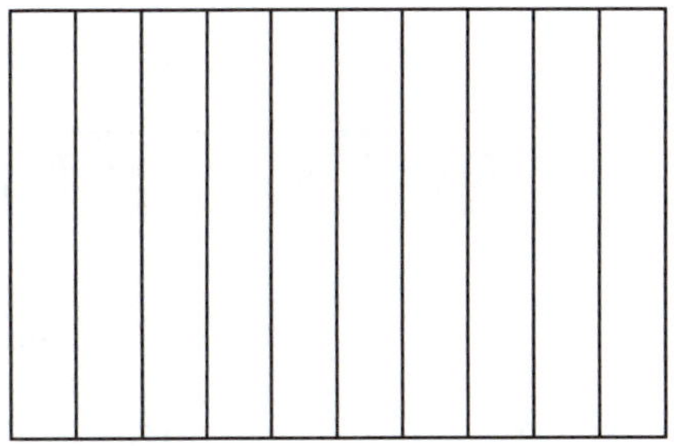

a) Em quantas partes iguais ela está dividida?

____

b) Se quisermos pintar a metade da figura, então quantas partes devemos pintar? Pinte-as. ______________

c) Represente a parte pintada com uma fração e um decimal. ______________

Então, podemos dizer que 0,5 indica **metade** ou **meio**.

5 Marina está caminhando de sua casa até a escola pelo caminho representado em verde na figura. Ela já percorreu 0,7 do percurso.
Marque o ponto onde ela está e indique-o com a letra **M**.

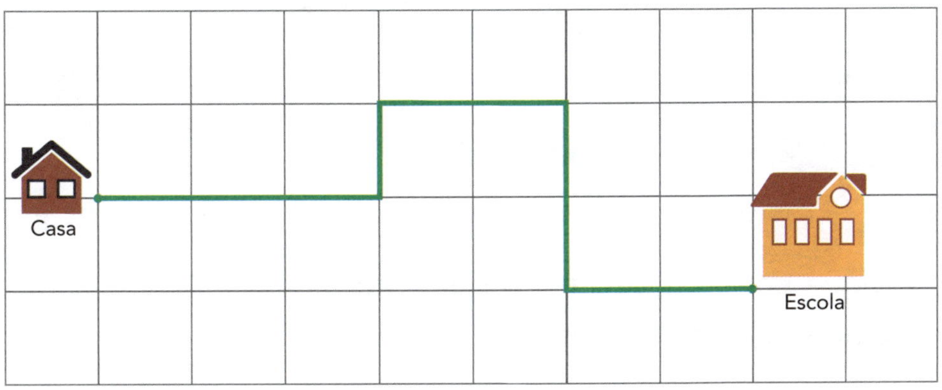

Ilustrações: Banco de imagens/Arquivo da editora

6 Pense em uma unidade qualquer, observe os valores nos cartões e pinte de acordo com a legenda.

- (azul) Cartões com números que indicam a metade da unidade.
- (verde) Cartões com números que indicam mais do que a metade da unidade.
- (amarelo) Cartões com números que indicam menos do que a metade da unidade.

$\frac{1}{2}$	A quarta parte.	0,5	Sete décimos.	$\frac{1}{10}$	Meio.
0,6	5%	0,8	50%	$\frac{2}{6}$	$\frac{4}{8}$

Decimais maiores do que 1

1

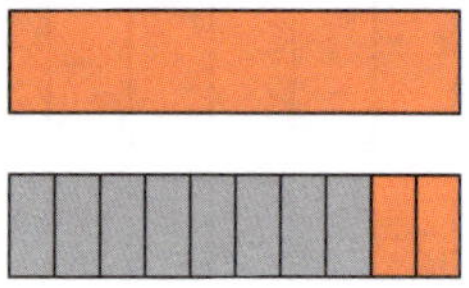

1 (um)

0,2 (dois décimos)

Estúdio Mil/Arquivo da editora

1 unidade e 2 décimos

ou

1 inteiro e 2 décimos

Escrevemos assim: 1,2

1 unidade ← 1 ; 2 → 2 décimos

Unidade	Décimo
U,	d
1,	2

A vírgula separa a **parte inteira** (1 unidade) da **parte fracionária** (2 décimos).

Veja mais um exemplo considerando um círculo como unidade. Estão pintados de amarelo 2 inteiros e 5 décimos.

2,5

2 inteiros ← 2 ; 5 → 5 décimos

1   1   0,5 (metade)

2,5: dois círculos e meio

Ilustrações: Banco de imagens/Arquivo da editora

Agora, indique com um decimal o que está pintado de azul em cada item e escreva como se lê esse número.

a)

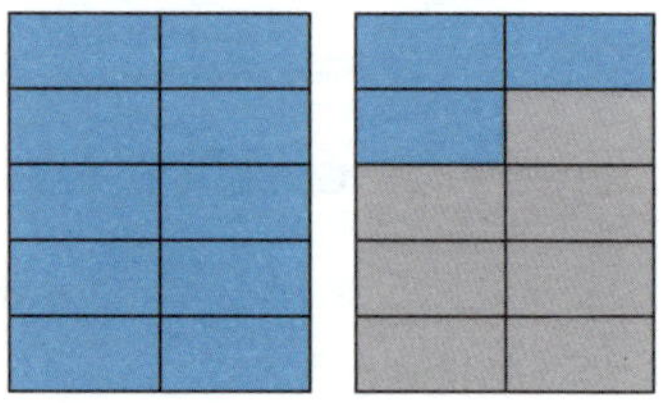

b)

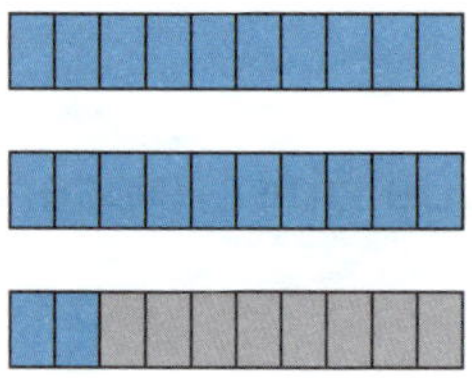

c)

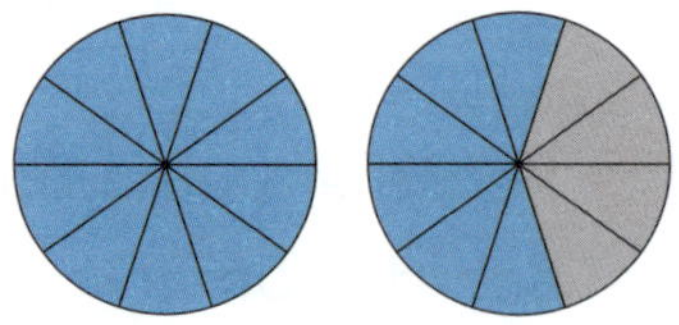

Ilustrações: Banco de imagens/Arquivo da editora

______________ ______________ ______________

______________ ______________ ______________

2 Considere a região retangular de 5 cm por 1 cm como unidade.
Pinte de verde o correspondente a 3,3. O restante, pinte como quiser.

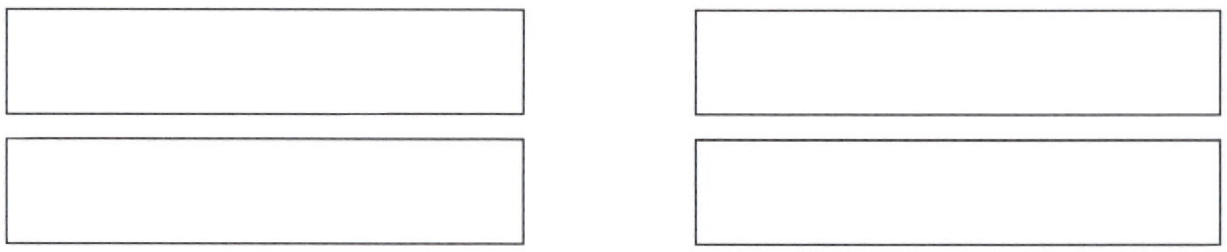

Ilustrações: Banco de imagens/Arquivo da editora

3 Observe os decimais e coloque cada um deles na posição correta na reta numerada.

1,5	0,4	1,2	0,7	0,8	2,1	1,7

4 Complete com decimais.

a) Oito décimos. ________

b) Meio. ________

c) Nove inteiros e três décimos. ________

d) Dezesseis unidades e quatro décimos. ________

e) Quatro e meio. ________

f) 80 + 6 + 0,2 = ________

g) 0,5 + 0,1 = ________

h) 0,7 + 0,3 = ________

5 Veja o que João está falando e mais um exemplo ao lado. Depois, responda.

3,5 km significa 3 quilômetros e meio.

Estúdio Mil/Arquivo da editora

a) O que significa 2,5 kg? ____________________

b) O que significa 1,5 cm? ____________________

c) O que significa 4,5 dias? ____________________

d) O que significa 3,5 milhões? ____________________

Saiba mais

As imagens não estão representadas em proporção.

Você já viu que, no Brasil, a temperatura é medida em graus Celsius (°C).

Em alguns termômetros a escala é dividida em graus e décimos de grau.

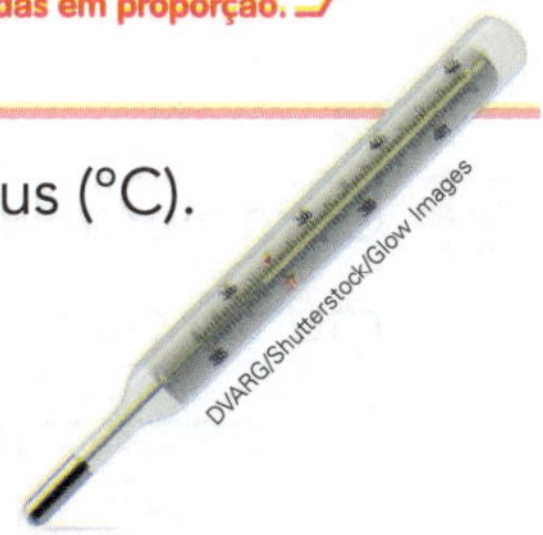
DVARG/Shutterstock/Glow Images

Termômetro para medir a temperatura corporal.

6 Tobias quis medir sua temperatura e, para isso, colocou um termômetro debaixo do braço. Veja ao lado a temperatura que o termômetro registrou. Escreva com algarismos e por extenso a medida da temperatura indicada.

Ah! Ilustração/Arquivo da editora

____

Decimais e medida de comprimento: 1 décimo do centímetro

1 MEDIDA DE COMPRIMENTO, EM CENTÍMETROS E MILÍMETROS

Nas réguas é possível ver que cada centímetro está dividido em 10 milímetros.

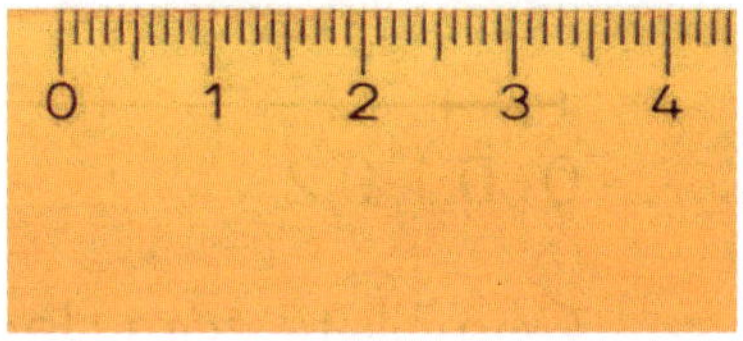

Christos Siatos/Shutterstock

a) Complete.

Cada parte corresponde a ______________.

Então: 1 __________ = 10 __________ e 1 __________ = 0,1 __________

b) Observe a figura ao lado e veja como podemos representar a medida do segmento de reta $\overline{AB}$, de diferentes maneiras.

Christos Siatos/Shutterstock

- 3,9 centímetros (3,9 cm)
- 3 centímetros e 9 décimos do centímetro
- 3 centímetros e 9 milímetros
- 39 milímetros (39 mm)

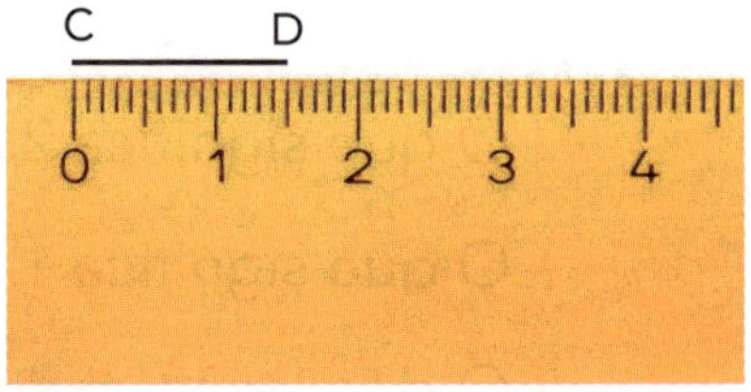

Christos Siatos/Shutterstock

Agora, observe o segmento de reta $\overline{CD}$ e registre a medida dele de 5 maneiras diferentes.

____

____

2

Complete os quadros como no exemplo. Use uma régua para medir o comprimento ou para construir os segmentos.

$\overline{AB}$	A ——— B	4,2 cm	42 mm
	C ——— D		
$\overline{EF}$		3,1 cm	
$\overline{GH}$			19 mm

Centésimos

Observe as figuras e veja o que indica a parte pintada de amarelo.

1 unidade
ou 1 inteiro.

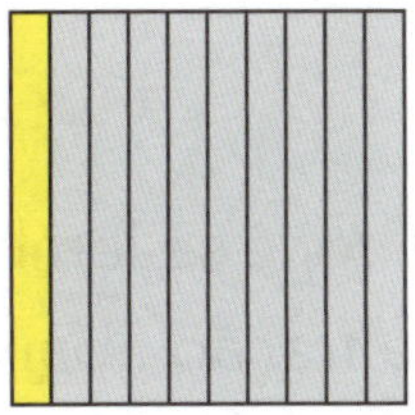

1 décimo da unidade.

$\frac{1}{10}$ ou 0,1

(A unidade está dividida em 10 partes iguais.)

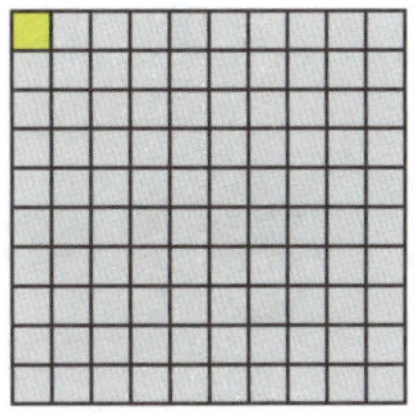

Ilustrações: Banco de imagens/ Arquivo da editora

1 centésimo da unidade.

$\frac{1}{100}$ ou 0,01

(A unidade está dividida em 100 partes iguais.)

Unidade	Décimo	Centésimo
U,	d	c
0,	0	1

Um centésimo

Representação fracionária → $\frac{1}{100}$

Representação decimal → **0,01**

1 Veja os 2 exemplos e indique a fração e o decimal correspondentes à parte pintada de laranja nas outras 2 figuras.

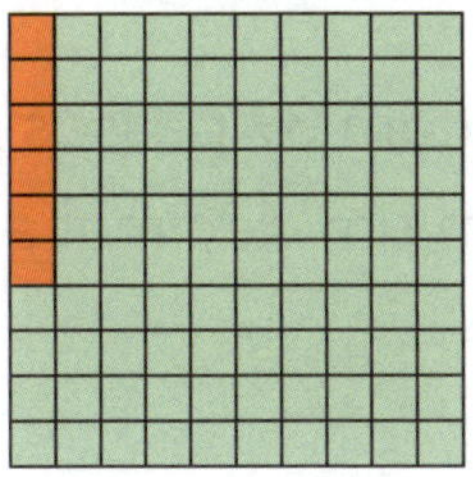

$\frac{6}{100}$ ou 0,06

$\frac{70}{100}$ ou 0,70

a)

____

b)

____

Ilustrações: Banco de imagens/ Arquivo da editora

2 Pinte em cada figura a parte indicada pelo decimal.

a)

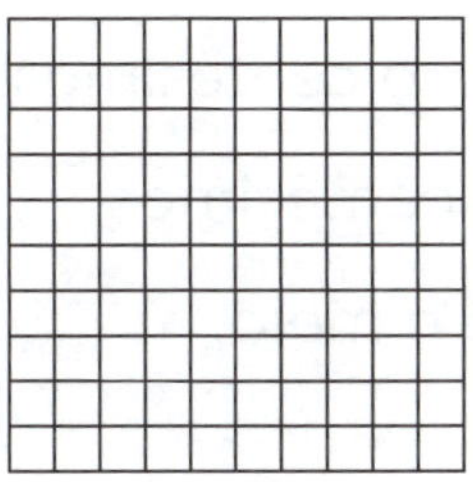

0,05

b)

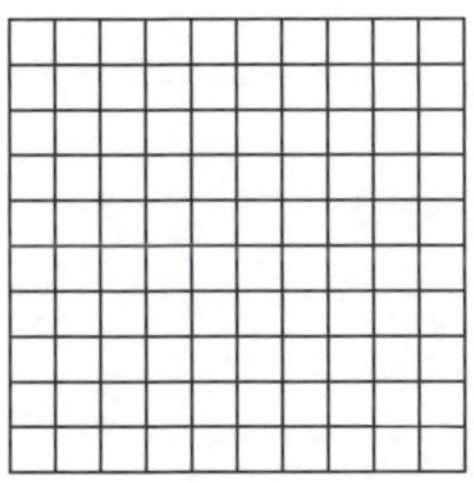

0,34

c)

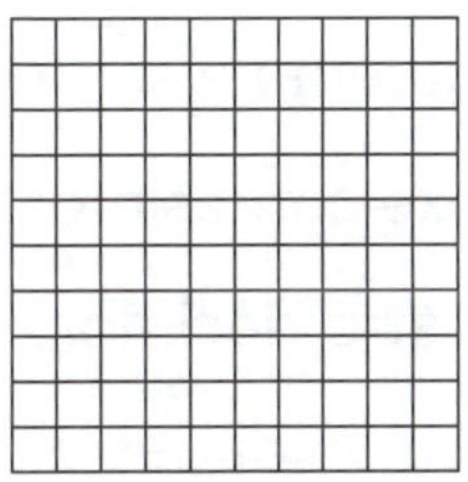

0,22

d)

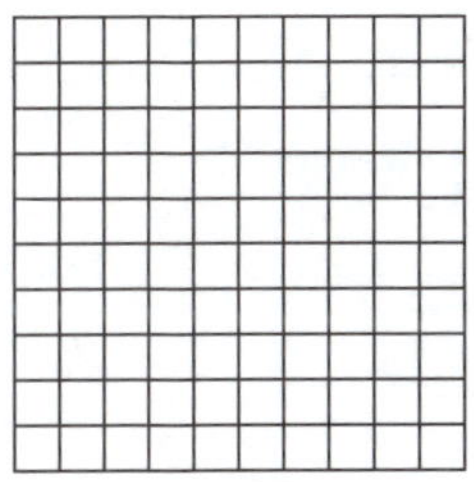

0,88

Ilustrações: Banco de imagens/ Arquivo da editora

3 Na figura da esquerda, pinte 0,05. Na segunda figura, pinte 0,34. Depois, indique o número representado em cada figura.

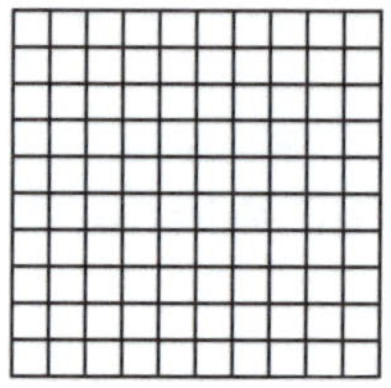
______

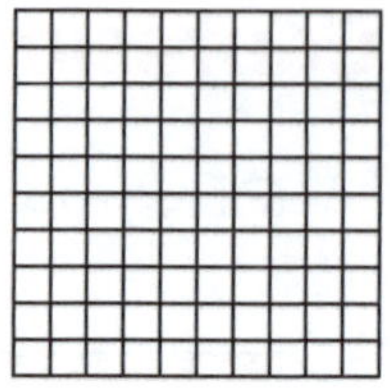
______

Banco de imagens/Arquivo da editora

4 **ATIVIDADE ORAL EM GRUPO** Você se lembra das frações decimais? Converse com os colegas e escreva cada fração abaixo na forma decimal.

a) $\frac{7}{10}$ = ______ c) $\frac{9}{10}$ = ______ e) $\frac{30}{100}$ = ______

b) $\frac{25}{100}$ = ______ d) $\frac{9}{100}$ = ______ f) $\frac{9}{10}$ = ______

5 Escreva a fração decimal correspondente a cada número na forma decimal.

a) 0,6 = ______ c) 0,4 = ______ e) 0,77 = ______

b) 0,21 = ______ d) 0,04 = ______ f) 0,8 = ______

6 Dos 100 alunos do 4º ano de uma escola, apenas 30 optaram por jogar basquete em um campeonato esportivo. Escreva a fração e o decimal que indicam a parte dos alunos que optaram por esse esporte. ______________

7 Para ir da árvore até a casa, Jairo deve dar 100 passos. Faltam 39 passos para ele completar o trajeto. Represente com uma fração e com um decimal a parte do trajeto que ele já andou. ______________

Estúdio Mil/Arquivo da editora

8 Escreva na forma decimal.

a) Quarenta e seis centésimos. ______

b) Doze centésimos. ______

c) Quatro décimos. ______

d) Sete unidades e oito centésimos. ______

e) Um inteiro e vinte e cinco centésimos. ______

f) Quatro centésimos. ______

g) Seis centésimos. ______

h) Sete e meio. ______

Decimais e medida de comprimento: 1 centésimo do metro

1 Você já viu que 1 metro corresponde a 100 centímetros.
Então, cada centímetro corresponde a 1 centésimo do metro.

Sergej Razvodovskij/Shutterstock/Glow Images

Trena.

1 m = 100 cm	1 cm = 0,01 m

Veja os exemplos.

3,27 m

- 3 metros e 27 centésimos do metro
- 3 metros e 27 centímetros (3 m e 27 cm)
- 327 centímetros (327 cm)

2,50 m

- 2 metros e 50 centésimos do metro
- 2 metros e 50 centímetros (2 m e 50 cm)
- 2 metros e meio
- 250 centímetros (250 cm)

a) Complete.

1 ________ = 0,01 ________	1 ________ = 100 ________

b) Agora, escreva o que representa 1,35 m.

____

c) Escreva as medidas a seguir, em metros, usando decimais.

- 1 m e 40 cm = ________
- 1 m e 4 cm = ________
- 149 cm = ________
- 400 cm = ________
- 2 metros e 17 centímetros = ________
- 3 metros e meio = ________
- 6 metros e 8 centímetros = ________
- 2 374 cm = ________

2 Qual é sua altura? Escreva essa medida em centímetros e na forma decimal (em metros e centímetros). ____________________________

Decimais e dinheiro: 1 centésimo do real

1 Esta boneca custa R$ 8,20.

Oito reais e vinte centésimos do real.
ou
Oito reais e vinte centavos.

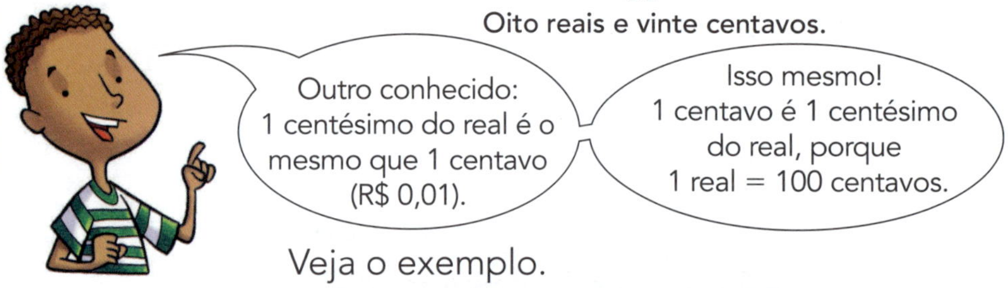

Estúdio Mil/Arquivo da editora

Boneca.

Bat-2/Shutterstock/Glow Images

Veja o exemplo.

Reprodução/Casa da Moeda do Brasil/Ministério da Fazenda

R$ 8,75 ⟶ Oito reais e setenta e cinco centavos.

Escreva cada quantia na forma decimal e escreva também como se lê.

a) 

____

b) 

Reprodução/Casa da Moeda do Brasil/Ministério da Fazenda

____

2 Escreva a fração decimal e o número na forma decimal para mostrar que parte do real cada quantia representa.

a) 36 centavos. ________________

b) 4 centavos. ________________

c) Oitenta centavos. ________________

d) 25 centavos. ________________

Explorar e Descobrir

Lucila foi ao mercado com sua avó e quis comprar um pacote de biscoitos. Observe o preço, use as moedas do **Ápis divertido** e descubra como elas podem obter essa quantia para comprar o pacote usando só moedas e o menor número possível delas. Depois, registre.

Pacote de biscoitos.

Paulo Manzi/Arquivo da editora

____

Os décimos e os centésimos no sistema de numeração decimal

1 Considerando cada figura como unidade, observe toda a parte pintada.

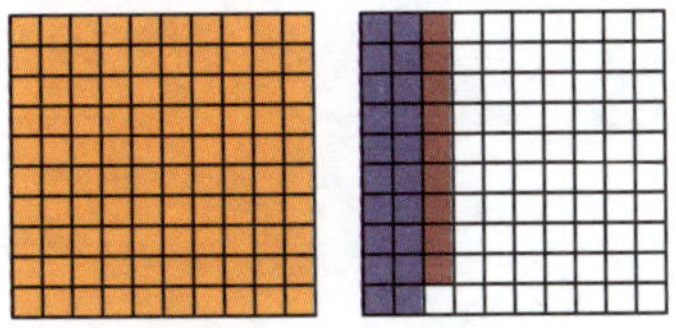

1 inteiro e 29 centésimos ou
1 inteiro, 2 décimos e 9 centésimos.

1,29
- 9 → 9 centésimos
- 2 → 2 décimos ou 20 centésimos
- 1 → 1 unidade ou 10 décimos ou 100 centésimos

U,	d	c
1,	2	9

Agora, escreva o decimal correspondente à parte pintada neste caso.

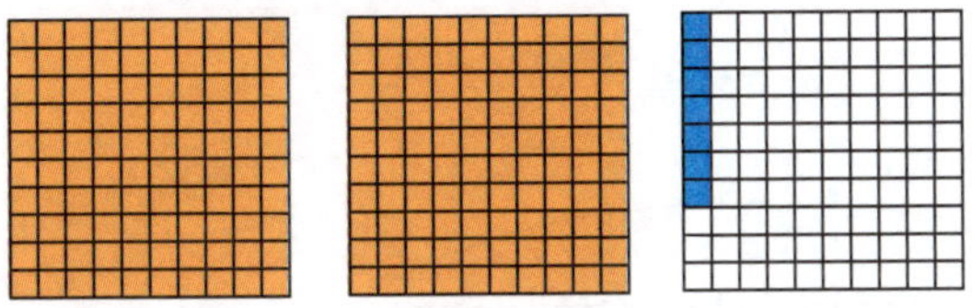

Ilustrações: Banco de imagens/Arquivo da editora

_______ _______ _______ → _______________________

2 Responda depressinha!
O que vale mais: 1,29 ou 2,07? _______

3 Lembre-se:

1 centena = 10 dezenas
1 dezena = 10 unidades
1 unidade = 10 décimos
1 décimo = 10 centésimos

Observe o exemplo ao lado. Escreva cada número no quadro de ordens. Depois, escreva como cada número é lido.

523,48

C (centena)	D (dezena)	U, (unidade)	d (décimo)	c (centésimo)
5	2	3,	4	8

A **vírgula** separa a parte inteira da parte decimal.

523,48 — 523: parte inteira; 48: parte decimal

Quinhentos e vinte e três inteiros, quatro décimos e oito centésimos ou quinhentos e vinte e três inteiros e quarenta e oito centésimos.

a) 0,06

U,	d	c
___	___	___

____
____

b) 1,35

U,	d	c
___	___	___

____
____

c) 175,26

C	D	U,	d	c
___	___	___	___	___

____
____

4 Observe o exemplo e indique o valor que cada algarismo está representando no número 14,83.

3,46
- 6 → 6 centésimos
- 4 → 4 décimos ou 40 centésimos
- 3 → 3 unidades ou 30 décimos ou 300 centésimos

14,83
- 3 → ______________________
- 8 → ______________________
- 4 → ______________________
- 1 → ______________________

____

Explorar e Descobrir

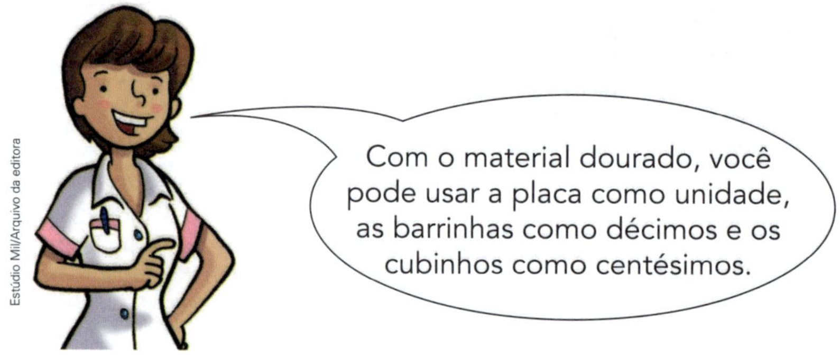

Estúdio Mil/Arquivo da editora

Complete.

Material dourado

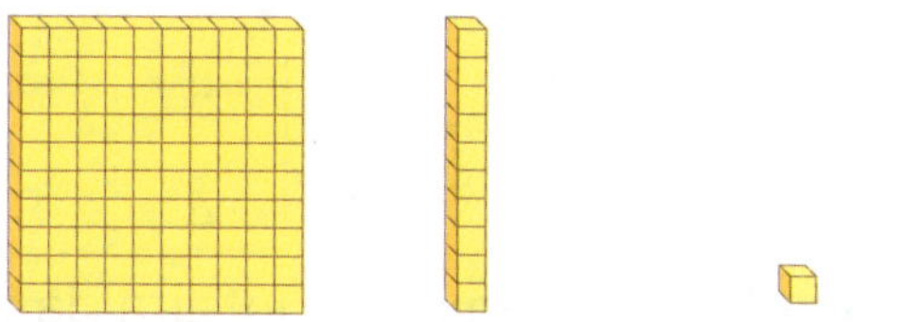

Unidade	Décimo	Centésimo
1	0,1	0,01

Outra representação

Unidade	Décimo	Centésimo

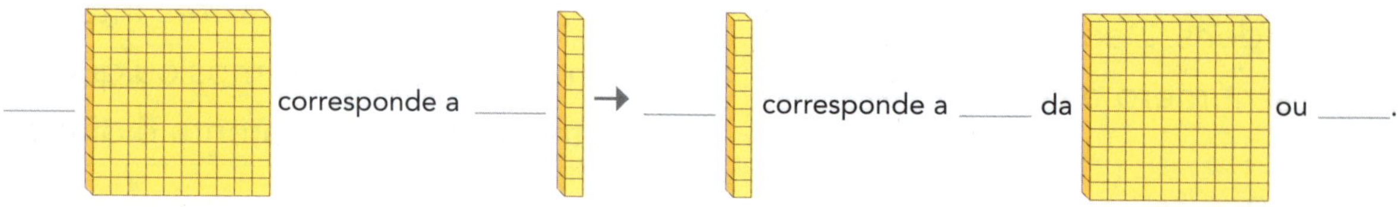

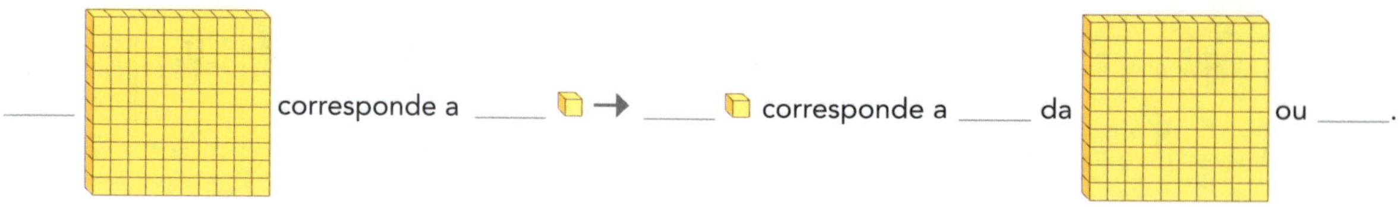

Ilustrações: Banco de imagens/Arquivo da editora

5 Escreva o decimal ou faça desenhos para representar o decimal de cada item, como no exemplo.

2,35

a) 

b) 1,73

c) 0,32

6 Veja as correspondências que Ivo fez entre os decimais usando o material dourado e considerando a placa como unidade.

Ilustrações: Banco de imagens/Arquivo da editora

1 décimo ou 10 centésimos.
0,1 = 0,10

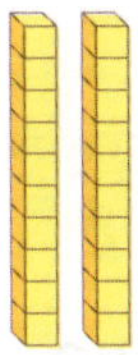
2 décimos ou 20 centésimos.
0,2 = 0,20

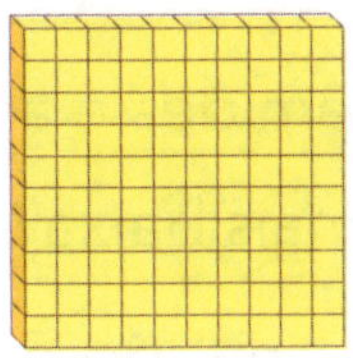
10 décimos ou 1 unidade.
1,0 = 1

Estúdio Mil/Arquivo da editora

Agora, faça este.

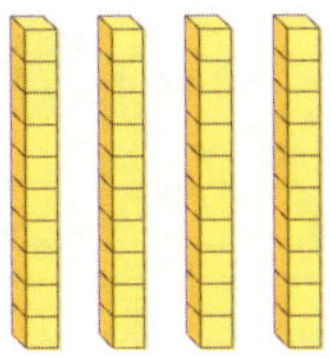
____
____
____

7 Pinte os quadros que indicam a metade de uma unidade.

$\frac{1}{2}$	$\frac{3}{8}$	6 em 12	1,2	0,5	50%
$\frac{5}{8}$	0,50	7 em 10	$\frac{4}{8}$	3 em 6	25%

Comparação de decimais

1 Na foto abaixo aparecem as 3 pirâmides egípcias mais famosas, que eram as sepulturas dos faraós Quéops, Quéfren e Miquerinos.

DeAgostini/Getty Images

Pirâmides de Gizé (de Quéops, de Quéfren e de Miquerinos), no Egito. Foto de 2016.

Veja a medida da altura dessas pirâmides.

Miquerinos: 62 m Quéops: 148,2 m Quéfren: 136,5 m

a) **ATIVIDADE ORAL EM GRUPO** Troque ideias com os colegas e depois responda.

- Qual dessas pirâmides é a mais alta? ______________
- Qual delas é a mais baixa? ______________

b) Complete com o sinal de **é maior do que** (>), **é menor do que** (<) ou **é igual a** (=) entre os números dessas medidas, tomados dois a dois.

62 ________ 148,2 62 ________ 136,5 148,2 ________ 136,5

2 **ESTIMATIVAS**

a) Faça estimativas e responda.

- Qual é maior: 0,2 ou 0,20? ________
- Qual é maior: 0,3 ou 0,14? ________

b) Agora, verifique se suas estimativas foram boas pintando as partes indicadas, comparando-as e colocando >, < ou = entre os números.

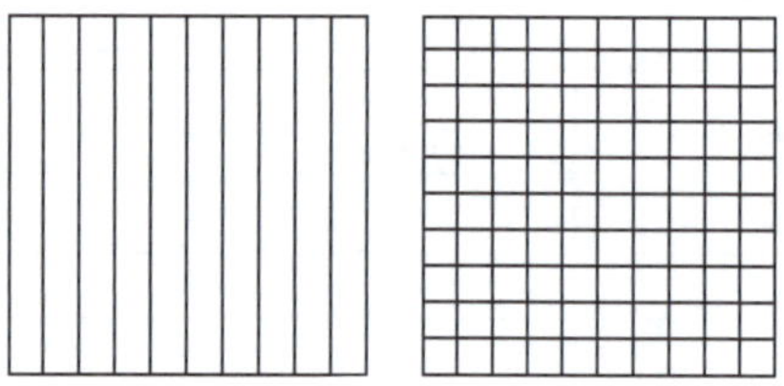

0,2 ________ 0,20

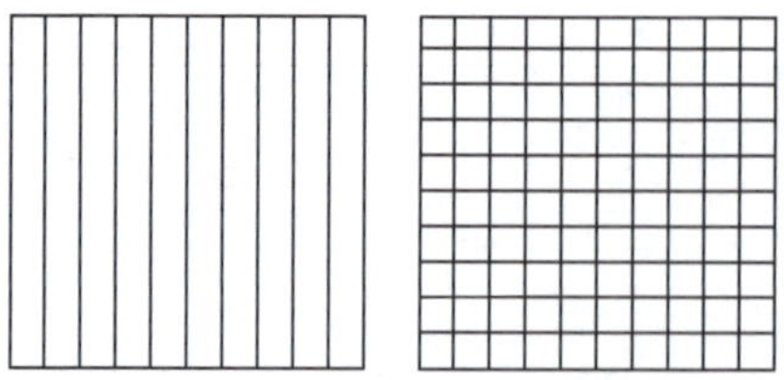

0,3 ________ 0,14

3 **ATIVIDADE EM DUPLA** Escrevam, cada um em seu livro, os símbolos $>$, $<$ ou $=$ entre os números de cada item. Conversem e procurem justificar as escolhas.

a) 3,72 ________ 4
b) 1,2 ________ 1,7
c) 0,48 ________ 0,39
d) 2,10 ________ 2,1
e) 4,3 ________ 4,14
f) 5,3 ________ 6,14
g) 0,2 ________ $\frac{3}{10}$
h) 0,6 ________ $\frac{58}{100}$
i) 0,31 ________ $\frac{31}{100}$

4 Magda foi à farmácia comprar alguns produtos de higiene pessoal.
Analise o preço de cada produto que ela comprou e responda às questões.

As imagens não estão representadas em proporção.

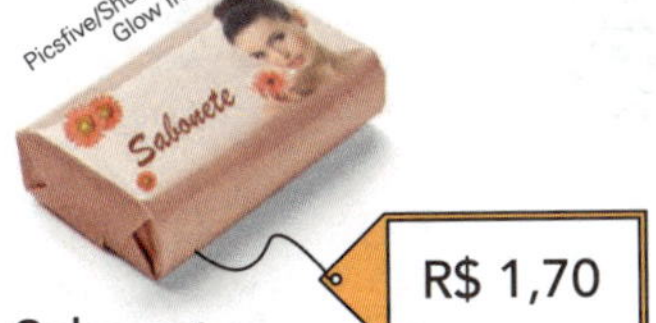

Picsfive/Shutterstock/Glow Images
Sabonete.

Lizard/Shutterstock/Glow Images
Escova dental.

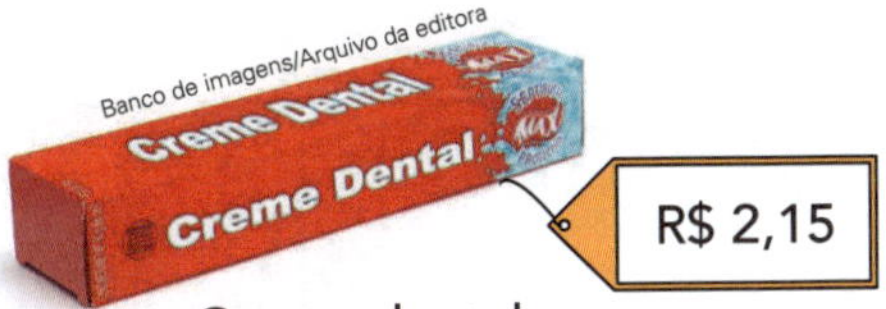

Banco de imagens/Arquivo da editora
Creme dental.

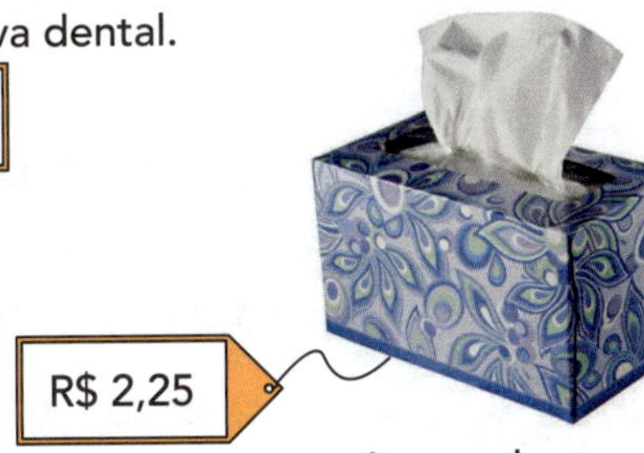

Brent Hofacker/Shutterstock/Glow Images
Lenço de papel.

a) Qual é o produto mais caro? Quanto ele custa? ________

b) Qual é o mais barato? Quanto ele custa? ________

c) Quais produtos custam mais do que R$ 2,50? ________

d) Como ficam as 4 quantias escritas em ordem decrescente?

____

e) **ATIVIDADE ORAL EM GRUPO** Converse com os colegas sobre a importância da higiene pessoal.

5 André completou o percurso de uma corrida em 26,8 segundos e João Paulo completou em 26,42 segundos.
Qual deles completou em menos tempo? ________

Estúdio Mil/Arquivo da editora

Adição e subtração com decimais

A mesma ideia que você usou com números naturais pode ser usada na adição e na subtração com números na forma decimal.

Observe os exemplos.

23,37 + 1,91

	D	U,	d	c
	2	$^{1}3$,	3	7
+		1,	9	1
	2	5,	2	8

7c + 1c = 8c
3d + 9d = 12d (1U + 2d)
1U + 3U + 1U = 5U
2D + 0D = 2D

10 décimos foram trocados por 1 unidade.

3,73 − 1,25

1d = 10c

	U,	d	c
	3,	~~7~~ ^{6}	$^{1}3$
−	1,	2	5
	2,	4	8

1 décimo foi trocado por 10 centésimos.

1 Efetue as adições e subtrações com decimais.

a) R$ 3,60 + R$ 5,90 = ________

b) 4,56 + 3,44 = ________

c) 31,47 − 5,2 = ________

d) R$ 25,15 − R$ 8,05 = ________

e) 9,23 − 1,86 = ________

f) 169,4 + 3,72 = ________

2 Joana precisa de 4 m de tecido para fazer uma colcha de retalhos.
Ela tem uma peça com 2,6 m e outra com 1,45 m.
O que Joana tem de tecido é suficiente para o que ela precisa?

____

3 Márcio e Cláudia foram ao supermercado. Márcio comprou 1 lata de azeite e 1 pacote de soja em grãos e pagou com R$ 17,50.
Para saber quanto Márcio gastou, fazemos uma adição, e, para saber quanto recebeu de troco, fazemos uma subtração.

As imagens não estão representadas em proporção.

$$\begin{array}{r} \overset{1}{1}3{,}70 \\ +\ 3{,}59 \\ \hline \text{R\$ } 17{,}29 \end{array} \text{ (gastou)} \qquad \begin{array}{r} 17{,}\overset{4}{\cancel{5}}\overset{1}{0} \\ -\ 17{,}29 \\ \hline \text{R\$ } 0{,}21 \end{array} \text{ (troco)}$$

Agora, calcule e responda.

a) O que custa mais: 2 pacotes de soja ou 3 garrafas de suco? _______________

b) Quanto o pacote de soja custa a mais do que a garrafa de suco? _________

c) Cláudia comprou 1 lata de azeite e pagou com R$ 15,00. Quanto ela recebeu de troco? _________

4 Margarete está fazendo uma viagem de automóvel para ir de João Pessoa a Maceió, passando por Recife. Veja no mapa o caminho que ela está percorrendo.

a) Ela já percorreu 130,5 km. Então, quanto falta para completar o percurso? _________

b) Marque no mapa onde está o automóvel, aproximadamente.

Fonte de consulta: **Atlas geográfico escolar**. 6. ed. Rio de Janeiro: IBGE, 2012.

Decimais e calculadora

Saiba mais

Para digitar um decimal na calculadora, no lugar da vírgula devemos teclar o ponto.

Ericlefrancais/Shutterstock/Glow Images

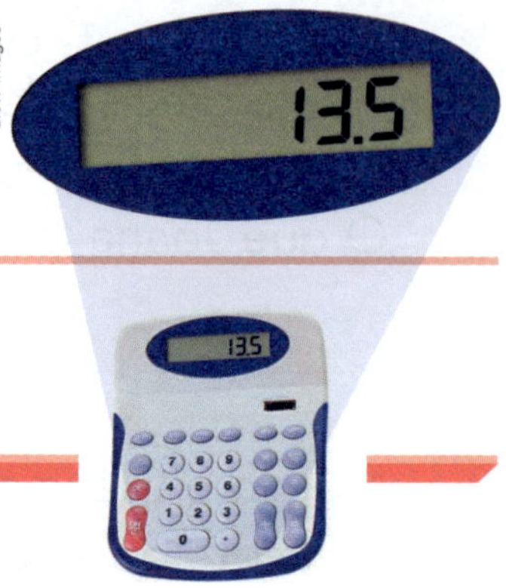

Calculadora.

1 Responda depressinha!

Que número está registrado no visor desta calculadora? ________

2 Use uma calculadora, digite de acordo com o indicado e registre as operações efetuadas e os resultados obtidos.

a) [3] [·] [7] [+] [1] [2] [·] [9] [=] ________________

b) [4] [·] [3] [6] [−] [3] [·] [6] [=] ________________

Ilustrações: Banco de imagens/Arquivo da editora

3 Efetue as operações e confira usando uma calculadora.

a) 19,4 + 5,1 = ________

b) 9 − 2,42 = ________

c) R$ 25,30 + R$ 4,80 = ________

d) R$ 1 200,00 − R$ 745,80 = ________

4 Resolva usando uma calculadora.

a) Amanda foi à feira com R$ 15,20 e gastou R$ 8,40 na compra de um peixe. Quando voltou para casa, colocou na carteira mais R$ 10,25. Com quanto ela ficou? ________________

b) **ATIVIDADE ORAL EM GRUPO** Em uma loja **A**, uma camiseta de R$ 31,00 está sendo vendida com um desconto de R$ 4,70.

Na loja **B**, a mesma camiseta custa R$ 33,25, mas está sendo vendida com um desconto de R$ 5,50.

Em qual das lojas é mais vantajoso comprar essa camiseta? Calcule o preço nas 2 lojas, registre e, depois, converse com os colegas sobre isso.

Loja **A**: ________ Loja **B**: ________

Mais atividades e problemas

1 Paula e Maurício inventaram uma brincadeira. Para cada medida que Paula escrevia usando um número natural, Maurício escrevia uma medida equivalente usando um decimal e outra unidade de medida. Veja algumas medidas que eles escreveram na brincadeira.

Paula: 45 mm
Maurício: 4,5 cm

Paula: 120 centavos
Maurício: R$ 1,20

Participe dessa brincadeira. Para isso, complete os quadros.

a) Paula: 452 cm
Maurício: ________ m

b) Paula: ________ cm
Maurício: 0,5 m

c) Paula: ________ minutos
Maurício: 1,5 hora

d) Paula: ________ mm
Maurício: 0,8 cm

e) Paula: 345 centavos
Maurício: R$ ________

f) Invente um!
Paula: ________
Maurício: ________

2 Descubra a regularidade do primeiro esquema e complete-o. Depois, use a mesma regularidade para completar o segundo esquema.

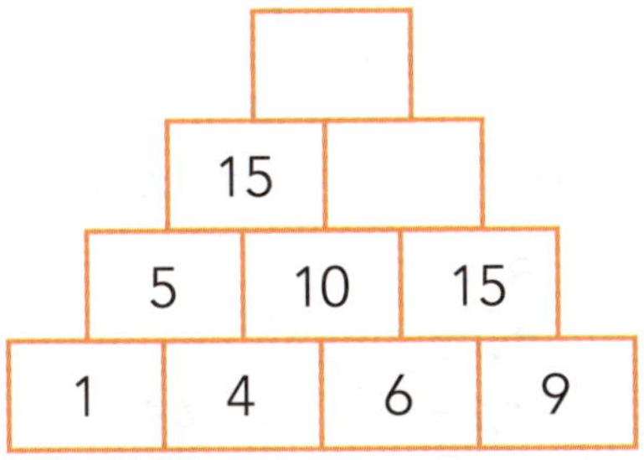

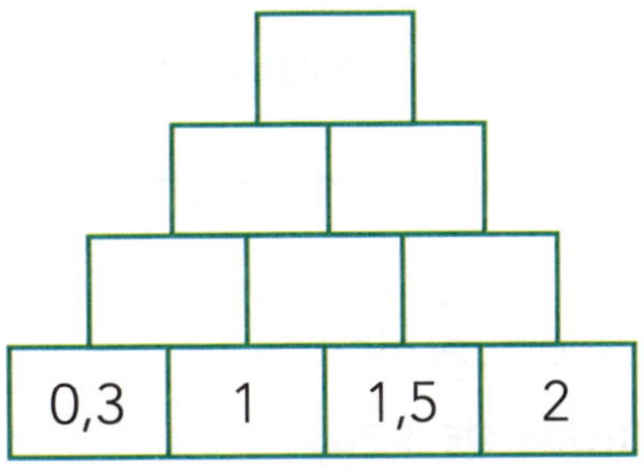

3 Mara viu no jornal as expressões **2,5 mil** e **1,4 milhão**. Veja o que elas significam.

2,5 mil = 2 mil + 5 décimos de mil = 2 000 + 500 = 2 500
1,4 milhão = 1 milhão + 4 décimos de milhão = 1 000 000 + 400 000 = 1 400 000

Escreva o número natural correspondente a cada expressão.

a) 3,2 mil = ________

b) 5,6 milhões = ________

c) 8,5 milhões = ________

d) 17,5 mil = ________

4 ESTATÍSTICA

Paulo mediu a temperatura em alguns horários de certo dia e construiu o gráfico ao lado. Esse tipo de gráfico é chamado **gráfico de linha** ou **gráfico de segmentos**.

Responda, de acordo com o gráfico.

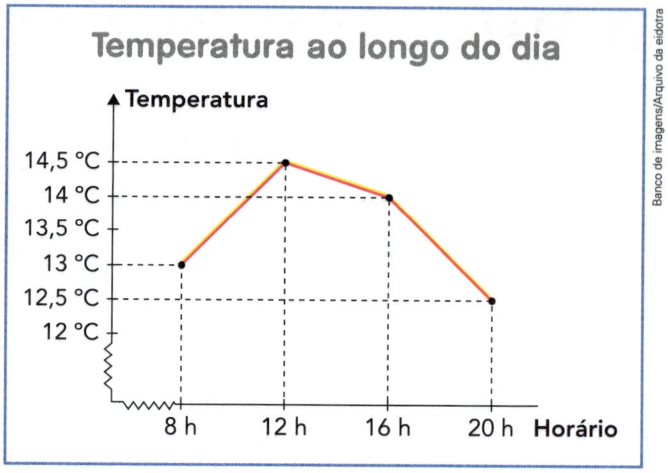

Gráfico elaborado para fins didáticos.

a) Qual foi a temperatura registrada às 20 horas? ____________

b) Dos registros que ele fez, em que horário foi registrada a temperatura máxima? ____________

c) Dos registros feitos às 12 h e às 16 h, a temperatura caiu ou subiu? Quantos graus? ____________

d) Dos registros feitos às 8 h e às 12 h, o que aconteceu com a temperatura? ____________

5

Você já viu que 1,5 significa 'um e meio'. Por exemplo: 1,5 dia significa 1 dia e meio. Complete de acordo com essa informação.

a) 1,5 dia → ____ horas

b) 1,5 h → ____ minutos

c) 1,5 cm → ____ milímetros

d) 1,5 minuto → ____ segundos

e) 1,5 dúzia → ____ unidades

f) 1,5 m → ____ centímetros

6

Observe os caminhos e as medidas de seus comprimentos. Determine as medidas de comprimento dos seguintes percursos.

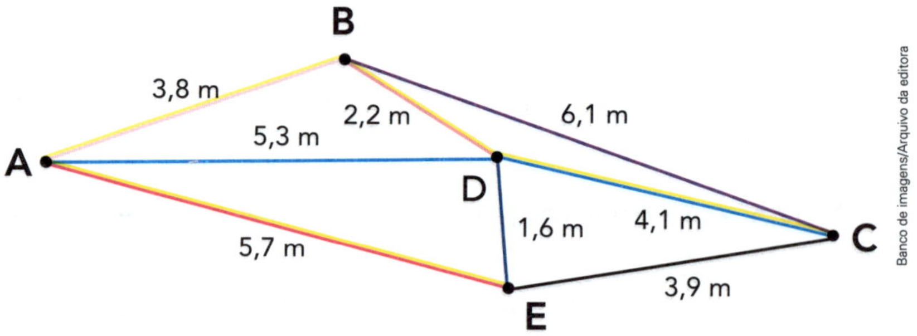

a) **A → B → C:** ____________

b) **B → D → E:** ____________

c) **D → E → C:** ____________

d) **A → D → E → A:** ____________

7 CALCULADORA

TOMANDO DECISÕES: O QUE É MAIS VANTAJOSO?

As operadoras de telefonia celular costumam ter uma grande oferta de planos para os clientes. Por isso, pesquisar antes de escolher o plano mais adequado às suas necessidades é uma atitude fundamental.

Xavier pesquisou os preços dos planos de telefonia celular de várias operadoras.

Uma das operadoras ofereceu 3 planos, que estão descritos na tabela.

Planos de telefonia celular

Plano	Custo fixo mensal	Custo adicional por minuto
A	R$ 45,00	R$ 0,50
B	R$ 30,00	R$ 0,70
C	R$ 20,00	R$ 1,10

Tabela elaborada para fins didáticos.

a) Use uma calculadora e descubra qual é o plano mais vantajoso para Xavier se ele utilizar 45 minutos por mês. ______

b) Sem usar a calculadora, descubra qual é a diferença de preço entre o valor do plano mais caro e o valor do plano mais barato. ______

8 A figura ao lado mostra uma armação de arame em forma de paralelepípedo. Nela, uma formiga percorreu o caminho pintado de verde e uma aranha percorreu o caminho pintado de azul.

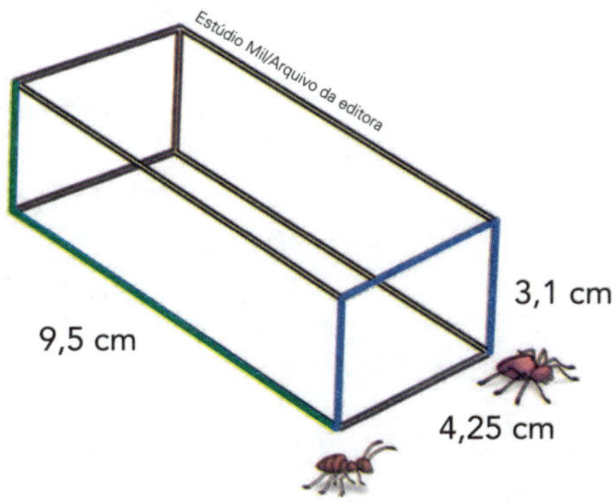

a) Qual animal percorreu a distância maior?

______

b) Quantos centímetros ele percorreu a mais do que o outro? ______

VAMOS VER DE NOVO?

As imagens não estão representadas em proporção.

1 POSSIBILIDADES

Jaroslaw Grudzinski/Shutterstock
Quiuí.

baibaz/Shutterstock
Maçã.

Jaroslaw Grudzinski/Shutterstock
Morango.

Jaroslaw Grudzinski/
Ameixa.

Maria Madalena tem 4 tipos de frutas, mostradas ao lado, para servir de sobremesa em seu restaurante.

a) Pedrinho vai comprar 2 frutas diferentes.
Quantas e quais são as possibilidades de escolha das frutas?

____

b) Ana vai comprar 2 frutas, que podem ou não ser iguais. Quantas possibilidades de escolha ela tem? ________________

c) Fausto vai comprar 3 frutas diferentes. Quantas e quais são as possibilidades de escolha que ele tem?

____

____

2

Em um saquinho foram colocadas as seguintes moedas.

Reprodução: Casa da Moeda do Brasil/Ministério da Fazenda

a) Tirando 1 moeda sem olhar, qual é o valor que tem mais chance de ser obtido? ________

b) Tirando 2 moedas, qual é o valor máximo que pode ser obtido? E o valor mínimo? ________________________

c) Tirando 2 moedas é possível que o valor total obtido seja de 30 centavos?

____

d) Tirando 3 moedas é possível que o valor total obtido seja de 30 centavos?

____

e) Tirando 2 moedas é certeza que o valor total obtido é maior do que 15 centavos? ________

3 ESTATÍSTICA

Veja o que vovó Marina perguntou a cada um de seus netos e netas.

> Qual é seu animal de estimação favorito: gato, coelho, peixe ou cachorro?

Veja as escolhas.

Renato: **cachorro**. Rute: **coelho**. José: **peixe**. Rogério: **cachorro**.
Paula: **gato**. Mariana: **gato**. Sérgio: **coelho**. Lucas: **coelho**.
Marcos: **gato**. Lauro: **cachorro**. Nina: **peixe**. Vanda: **gato**.

a) Complete a tabela e os gráficos de acordo com as respostas dadas.

Tabela

Animal	Marcas	Votos
Gato	☐	4
Coelho		
Peixe		
Cachorro		

Gráfico de barras

Gráfico de setores

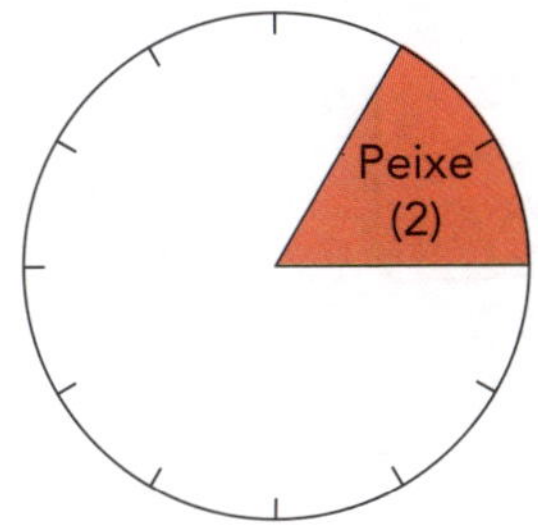

Tabela e gráficos elaborados para fins didáticos.

b) Agora, escreva pelo menos 3 conclusões a partir dos resultados da pesquisa.________________________________

____

4

Registre o número indicado pela seta em cada esquema, que está dividido em partes iguais. Nos itens **a** e **d** temos um número natural, no item **b**, um decimal e, no item **c**, uma fração.

a)

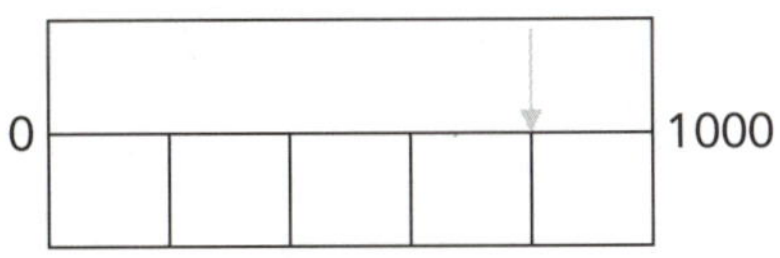

c)

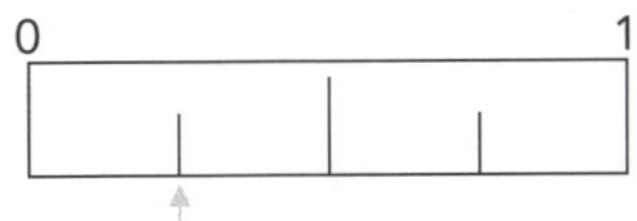

b)

d)

5 ESTIMATIVA E CALCULADORA

O número de minutos em 1 semana está mais próximo de 20 000, 10 000, 7 000 ou 1 000?

a) Faça uma estimativa e registre. ____________

b) Agora, use a calculadora, descubra o valor exato, complete a frase abaixo e verifique se sua estimativa foi boa ou não.

1 semana tem ______________ minutos.

6 É HORA DE DESENHAR!

Esboce os desenhos solicitados.

a) Um relógio de ponteiros com números em símbolos romanos, marcando 3 h e 30 min.

b) 4 notas somando um total de R$ 14,00.

c) Um triângulo no qual um dos ângulos é reto.

d) Uma região retangular com 3 cm de largura e perímetro de 15 cm.

e) Uma região retangular com 3 cm de largura e área de 15 cm^2.

f) Um círculo com $\frac{1}{3}$ pintado de azul e $\frac{2}{3}$ pintados de vermelho.

7 Observe a construção que Rute fez usando cubinhos coloridos.
Assinale a única figura, entre estas abaixo, que pode ser uma vista de cima da construção de Rute.

Ilustrações: Banco de imagens/Arquivo da editora

8 Analise o gráfico a seguir e responda às questões.

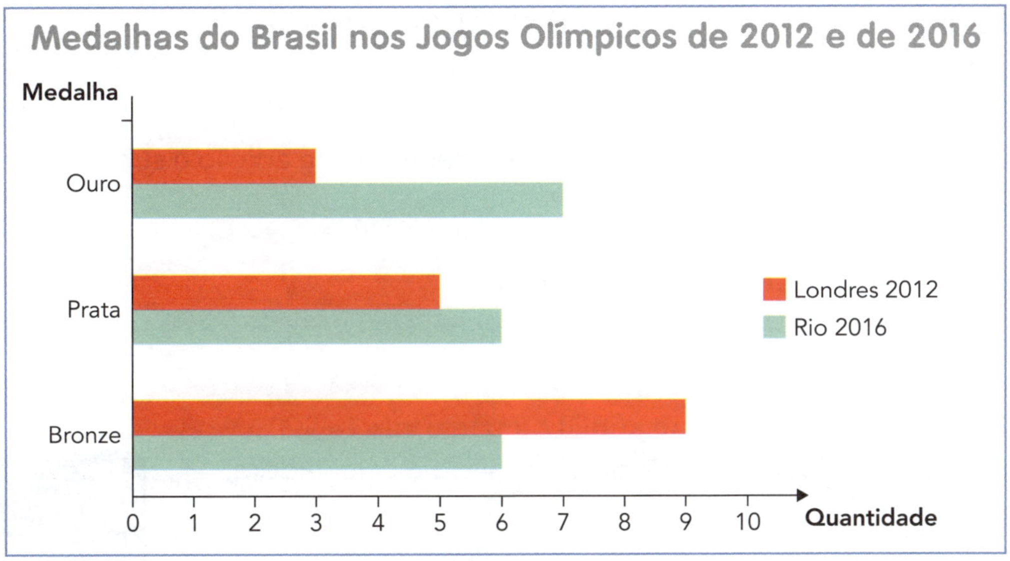

Banco de imagens/Arquivo da editora

Gráfico elaborado para fins didáticos.

Ingvar Bjork/Alamy/Latinstock

a) Em qual dessas edições dos Jogos Olímpicos o Brasil ganhou mais medalhas? Quantas a mais do que na outra? ________________

b) Que tipo de medalha o Brasil ganhou mais em Londres do que no Rio? Quantas a mais? ________________

c) Em qual dessas edições o Brasil ganhou menos do que 7 medalhas de prata?

____

d) Em qual dessas edições o Brasil ganhou exatamente 6 medalhas de ouro?

____

O QUE ESTUDAMOS

Introduzimos os decimais fazendo a correspondência com as frações de denominador 10 (décimos) e de denominador 100 (centésimos).

$0{,}3 = \frac{3}{10}$

$0{,}25 = \frac{25}{100}$

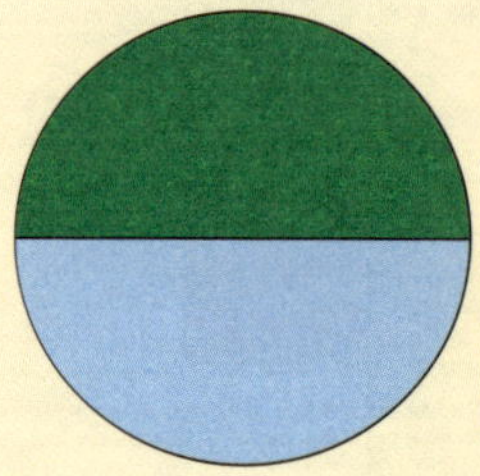

Banco de imagens/Arquivo da editora

Parte pintada de verde: $\frac{1}{2}$ ou 0,5 do círculo.

Usamos decimais em situações de medida, incluindo dinheiro.

5 mm = 0,5 cm 1 cm = 0,01 m 25 centavos = R$ 0,25

Fizemos comparação de decimais e vimos as operações de adição e subtração com decimais.

$0{,}7 < 0{,}9$

$2{,}3 > 1{,}85$

$$\begin{array}{r} 3{,}45 \\ +\ 2{,}73 \\ \hline 6{,}18 \end{array} \qquad \begin{array}{r} 4{,}3 \\ -\ 1{,}5 \\ \hline 2{,}8 \end{array}$$

Desenvolvemos atividades com decimais usando a calculadora.

Para efetuar 13,7 − 8,92 teclamos:

1 3 · 7 − 8 · 9 2 =

Obtemos no visor: 4.78 Logo, 13,7 − 8,92 = 4,78.

Banco de imagens/Arquivo da editora

Dan Kosmayer/Shutterstock/Glow Images

Resolvemos problemas que envolvem decimais.

Lívia comprou 1 caderno de R$ 5,70 e 1 caneta de R$ 2,50 e pagou com 1 nota de R$ 10,00.

Quanto ela recebeu de troco? R$ 1,80

$$\begin{array}{r} 5{,}70 \\ +\ 2{,}50 \\ \hline 8{,}20 \end{array} \qquad \begin{array}{r} 10{,}00 \\ -\ 8{,}20 \\ \hline 1{,}80 \end{array}$$

- Você tem respeitado os compromissos e as regras na sala de aula? Se sua resposta for não, então procure identificar quais atitudes você precisa modificar.
- E na hora de brincar, você tem respeitado as regras das brincadeiras? As regras ajudam na organização!

MENSAGEM DE FIM DE ANO

Decifre o código, descubra a mensagem e anote-a abaixo.

Código

15 ÷ 15	15 + 3	15 + 15	15 + 0	15 − 3	15 − 15	15 ÷ 3	15 × 3
A	É	S	O	F	R	B	I

Mensagem

___	___	___	___
5	15	1	30

Ilustrações: Estúdio Mil/Arquivo da editora

___	É	___	___	___	___ !
12	18	0	45	1	30

VOCÊ TERMINOU O LIVRO!

- Do que você gostou mais? Em que parte teve mais dificuldade? Converse com os colegas.
- Mostre o que pensa. Você já sabe: pode fazer colagens, desenhos ou escrever alguma coisa. Faça do seu jeito!

Estúdio Mil/Arquivo da editora.

- Agora, mostre ao professor e aos colegas o que você fez e veja também o trabalho deles.

No livro do 5º ano, você vai rever muitas coisas que estudou aqui e aprender uma porção de novidades.

Espero você lá!

O autor

GLOSSÁRIO

A

Algoritmo p. 130

Esquema para simplificar cálculos. As "continhas" são exemplos de algoritmo.

Algoritmo usual da adição

$$\begin{array}{r} {}^{1} \\ 38 \\ +\ 45 \\ \hline 83 \end{array}$$

Ângulo p. 308

As imagens não estão representadas em proporção.

Tipo de figura geométrica.

Os 2 ponteiros de um relógio (ponteiro das horas e ponteiro dos minutos), juntos, dão ideia de ângulo.

ThavornC/Shutterstock

ThavornC/Shutterstock

O ângulo formado às 9 horas é um ângulo reto.

Área p. 224

(ver **superfície**)

Medida de uma superfície.

Banco de imagens/Arquivo da editora
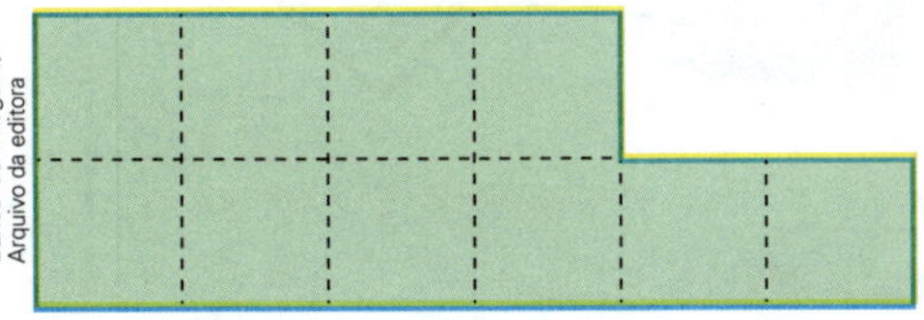

A área dessa região plana é 10 centímetros quadrados (10 cm^2).

Arredondamento p. 47

Aproximação para um número "mais redondo", "mais exato", para facilitar o cálculo.

Para calcular o valor aproximado de 597 + 398, arredondamos 597 para 600, 398 para 400 e efetuamos 600 + 400 = 1 000.

B

Bloco retangular ou paralelepípedo p. 57

Tipo de sólido geométrico.

A caixa de sapatos tem a forma do paralelepípedo.

Lana Langlois/Shutterstock/Glow Images

Caixa de sapatos.

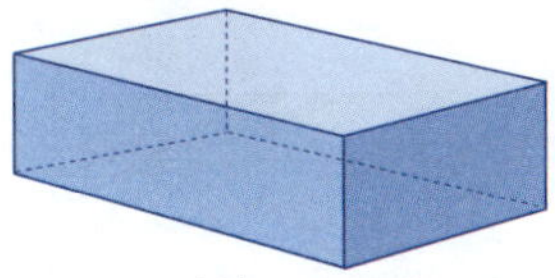
Banco de imagens/Arquivo da editora

Paralelepípedo.

C

Capacidade p. 33

Tipo de grandeza que pode ser medida por mililitro, litro, etc.

A medida da capacidade de uma caixa-d'água pode ser 500 L, 1 000 L, etc.

Centésimo p. 291

Uma das cem partes iguais em que foi dividida a unidade.

Banco de imagens/Arquivo da editora
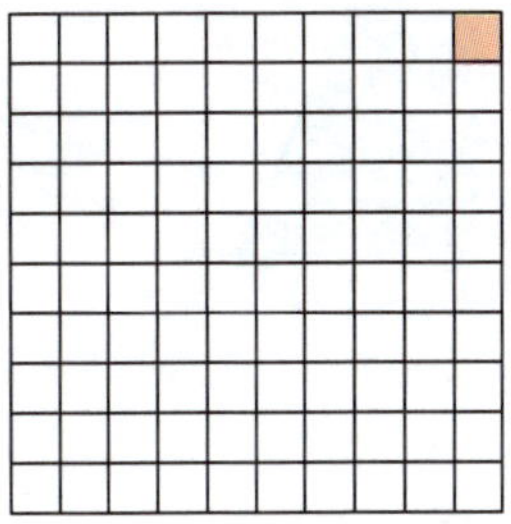

Representação fracionária: $\frac{1}{100}$

Representação decimal: 0,01

Centésimo na numeração ordinal p. 291

Indica a posição número 100 em uma ordenação.

Em uma fila com 100 pessoas, a última pessoa é a centésima (100ª) da fila.

Centímetro quadrado p. 242

Área correspondente a uma região quadrada com 1 centímetro de lado.

A abreviatura de centímetro quadrado é cm^2.

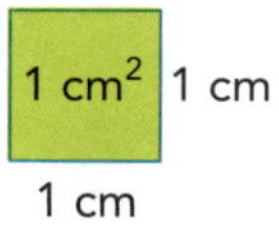

Cilindro p. 58

Tipo de sólido geométrico.

Algumas latas, como esta, têm a forma de cilindro.

Lata.

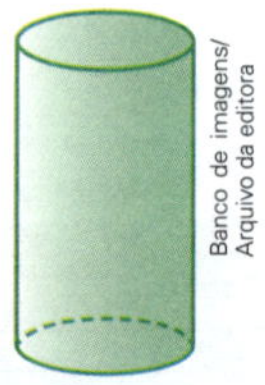

Cilindro.

Comprimento p. 58

Tipo de grandeza que pode ser medida com o palmo, o passo, o metro, o quilômetro, etc.

A medida do comprimento deste lápis é 5 centímetros.

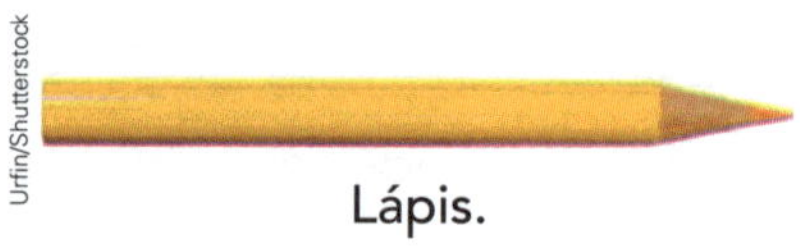

Lápis.

Cone p. 58

Tipo de sólido geométrico.

O chapéu tem a forma de cone.

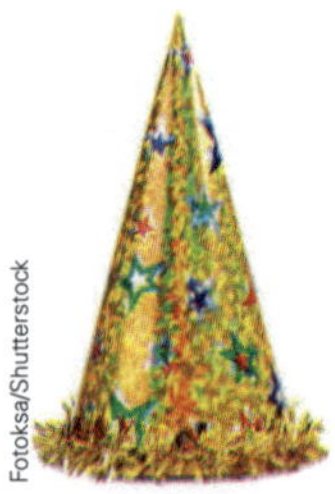

Chapéu.

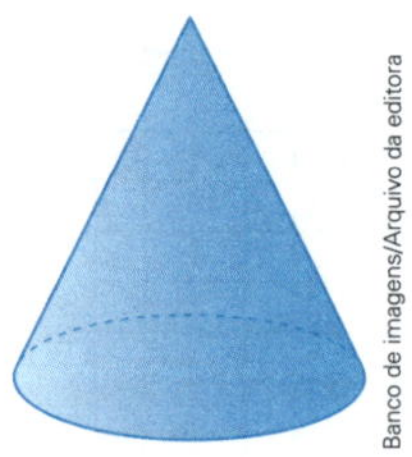

Cone.

Contorno p. 73

Observe uma região plana e seu contorno.

Região plana.

Contorno.

Cubo p. 55

Tipo de sólido geométrico.

O dado tem a forma de cubo.

Dado.

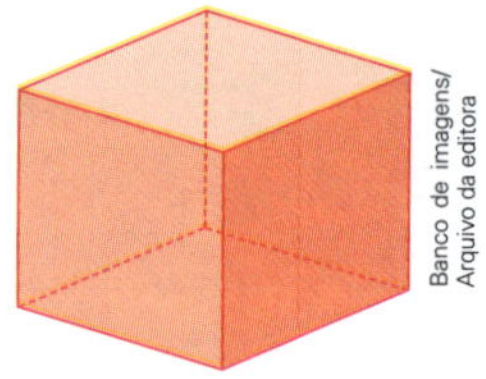

Cubo.

D

Década p. 105

Unidade de medida de tempo que corresponde a 10 anos.

Decimal p. 285

Nome que damos a um número quando ele aparece representado com vírgula (forma decimal).

As imagens não estão representadas em proporção.

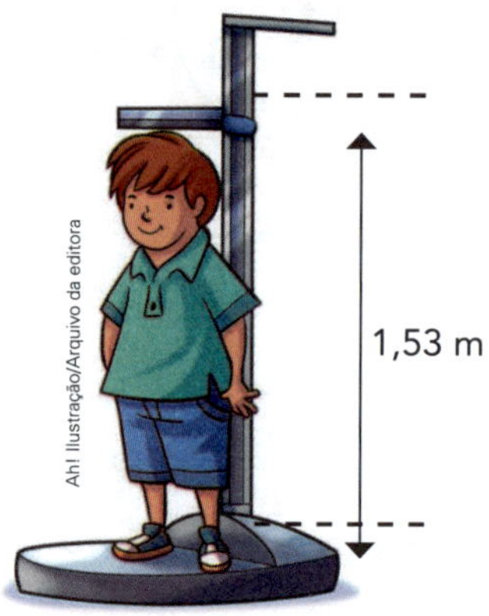

Pizza.

Décimo p. 285

Uma das dez partes iguais em que foi dividida a unidade.

Representação fracionária: $\frac{1}{10}$

Representação decimal: 0,1

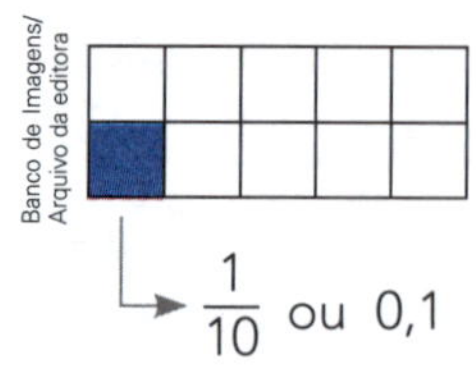

$\frac{1}{10}$ ou 0,1

Décimo na numeração ordinal p. 285

Indica a posição número 10 em uma ordenação.

Outubro é o décimo (10º) mês do ano.

Denominador de uma fração p. 260

Indica em quantas partes iguais o todo (ou a unidade) foi dividido.

A unidade foi dividida em 5 partes iguais e foram pintadas 2 partes de verde.

Parte pintada de verde: $\frac{2}{5}$ ← numerador ← denominador

Diferença ou resto p. 139

Resultado da subtração.

Em 35 − 7 = 28, a diferença ou resto é 28.

A diferença entre 728 e 3 é 725, pois 728 − 3 = 725.

Dimensão p. 58

Veja o desenho de figuras com 3 dimensões, 2 dimensões e 1 dimensão.

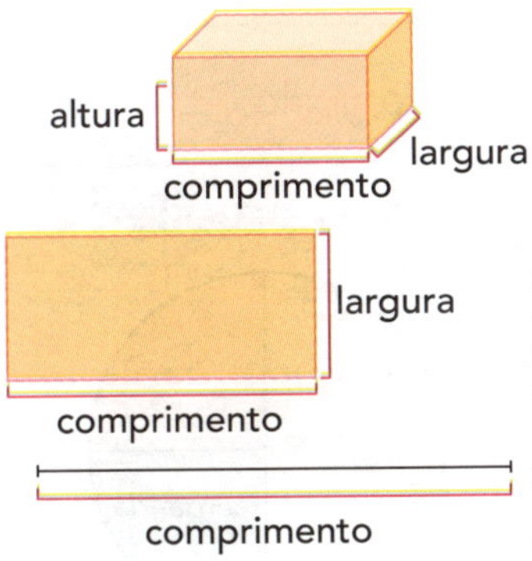

Dividendo p. 192

O primeiro número da divisão.

600 ÷ 20 = 30

↑

dividendo

Divisor p. 192

O segundo número da divisão.

500 ÷ 10 = 50

↑

divisor

E

Eixo de simetria p. 68

(ver **simetria**)

Esfera p. 58

Tipo de sólido geométrico.

A bola de futebol tem a forma de esfera.

Bola de futebol.

Esfera.

Estatística p. 24

Parte da Matemática que estuda a coleta de dados e a elaboração e a interpretação de tabelas, gráficos, etc.

Vamos representar a quantidade de cada vogal na sentença a seguir.

A Matemática está presente em tudo.

Tabela das vogais

Vogal	Marcas
A	⧄
E	⧄ |
I	|
O	|
U	|

Gráfico das vogais

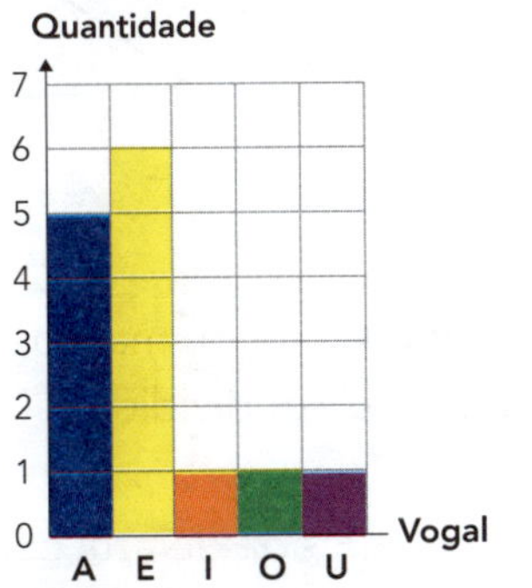

Tabela e gráfico elaborados para fins didáticos.

A vogal **E** foi a que apareceu mais vezes.

As vogais **I**, **O** e **U** apareceram 1 vez cada uma.

A vogal **A** apareceu 5 vezes.

Estimativa p. 58

Avaliação ou cálculo aproximado de algo.

De acordo com estimativas do IBGE, o município de Lagoa Santa, em Goiás, tinha 1 463 habitantes em 2016.

F

Fator p. 173

Cada um dos números que são multiplicados para obter o resultado de uma multiplicação.

Em $5 \times 4 = 20$, os fatores são 5 e 4.

Figura geométrica p. 54

Nome que podemos dar aos sólidos geométricos, às regiões planas e aos contornos.

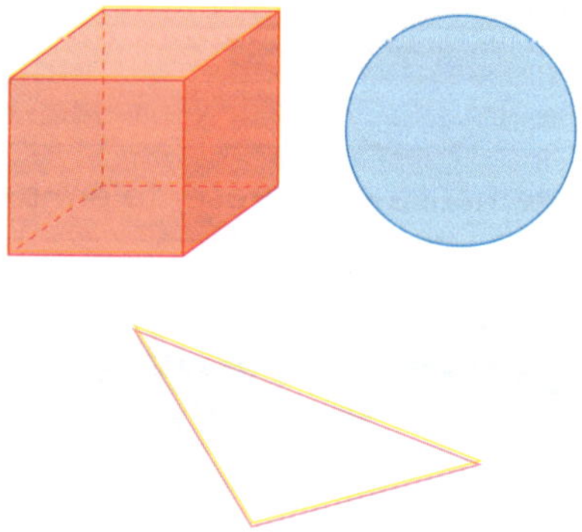
Banco de imagens/Arquivo da editora

O cubo, o círculo e o triângulo são exemplos de figuras geométricas.

Também são figuras geométricas:

Fração p. 259

Forma de representar uma ou mais partes iguais em que um todo (unidade) foi dividido.

A parte pintada de azul corresponde a $\frac{1}{4}$ da região quadrada.

$\frac{2}{3}$ de 6 = 4, pois $6 \div 3 = 2$

e

$2 \times 2 = 4$

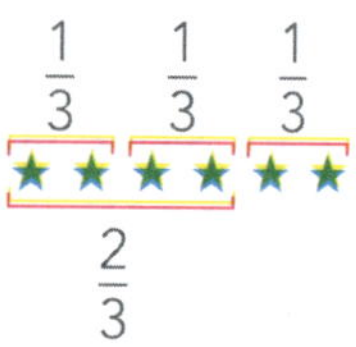

G

Geometria p. 66

Parte da Matemática que estuda as figuras como quadrado, cone, círculo, etc.

Gráfico p. 24

Uma forma de registrar informações.

O resultado de uma pesquisa sobre a cor predileta em um grupo de pessoas está registrado no gráfico de barras a seguir.

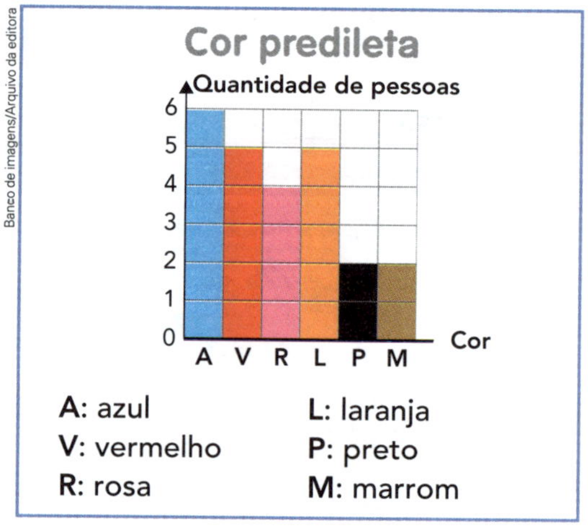

Banco de imagens/Arquivo da editora

Veja mais 2 tipos de gráfico.

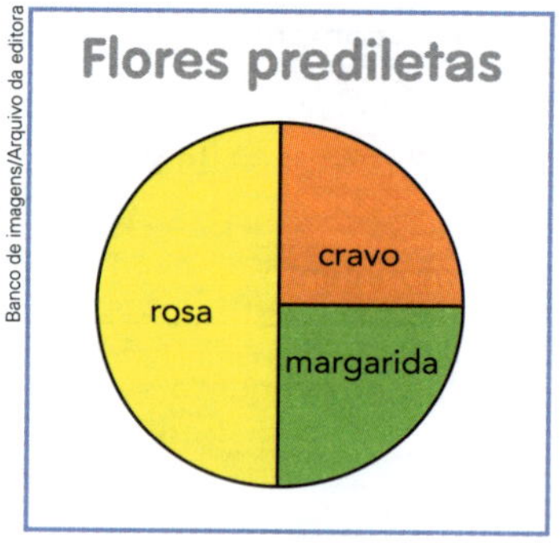

Banco de imagens/Arquivo da editora

Banco de imagens/Arquivo da editora

Gráficos elaborados para fins didáticos.

Grama p. 33

Unidade de medida de massa.

A abreviatura de grama é g.

1 quilograma corresponde a 1 000 gramas.

Ana comprou 200 g (duzentos gramas) de maçãs.

Grau Celsius p. 110

Unidade de medida de temperatura usada no Brasil.
O símbolo de grau Celsius é °C.

H

Hexágono p. 79

(ver **polígono**)

L

Lado de um polígono p. 78

(ver **polígono** e **segmento de reta**)

Cada segmento de reta que forma o polígono.

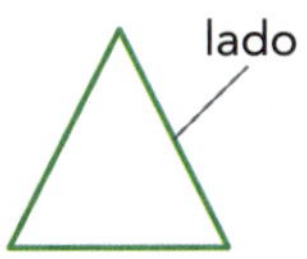

Polígono de 3 lados (triângulo).

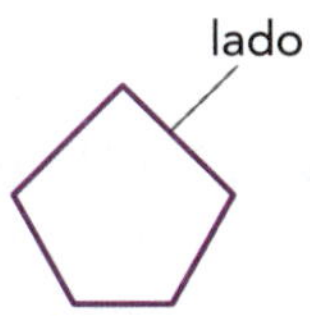

Polígono de 5 lados (pentágono).

Ilustrações: Banco de imagens/Arquivo da editora

Litro p. 33

Unidade de medida de capacidade.
A abreviatura do litro é L.

O leite costuma ser vendido em caixas ou em garrafas com capacidade de 1 litro.

Lucro p. 150

Ganho que se obtém em uma situação de compra e venda.

Um comerciante comprou um objeto por R$ 20,00 e o vendeu por R$ 22,00. Ele teve um lucro de R$ 2,00 na venda desse objeto.

$$22 - 20 = 2$$

M

Massa p. 33

Tipo de grandeza que pode ser medido em gramas, miligramas, quilogramas, toneladas, etc.
A medida da massa ("peso") de um elefante adulto é, aproximadamente, 5000 kg ou 5 t.

Material dourado p. 25

Material pedagógico útil para trabalhar vários assuntos da Matemática, principalmente o sistema de numeração decimal.

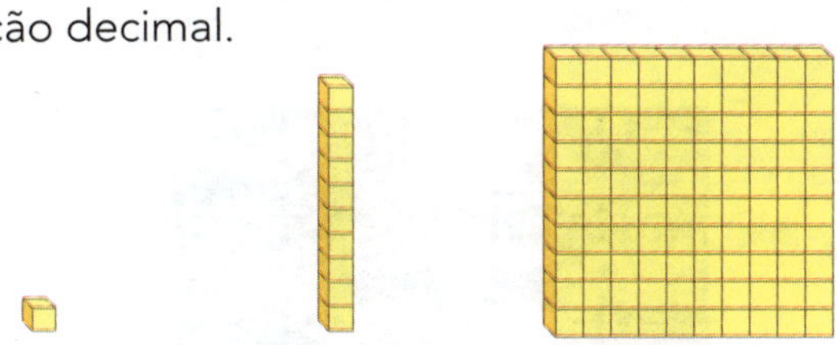
Cubinho. Barrinha. Placa.

Ilustrações: Banco de imagens/Arquivo da editora

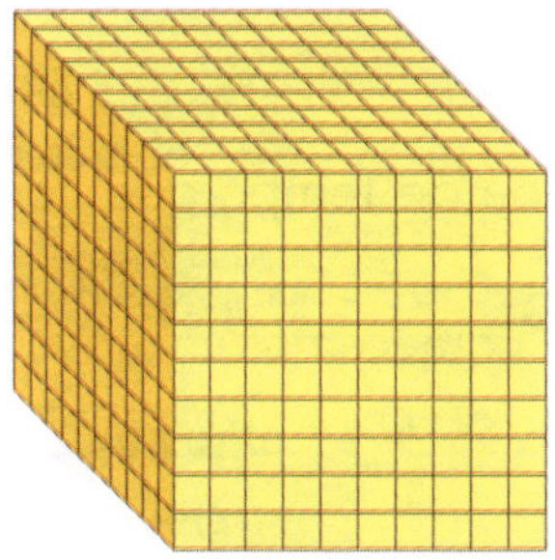
Cubo.

O cubinho representa a unidade.
A barrinha contém 10 cubinhos e representa a dezena.
A placa contém 10 barrinhas, ou 100 cubinhos, e representa a centena.
O cubo contém 10 placas, ou 100 barrinhas, ou 1 000 cubinhos, e representa a unidade de milhar.
O material dourado pode ser usado também no estudo de frações e decimais. Se a placa representar a unidade (1), então a barrinha representará o décimo $\left(\frac{1}{10} \text{ ou } 0{,}1\right)$ e o cubinho representará o centésimo $\left(\frac{1}{100} \text{ ou } 0{,}01\right)$.

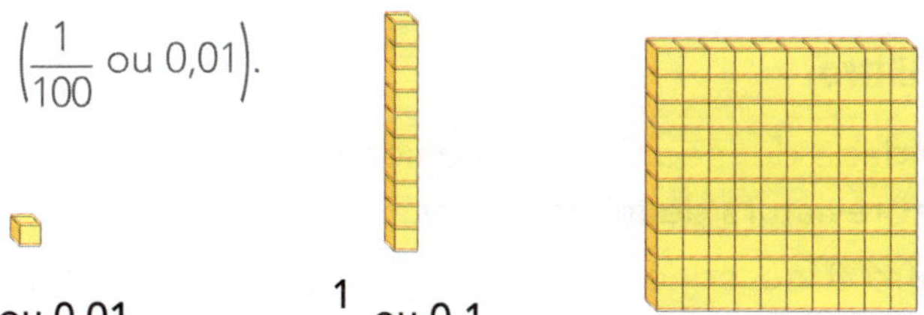
$\frac{1}{100}$ ou 0,01 $\frac{1}{10}$ ou 0,1 1

Ilustrações: Banco de imagens/Arquivo da editora

Metro p. 33

Unidade de medida de comprimento.
A abreviatura do metro é m.

A largura de uma porta comum tem aproximadamente 1 metro.

Metro quadrado p. 243

Área correspondente a uma região quadrada com 1 metro de lado.
A abreviatura de metro quadrado é m^2.

Uma sala de 5 m por 3 m tem área de 15 m^2.

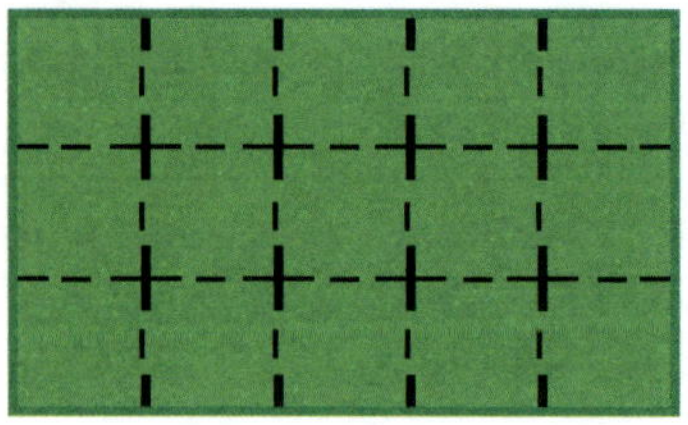

Banco de imagens/Arquivo da editora

Milênio p. 32

Unidade de medida de tempo que corresponde a 1 000 anos.

Em janeiro de 2001 começamos um novo milênio, que vai até o fim do ano 3000.

Milhar p. 37

Grupo de mil unidades (1 000).

No número 3746 o algarismo 3 indica 3 unidades de milhar, ou seja, 3 × 1 000 = 3 000.

Miligrama p. 93

Unidade de medida de massa ("peso").
A abreviatura de miligrama é mg.

1 grama corresponde a 1 000 miligramas.

A massa de um inseto geralmente é indicada em miligramas: 8 mg, 125 mg, etc.

Mililitro p. 33

Unidade de medida de capacidade.
A abreviatura de mililitro é mL.

1 litro corresponde a 1 000 mililitros.

Algumas garrafas de água têm 500 mL.

Milímetro p. 231

Unidade de medida de comprimento que corresponde à décima parte de 1 centímetro.
A abreviatura de milímetro é mm.

1 milímetro é a distância entre 2 risquinhos vizinhos desta régua.

Christos Siatos/Shutterstock

A medida do comprimento do segmento de reta vermelho é 2 cm e 6 mm ou 26 mm.

Milionésimo na numeração ordinal p. 40

Indica a posição de um milhão em uma ordenação.
Indicamos assim: 1 000 000º.

Minuendo p. 144

O primeiro número da subtração.

21 − 3 = 18
↑
minuendo

N

Numerador de uma fração p. 260

Indica quantas das partes iguais do todo ou da unidade foram consideradas.

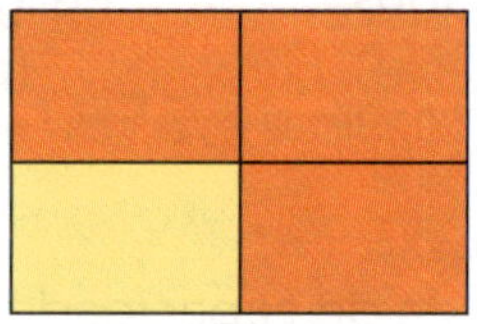

A unidade foi dividida em 4 partes iguais e foram pintadas 3 partes de laranja.

Parte pintada de laranja: $\frac{3}{4}$ ← numerador (3) ← denominador (4)

Número p. 21

Ideia matemática que expressa quantidade, medida, código ou ordenação.

Na sala há 6 pessoas.

Comprei 1,5 m de tecido.

O DDD da cidade de São Paulo é 11.

Marcelo é o 2º mais alto da turma.

O

Operação p. 128

Associa 2 números a um terceiro número.

Operação de adição: 300 + 400 = 700	Operação de multiplicação: 5 × 300 = 1 500
Operação de subtração: 900 − 100 = 800	Operação de divisão: 600 ÷ 3 = 200

Operações inversas p. 145

- A adição e a subtração são operações inversas entre si.

  200 + 300 = 500   500 − 300 = 200
  300 + 200 = 500   500 − 200 = 300

- A multiplicação e a divisão também são operações inversas entre si.

  5 × 20 = 100   100 ÷ 20 = 5
  20 × 5 = 100   100 ÷ 5 = 20

Ordem em um número p. 45

Cada algarismo ocupa uma posição ou uma ordem na representação de um número.

9 326 é um número de 4 ordens.

- 6 → 1ª ordem ou ordem das unidades
- 2 → 2ª ordem ou ordem das dezenas
- 3 → 3ª ordem ou ordem das centenas
- 9 → 4ª ordem ou ordem das unidades de milhar

P

Paralelepípedo p. 57

(ver **bloco retangular**)

Parcela p. 132

Cada um dos números que são adicionados para obter o resultado de uma adição.

Em 10 + 5 = 15, as parcelas são 10 e 5.

Pentágono p. 75

(ver **polígono**)

Perímetro p. 225

Comprimento de um contorno.

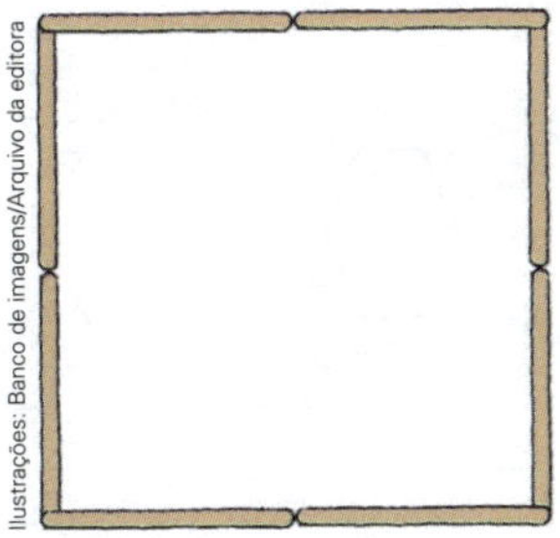

Ilustrações: Banco de imagens/Arquivo da editora

A medida do perímetro deste quadrado é 8 palitos.

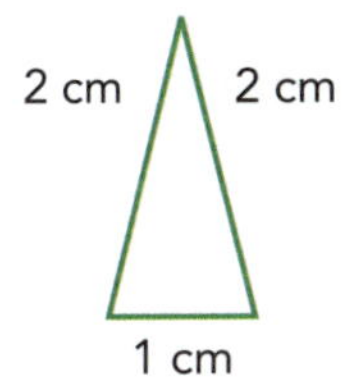

A medida do perímetro deste triângulo é 5 cm.

Pirâmide p. 61

Tipo de sólido geométrico.

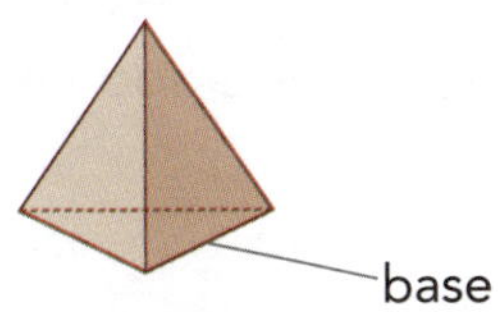

Pirâmide de base triangular.

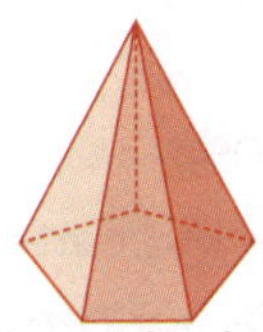

Pirâmide de base pentagonal.

Ilustrações: Banco de imagens/Arquivo da editora

Planificação p. 63

Região plana que se obtém desmontando a "casca" de um sólido geométrico.

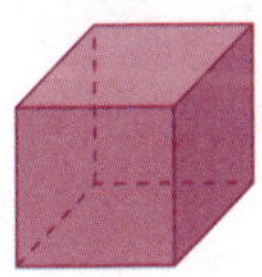

Cubo.

Cubo planificado.

Ilustrações: Banco de imagens/Arquivo da editora

Polígono p. 77

(ver **contorno** e **segmento de reta**)

Contorno formado apenas por segmentos de reta.

São polígonos:

Não são polígonos:

Ilustrações: Banco de imagens/Arquivo da editora

Os polígonos recebem nomes de acordo com o número de lados.

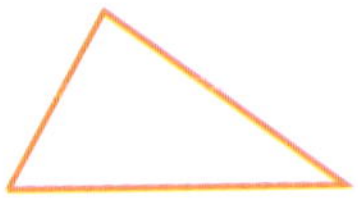

3 lados.
Triângulo.

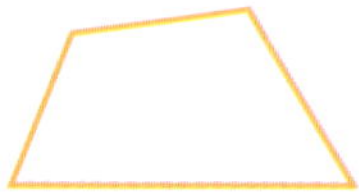

4 lados.
Quadrilátero.

Ilustrações: Banco de imagens/Arquivo da editora

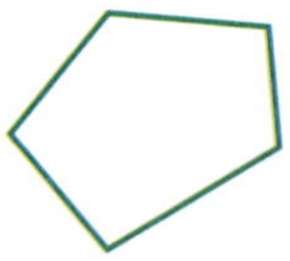

5 lados.
Pentágono.

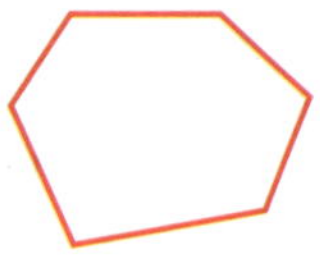

6 lados.
Hexágono.

Porcentagem p. 274

Parte de um todo (ou total) considerado cem por cento (100%).

Podemos indicar a metade de um todo por 50% (cinquenta por cento).

A quarta parte de um todo pode ser indicada por 25%.

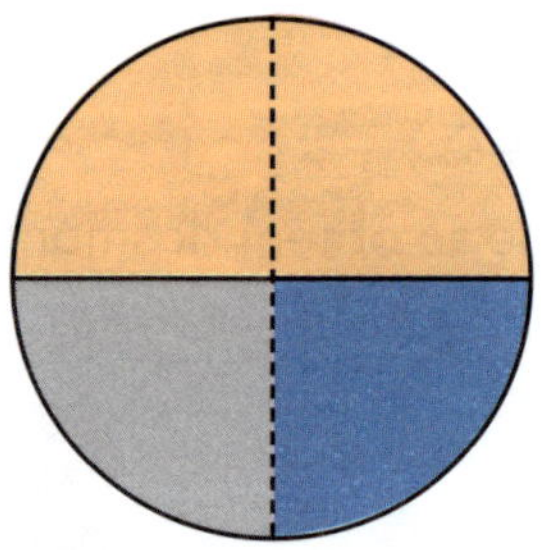

Círculo todo: 100%
Parte laranja: 50%
Parte azul: 25%

Possibilidade p. 160

Cada fato que tem chance de ocorrer em uma situação.

Quando lançamos um dado, há 6 possibilidades de resultado. Sair o 6 é uma possibilidade.

Quando lançamos uma moeda, há 2 possibilidades de resultado.

Coroa.

Cara.

Reprodução/Casa da Moeda do Brasil/Ministério da Fazenda

Dado.

oriori/Shutterstock

Prejuízo p. 150

Perda que se tem em uma situação de compra e venda.

Um comerciante comprou um objeto por R$ 30,00 e o vendeu por R$ 27,00. Ele teve um prejuízo de R$ 3,00 na venda desse objeto.

$$30 - 27 = 3$$

Prisma p. 60

Tipo de sólido geométrico.

As imagens não estão representadas em proporção.

Calendário.

Visualhunter/Shutterstock/Glow Images

Lápis.

Eduardo Santaliestra/Arquivo da editora

O calendário de mesa lembra um prisma de base triangular.

O lápis sextavado lembra um prisma de base hexagonal.

A posição das mãos mostra que o prisma tem sempre 2 faces paralelas.

Estúdio Mil/Arquivo da editora

Probabilidade p. 273

Medida da chance de algo ocorrer.

Em um saquinho há 5 bolas: 4 vermelhas e 1 branca. Ao retirar 1 bola ao acaso, sem olhar, a probabilidade de sair uma vermelha é $\frac{4}{5}$ (4 em 5).

Produto p. 159

Resultado da multiplicação.

Em $10 \times 500 = 5000$, o produto é 5000.

O produto de 6 e 8 é 48, pois $6 \times 8 = 48$.

Q

Quadrilátero p. 79

(ver **polígono**)

Quilograma p. 27

Unidade de medida de massa.

A abreviatura de quilograma é kg.

Nos supermercados encontramos pacotes de arroz, sal e feijão com "peso" de 1 kg.

Photology1971/Shutterstock

1 kg de arroz.

Quilômetro p. 33

Unidade de medida de comprimento.

A abreviatura de quilômetro é km.

1 quilômetro tem 1000 metros.

Quilômetro quadrado p. 43

Área correspondente a uma região quadrada que tem 1 quilômetro de lado.

A abreviatura de quilômetro quadrado é km^2.

Quociente p.192

Resultado da divisão.

Em $800 \div 4 = 200$, o quociente é 200.

O quociente de 15 por 3 é 5, pois $15 \div 3 = 5$.

R

Região plana p. 77

Figura geométrica que obtemos quando desmontamos a "casca" de alguns sólidos geométricos.

A folha de caderno, o fundo de uma lata de leite em pó, a face do dado, etc. lembram regiões planas.

Veja algumas delas e seus respectivos nomes, de acordo com a forma que têm.

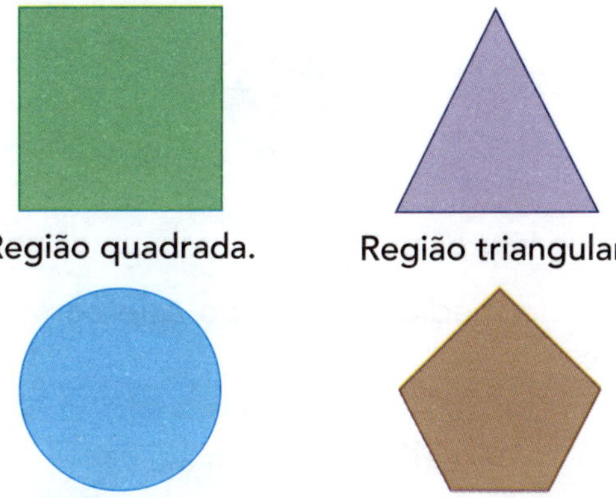

Ilustrações: Banco de imagens/Arquivo da editora

Região poligonal p. 82

(ver **polígono**)

Região plana cujo contorno é um polígono.

São regiões poligonais:

Ilustrações: Banco de imagens/Arquivo da editora

Resto na divisão p. 192

O que sobra em uma divisão.

Quando repartimos igualmente 7 canetas para 3 crianças, cada uma recebe 2 canetas e sobra 1 caneta.

dividendo → 7 | 3 ← divisor

− 6 | 2 ← quociente

resto → 1

Dizemos que uma divisão é exata quando o resto é 0 (zero), e é não exata quando o resto é diferente de 0.

Resto na subtração p. 139

(ver **diferença** ou **resto**)

Resultado aproximado p. 133
(ver **arredondamento**)
Resultado obtido por arredondamentos.
Para termos ideia de quanto é 497 + 305, arredondamos 497 para 500, 305 para 300 e efetuamos 500 + 300 = 800.
Então, 800 é um resultado aproximado de 497 + 305.
Um caderno custa R$ 4,95. Se Ana comprar 4 cadernos, vai gastar aproximadamente R$ 20,00 (4 × 5 = 20).

S

Século p. 164

Unidade de medida de tempo que corresponde a 100 anos.
Em janeiro de 2001 começamos o século XXI, que vai até o fim do ano 2100.

Segmento de reta p. 75

Figura que indica o caminho mais curto que liga 2 pontos.

Os pontos **A** e **B** são chamados extremidades ou extremos do segmento de reta acima.
Representação desse segmento de reta: $\overline{AB}$ ou $\overline{BA}$.

Segundo p. 99

Unidade de medida de tempo.
A abreviatura de segundo é s.
1 minuto tem 60 segundos.

Simetria p. 68
As figuras abaixo apresentam simetria em relação ao eixo.

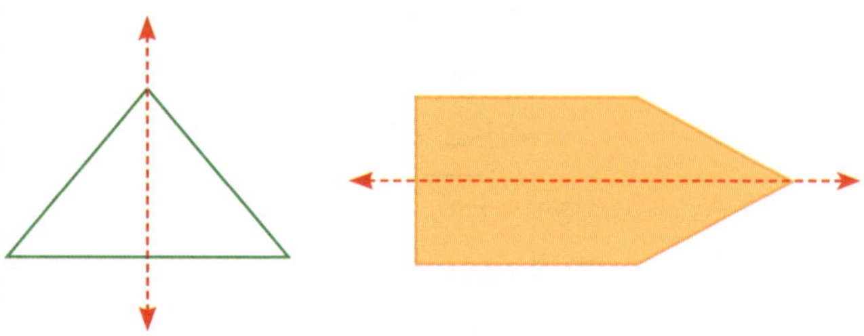

Ilustrações: Banco de imagens/Arquivo da editora

Se dobrássemos cada figura pela linha tracejada (eixo de simetria), suas 2 partes coincidiriam.

Sistema de numeração p. 14
Conjunto de símbolos e regras que permite representar números.
Veja a quantidade **treze** representada em vários sistemas de numeração.

Egípcio.

Maia.

XIII

Romano.

13

Indo-arábico (nosso).

Sistema de numeração decimal p. 21
É o sistema de numeração que usamos.
Ele tem 10 símbolos (algarismos):
0, 1, 2, 3, 4, 5, 6, 7, 8 e 9.
Agrupamos de 10 em 10 para contar.
A posição de cada algarismo no número é importante.

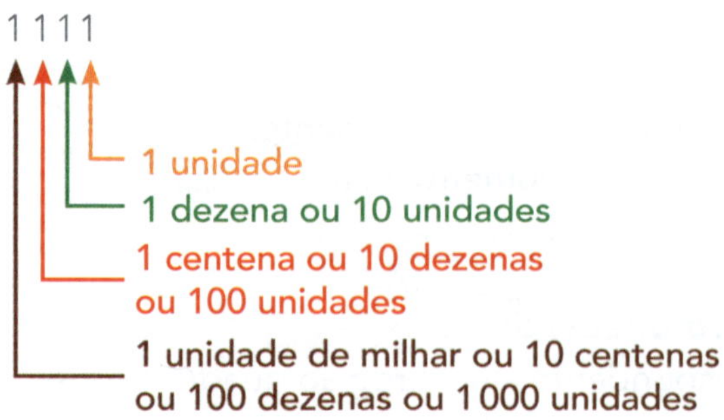

Sólido geométrico p. 55
O dado, a bola, a caixa de sapatos, o calendário de mesa, o chapéu de palhaço, a lata de tinta lembram sólidos geométricos.

Veja o desenho de sólidos geométricos e seu nome de acordo com sua forma.

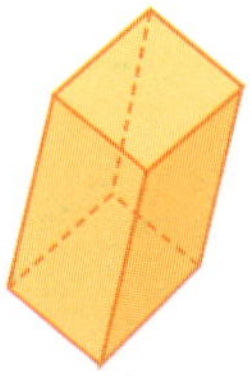

Paralelepípedo ou bloco retangular.

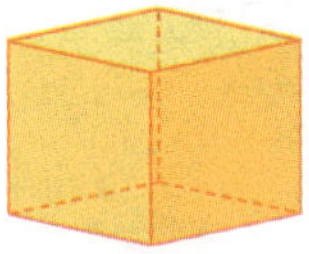

Cubo.

Ilustrações: Banco de imagens/Arquivo da editora

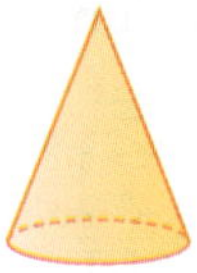

Cone.

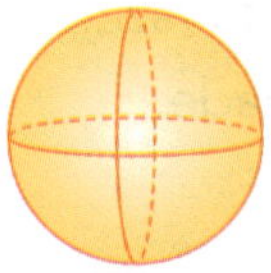

Esfera.

Cilindro.

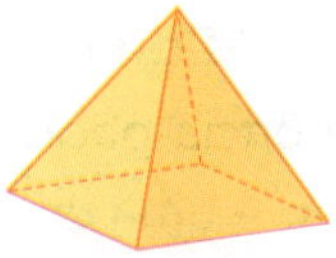

Pirâmide de base quadrada.

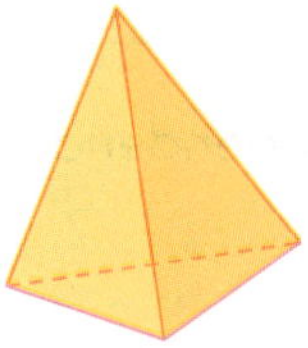

Pirâmide de base triangular.

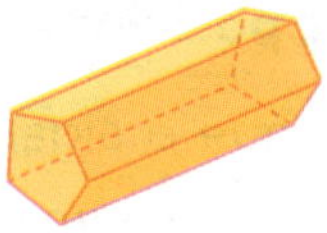

Prisma de base pentagonal.

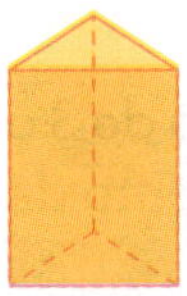

Prisma de base triangular.

A esfera e o cone são exemplos de sólidos geométricos que podem rolar, dependendo da posição em que são colocados sobre uma mesa.
O cubo e a pirâmide não rolam.

Soma p. 132

Resultado da adição.

Em 312 + 17 = 329, a soma é 329.

A soma de 2 e 3 é 5, pois 2 + 3 = 5.

Subtraendo p. 139

O segundo número da subtração.

$$\begin{array}{r} 6\,199 \\ -\ 2\,178 \\ \hline 4\,021 \end{array} \longleftarrow \text{subtraendo}$$

Superfície p. 240

A face de um dado, uma folha de papel, o piso de uma sala, o território de um país, etc. lembram superfícies.
A medida de uma superfície é sua área.

A medida da superfície do Brasil ou sua área é aproximadamente 8 515 767 quilômetros quadrados.

Allmaps/Arquivo da editora

Fonte de consulta: **Atlas geográfico escolar**. 6. ed. Rio de Janeiro: IBGE, 2012.

A área correspondente a uma região quadrada com 1 centímetro de lado é 1 centímetro quadrado.

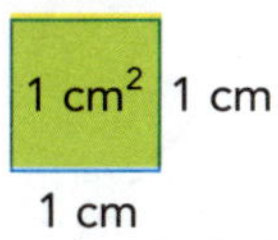

T

Tabela p. 160
Diagrama em que se colocam figuras, números, etc. para fornecer alguma informação.

Tabela com as possibilidades de combinar 2 cores e 3 figuras geométricas

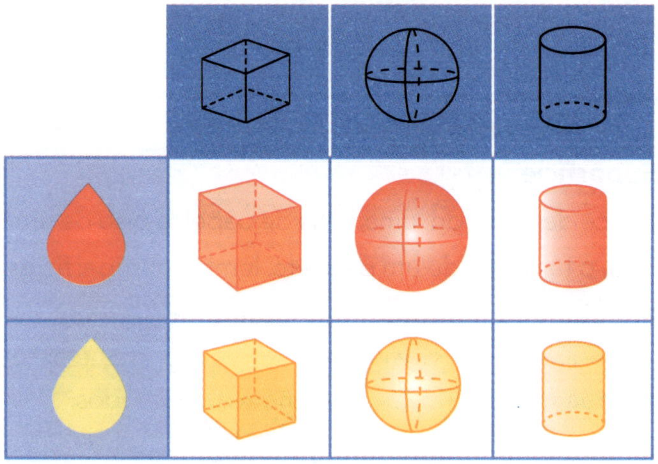

Ilustrações: Banco de imagens/Arquivo da editora

Tabela elaborada para fins didáticos.

São 6 possibilidades de combinação.

Temperatura p. 110
Tipo de grandeza que, ao ser medida, indica se está "mais quente" ou "mais frio".
A unidade de medida de temperatura usada no Brasil é o grau Celsius (°C).

Tempo p. 104
Tipo de grandeza que pode ser medida usando as unidades minuto, hora, dia, semana, mês, ano, etc.
Júlia demorou 15 minutos no banho.

Tonelada p. 21
Unidade de medida de massa que corresponde a 1 000 quilogramas.
A abreviatura de tonelada é t.

Triângulo p. 79
(ver **polígono**)
Polígono de 3 lados (*tri* significa 'três').
Veja o desenho de alguns triângulos.

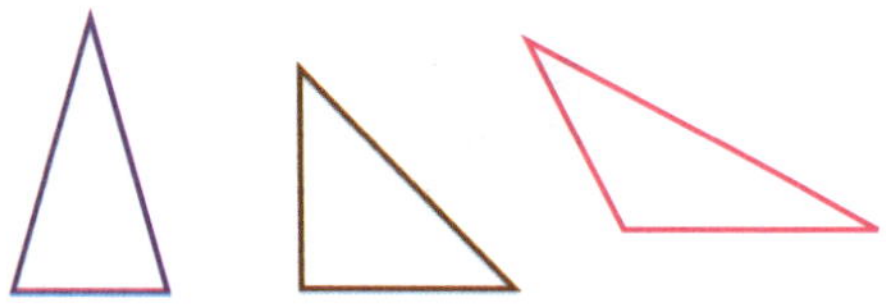

Ilustrações: Banco de imagens/Arquivo da editora

Troco p. 138
Dinheiro recebido de volta no pagamento de uma compra.
Noemi pagou uma compra de R$ 80,00 com 1 nota de R$ 100,00. Ela recebeu R$ 20,00 de troco.
100 − 80 = 20

U

Unidade p. 25

Quando fazemos 1 contagem, cada elemento é 1 unidade.

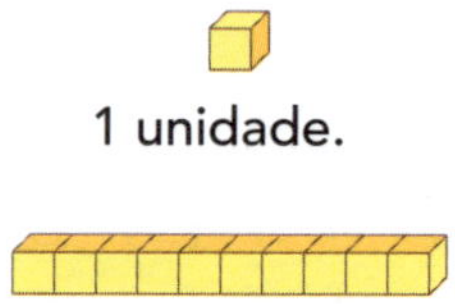

Ilustrações: Banco de imagens/Arquivo da editora

Unidade de medida p. 93
Referência-padrão para realizar uma medição.
O litro é uma unidade de medida de capacidade, e a hora é uma unidade de medida de tempo.

V

Valor posicional de um algarismo p. 51

Valor que o algarismo assume dependendo de sua posição no número.

1 213
Valor posicional: 1 000
Valor posicional: 10

Vértice p. 58

Ponto de encontro de 3 ou mais arestas em um sólido geométrico, ou ponto de encontro de 2 lados em um polígono.

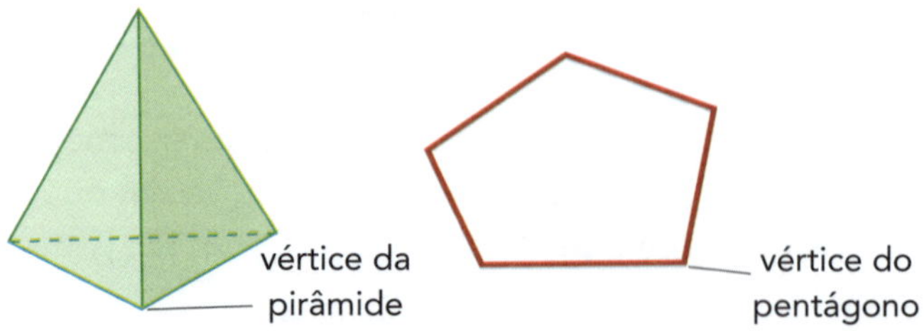

Ilustrações: Banco de imagens/Arquivo da editora

BIBLIOGRAFIA

ALFONSO, Bernardo. ***Numeración y cálculo***. 3. ed. Madrid: Síntesis, 2000.

ALVES, Eva Maria Siqueira. ***A ludicidade e o ensino de Matemática:* uma prática possível**. Campinas: Papirus, 2001.

AMARAL, Ana; CASTILHO, Sônia Fiuza da Rocha. ***Metodologia da Matemática:* aprendizagem nas séries iniciais**. 4. ed. Belo Horizonte: Vigília, 1990. v. 1, 2 e 3.

BORIN, Júlia. ***Jogos e resolução de problemas:* uma estratégia para as aulas de Matemática**. São Paulo: CAEM-USP, 2004. v. 6.

BRASIL, Luís Alberto S. ***Aplicações da teoria de Piaget ao ensino da Matemática***. Rio de Janeiro: Forense Universitária, 1977.

BRASIL. Ministério da Educação. Secretaria de Educação Fundamental. ***Parâmetros Curriculares Nacionais* – Matemática**. Brasília, 1997.

BRIGHT, George W. et al. ***Principles and Standards for School Mathematics:* Navigations Series**. 3. ed. Reston: NCTM, 2007.

BRIZUELA, Bárbara M. ***Desenvolvimento matemático na criança:* explorando notações**. Porto Alegre: Artmed, 2006.

BUORO, Anamelia Bueno. ***Olhos que pintam:* a leitura da imagem e o ensino da arte**. São Paulo: Cortez, 2003.

CERQUETTI-ABERKANE, Françoise; BERDONNEAU, Catherine. ***O ensino da Matemática na Educação Infantil***. Tradução de Eunice Gruman. Porto Alegre: Artmed, 1997.

COLL, César; TEBEROSKY, Ana. ***Aprendendo Matemática***. São Paulo: Ática, 2000.

D'AMBRÓSIO, Ubiratan. ***Educação Matemática:* da teoria à prática**. 2 e 3. ed. Campinas: Papirus, 2013.

D'AMORE, Bruno. ***Epistemologia e didática da Matemática***. São Paulo: Escrituras, 2005. (Coleção Ensaios Transversais).

DANTE, Luiz Roberto. ***Formulação e resolução de problemas de Matemática:* teoria e prática**. São Paulo: Ática, 2010.

DORNELES, Beatriz V. ***Escrita e número:* relações iniciais**. Porto Alegre: Artmed, 1998.

DUHALDE, María Elena; CUBERES, María T. G. ***Encontros iniciais com a Matemática:* contribuições à Educação Infantil**. Porto Alegre: Artmed, 1997.

FAZENDA, Ivani C. ***Didática e interdisciplinaridade***. 17. ed. Campinas: Papirus, 2013.

FERREIRA, Mariana K. L. (Org.). ***Ideias matemáticas de povos culturalmente distintos***. São Paulo: Global/Fapesp, 2002.

FONSECA, Maria da Conceição F. R. (Org.). ***Letramento no Brasil:* habilidades matemáticas**. São Paulo: Global/ Ação Educativa/Instituto Paulo Montenegro, 2004.

GAZZETTA, Marineusa (Coord.); D'AMBRÓSIO, Ubiratan et al. ***Iniciação à Matemática***. Campinas: Ed. da Unicamp, 1986. v. 1, 2 e 3.

***GEOMETRIA EXPERIMENTAL* – MEC**. Campinas: Imecc-Unicamp; São Paulo: SEE-CENP, 1972.

HUETE, J.; BRAVO, J. ***O ensino da Matemática:* fundamentos teóricos e bases psicopedagógicas**. Porto Alegre: Artmed, 2005.

IFRAH, Georges. ***História universal dos algarismos:* a inteligência dos homens contada pelos números e pelo cálculo**. Tradução de Alberto Munhoz e Ana Beatriz Katinsky. 2. ed. Rio de Janeiro: Nova Fronteira, 2000. v. 1 e 2.

KAMII, Constance. ***A criança e o número***. Tradução de Regina A. de Assis. 39. ed. Campinas: Papirus, 2013.

_______. ***Aritmética:* novas perspectivas – implicações da teoria de Piaget**. 6. ed. Campinas: Papirus, 1995.

_______. ***Reinventando a aritmética***. 14. ed. Campinas: Papirus, 1996.

_______; DEVRIES, Rheta. ***Jogos em grupo na Educação Infantil***. Porto Alegre: Artmed, 2009.

_______; JOSEPH, Linda Leslie. ***Crianças pequenas continuam reinventando a aritmética:* implicações da teoria de Piaget**. 2. ed. Porto Alegre: Artmed, 2005.

KNIJNIK, Gelsa et al. ***Aprendendo e ensinando Matemática com o geoplano***. Ijuí: Ed. da Unijuí, 2004.

LINS, Romulo Campos; GIMENEZ, Joaquim. ***Perspectivas em aritmética e álgebra para o século XXI***. 7. ed. Campinas: Papirus, 2006.

LIZARZABURU, Afonso; SOTO, Gustavo (Coord.). ***Pluriculturalidade e aprendizagem da Matemática na América Latina:* experiências e desafios**. Porto Alegre: Artmed, 2005.

LOPES, Maria Laura (Coord.). ***Tratamento da informação:* explorando dados estatísticos e noções de probabilidade a partir das séries iniciais**. Rio de Janeiro: Ed. da UFRJ/Projeto Fundão, 1997.

LUCKESI, Cipriano Carlos. ***Avaliação da aprendizagem escolar***. 22. ed. São Paulo: Cortez, 2011.

MACHADO, Silvia Dias (Org.). ***Aprendizagem em Matemática:* registros de representação semiótica**. 8. ed. Campinas: Papirus, 2011.

MILIES, Francisco César Polcino; BUSSAB, José Hugo de Oliveira. ***A geometria na Antiguidade clássica***. São Paulo: FTD, 1999.

MOYSÉS, Lucia. ***Aplicações de Vygotsky à educação matemática***. 11. ed. Campinas: Papirus, 2013.

NUNES, Therezinha; BRYANT, Peter. ***Crianças fazendo Matemática***. Porto Alegre: Artmed, 1997.

PACCOLA, Herval; BIANCHINI, Edwaldo. ***Sistemas de numeração ao longo da História***. São Paulo: Moderna, 1997.

PANIZZA, Mabel (Org.). ***Ensinar Matemática na Educação Infantil e séries iniciais***. 2. ed. Porto Alegre: Artmed, 2006.

PAPERT, Seymour. ***A máquina das crianças:* repensando a escola na era da informática**. Porto Alegre: Artmed, 2007.

PARRA, Cecília; SAIZ, Irma (Org.). ***Didática da Matemática:*** **reflexões psicopedagógicas**. Porto Alegre: Artmed, 1996.

PIAGET, Jean. ***Fazer e compreender***. São Paulo: Melhoramentos, 1978.

PIRES, Célia Carolino. ***Currículos de Matemática:*** **da organização linear à ideia de rede**. São Paulo: FTD, 2000.

_______; CURI, Edda; CAMPOS, Tânia. ***Espaço & forma:*** **a construção de noções geométricas pelas crianças das quatro séries iniciais do Ensino Fundamental**. São Paulo: PROEM, 2000.

POZO, Juan Ignácio (Org.). ***A solução de problemas:*** **aprender a resolver, resolver para aprender**. Tradução de Beatriz Affonso Neves. Porto Alegre: Artmed, 1998.

SEITER, Charles. ***Matemática para o dia a dia***. Rio de Janeiro: Campus, 1999.

SMOLE, Kátia Cristina Stocco. ***A Matemática na Educação Infantil:*** **a teoria das inteligências múltiplas na prática escolar**. Porto Alegre: Artmed, 1998.

_______; CÂNDIDO, Patrícia Terezinha. ***Brincadeiras infantis nas aulas de Matemática:*** **Matemática de 0 a 6**. Porto Alegre: Artmed, 2000.

_______; DINIZ, Maria Ignez (Org.). ***Ler, escrever e resolver problemas:*** **habilidades básicas para aprender Matemática**. Porto Alegre: Artmed, 2001.

_______ et al. ***Era uma vez na Matemática:*** **uma conexão com a literatura infantil**. São Paulo: CAEM-USP, 1993. v. 4.

TOLEDO, Marília; TOLEDO, Mauro. ***Didática de Matemática:*** **como dois e dois**. São Paulo: FTD, 1997.

ZUNINO, Delia Lerner. ***A Matemática na escola:*** **aqui e agora**. 2. ed. Porto Alegre: Artmed, 1995.